重庆市高校
公共体育课程与
课堂教学质量研究

李佳颖　高　冬　王樱桃　著

法律出版社
LAW PRESS·CHINA
北京

图书在版编目（CIP）数据

重庆市高校公共体育课程与课堂教学质量研究 / 李佳颖，高冬，王樱桃著. -- 北京 ：法律出版社，2025.
ISBN 978 -7 -5244 -0133 -9

Ⅰ. G807.4

中国国家版本馆 CIP 数据核字第 2025MP6663 号

重庆市高校公共体育课程与课堂教学质量研究
CHONGQINGSHI GAOXIAO GONGGONG TIYU KECHENG YU KETANG JIAOXUE ZHILIANG YANJIU

李佳颖
高　冬　著
王樱桃

责任编辑　张红蕊
装帧设计　贾丹丹

出版发行 法律出版社
编辑统筹 法规出版分社
责任校对 翁潇潇
责任印制 耿润瑜
经　　销 新华书店

开本 710 毫米 × 1000 毫米　1/16
印张 20.75　　**字数** 286 千
版本 2025 年 7 月第 1 版
印次 2025 年 7 月第 1 次印刷
印刷 北京建宏印刷有限公司

地址：北京市丰台区莲花池西里 7 号（100073）
网址：www.lawpress.com.cn
投稿邮箱：info@lawpress.com.cn
举报盗版邮箱：jbwq@lawpress.com.cn

销售电话：010 - 83938349
客服电话：010 - 83938350
咨询电话：010 - 63939796

书号：ISBN 978 -7 -5244 -0133 -9
定价：68.00 元

凡购买本社图书，如有印装错误，我社负责退换。电话：010 - 83938349

前　言

高等教育，作为实现国家科教兴国、人才强国宏伟蓝图的基石，承载着培养未来栋梁的重任。高校课堂宛如璀璨的明珠，汇聚了无数学者的智慧与热情，孕育着一批又一批尖端创新人才。在这其中，高校公共体育课更是扮演着举足轻重的角色，它不仅是塑造学生强健体魄的熔炉，更是培养高水平、高素质人才的摇篮，引导学生树立终身体育锻炼的意识，养成良好的运动习惯。在公共体育课上不仅能够收获健康的体魄，更能够收获心灵的成长与升华。

为了国家和民族的持续繁荣，必须大力培育众多品德与才能兼备的高素质人才。党的二十大报告明确指出，要深入实施人才强国战略。要深入学习，坚持把科技作为第一生产力，人才作为核心资源，创新作为根本动力的思想，要把这些思想，深入推进科技兴国、人才强国、创新驱动发展战略，不断开辟发展新领域，开辟发展新轨道，不断形成发展新动能，不断形成发展新优势。在迈入中国特色社会主义新时代的征程中，实现高等教育的内涵式发展，大学应坚守“立德树人”的核心使命，将提升教育质量置于首要位置。

在深刻学习《学校体育工作条例》、《全国普通高等学校体育课程教学指导纲要》及《国家学生体质健康标准》(2014 年修订)精神的基础上,重庆市各普通高校需明确,课程设计的考量应优先聚焦于满足大学生的个性化诉求,从而确保教学内容与每位学生的独特发展轨迹相契合,从而与传统体育教学目标形成显著的差异。高校开设的公共体育课程的目的不仅在于提升大学生身体体质健康水平,也在于促成大学生终身体育锻炼意识的养成。并且随着教育改革的不断深入,对教学质量的要求也越来越高。提升教学质量不仅有助于实现教育目标,培养全面发展的学生,也符合各高校的实际情况。

公共体育课程作为高校体系的一部分,教学质量的优劣直接关系学生的全面发展。因此,本书通过了解重庆市普通高校公共体育课程与课堂的现实诊断,为重庆市普通高校公共体育课程与课堂构建出科学、合理的教学质量评价指标体系,为课程与课堂教学质量的提升提出改进路径。不仅能够侧面监控重庆市普通高校公共体育课程与课堂的教学质量,推动公共体育课程与课堂的持续发展与优化,同时符合当前高等教育改革的方向,是对学生全面发展的负责和保障,更促进各高校公共体育课程与课堂教学质量提高。

目录 Contents

第一章　绪　论

一、研究背景

教育是国家的基石，也是党的战略部署。每所高校都是培育社会主义事业建设者与后继者的关键场所，都应当肩负起塑造德行，培育人才的根本使命。在推动教育评估改革的过程中，需精心构思整体战略蓝图，确保各项具体举措得到扎实实施，进而保障改革任务的全面、有效执行。

近年来，特别是在体育教育领域，随着国家对教育事业的持续投入和重视，一系列具有指导意义的政策文件和标准相继出台。在2018年9月的全国教育大会上，习近平总书记明确指出，加强党对教育工作的全面领导，是办好教育的根本保证。这一重要论断为深化教育体制改革指明了方向。2020年9月，习近平总书记在主持的教育文化卫生体育领域专家代表座谈会上，再次强调了构建新时代教育评价体系的重要性，并提出应制定并落实新时代教育评价的总体方案，以符合中国国情、与国际水平接轨的评价体系为目标，为构建新时代教育评价体系提供了明确的指导。2020年10月，中共中央与国务院联合颁布了《深化新时代教育评价改革总体方案》，该方案强调各级单位需切实执行并贯彻教育评价工作，范围广泛，涵盖了学校、教师、学生以及用人评价等多个维度，从而构建了一个全面且系统化的主客体评价体系。[1] 进入2021年后，为了促进高校分类评价的深化，教育部针对本科教育教学评估进行了改进，并制定了《普通高等学校本科教育教学审核评估实施方案（2021—2025年）》，旨在进一步提升本科人才培养的质量。[2] 这一方案的实施，无疑为高校体育教学提供了更为明确的指导，要求体育教学必须紧跟时代步伐，不断创新教学模式，努力提高教学质量。国家和地方政府的这些政策文件和标准，为高校体育教学的发展提供了坚实的政策保障和明确的发展方向，必将推动高校体育教学事业不断向前发展。深入学习《中华人民共和国国民经济和社会发展第十四个五年规划和2035年远景目标纲要》（以下简称"十四五"规划目标纲要）所提出的内容，在新时代背景下，应进一步推进教育评价体系的革新，构建与完善教育评估的体系与机制，以促进素质教育的全面发展。在这一过程中，各高校应更加聚焦于学生爱国情怀的培育、创新思维的激发以及健康人格的形成。

2023年1月，在深入学习习近平总书记重要指示批示精神的基础上，贯彻落实"十四五"规划目标纲要和《深化新时代教育评价改革总体方案》精神，在学校评估、教师考评、学生评价等多个维度中，重庆市委、市政府展开积极尝试，致力于构建一个既符合教育演进脉络和人才培育规律，又充满时代气息的教育评价体系与机制。这一体系与机制旨在更好地适应和推动教育事业的持续发展。重庆市委、市政府公布了《第一批重庆市深化新时代教育评价改革典型案例名单》，其中，重庆市教育评价改革典型案例高达100个。此举旨在全面展示重庆市在教育评价改革领域所取得的卓越成就。这一系列案例，目的在于提炼和总结具有可复制性和推广价值的改革经验，以期进一步推动重庆市教育事业向更高质量的发展阶

---

[1] 中共中央、国务院印发《深化新时代教育评价改革总体方案》，载中国政府网2020年10月13日，https://www.gov.cn/zhengce/2020-10/13/content_5551032.htm。

[2] 《教育部关于印发〈普通高等学校本科教育教学审核评估实施方案（2021—2025年）〉的通知》，载中华人民共和国教育部政府门户网2020年1月21日，http://www.moe.gov.cn/srcsite/A11/s7057/202102/t20210205_512709.html。

段迈进。本科教育作为大学教育的核心支柱,课堂教学构成了本科教育的基本教学模式。在体育教学改革的背景下,公共体育课教学在发展学生身心健康和终身体育意识的基础上,还需特别关注学生运动认知的深化以及健康体育锻炼意识的形成,这些均为体育学科核心素养的重要组成部分。公共体育课对学生身心发展起到直接的影响,因此这促使对公共体育课的教学质量提出了更为严格的标准和更高层次的期望。

当前,我国高等教育已步入大众化时代,高等教育规模不断扩张。然而,高校公共体育教学的课堂教学质量仍旧存在不少问题,体育教学质量和诸多矛盾逐渐凸显,这已引起社会各界的广泛关注。因此,新时期普通高校体育工作的关键任务在于准确识别当前公共体育教学中存在的问题,并有针对性地推进改革,以提升教学质量和效果。重庆市人民政府办公厅《关于印发重庆市体育发展"十四五"规划(2021—2025 年)的通知》指出:推进体育传统特色学校建设。开展全市体育传统特色学校评定工作,建立体育传统特色学校动态评估机制。[1] 从当前重庆市普通高校公共体育教学开展的情况来看,虽然在相关教育部门的全力支持下,高校已积极采取改进与优化措施,但学生体质健康的"低谷"状态仍未能显著回升。这一状态不仅加剧了重庆市普通高等院校公共体育教学质量的非均衡状况,更是大学生体质健康提升和体育教学目标达成的重大障碍。此外,在当今社会,随着全民健身意识的日益增强,体育已不再是简单的身体活动,而被赋予了更多元化、深层次的含义。高校公共体育课程的教学质量直接关系到学生的全面发展和社会对人才的需求。在西南地区,重庆市的高校教育水平一直备受瞩目。然而,通过观察,我们发现,一些高校的公共体育课程在教学质量上存在显著的差异,这种差异使它们难以满足学生日益增长的体育学习期望。

基于此,笔者以重庆市普通高校公共体育课程与课堂教学质量的现

---

〔1〕 参见重庆市政府办公厅《关于印发重庆市体育发展"十四五"规划(2021—2025 年)的通知》(渝府办发〔2022〕89 号)。

实状况为出发点，深入研究重庆市普通高校公共体育课程与课堂教学质量的现实诊断及影响因素，并根据分析结果提出切实可行的提升路径；从根源上分析当前公共体育教学发展的不利局面，构建出既符合政策导向，又能准确反映高校公共体育课程与课堂教学质量的指标体系，从而推动重庆市普通高校公共体育课堂教学质量迈向高质量发展的新阶段；同时，为高校体育教师及整个公共体育教学体系的高质量发展提供有力的指导和借鉴，也为重庆市乃至全国的高等教育事业带来新的生机，助力其持续迈向新的发展阶段。

二、相关概念界定

（一）高校公共体育

有的学者认为，在教育教学体系内，高校公共体育作为面向广大普通大学生的体育教学环节，旨在促进学生的身心全面和谐发展。这一领域不仅关注体育技能的传授，更强调通过体育活动促进学生身心的整体提升。[1]

（二）公共体育课程

公共体育课程是以非体育类专业普通学生为对象，以身体练习为主要手段，通过体育与健康知识、技能和方法的学习，使学生在身体健康、运动技能、心理健康、运动参与以及社会适应等方面和谐发展而进行的有计划、有组织的教育活动。[2]

（三）普通高校课堂教学

有的学者在研究中提到，“课堂教学是师生双方相互作用的一种实践

---

〔1〕参见杜兴宝、王腾腾：《智慧体育在高校公共体育教学中的应用》，载《文体用品与科技》2024年第7期。

〔2〕参见于亚军：《江苏省苏南普通高校公共体育课程现状调查与分析》，苏州大学2008年硕士学位论文，第12页。

活动,其质量载体是教师的教学活动与学生的学习活动,缺少任何一部分都反映不出课堂教学质量的全貌"[1]。在本书中,普通高校课堂教学被界定为:在实行普通高等学历教育的学校中,以教学内容为桥梁,在既定时间和特定场地内,以集体形式进行的教学活动。这一过程融合了教师的专业指导与学生的主动参与,旨在促进学生的全面发展,实现师生间的双向互动。

(四)体育教学方法

迄今为止,教育界和体育界的专家学者们对于教学方法及其在体育领域的应用持有多元化的观点。这些差异主要源于观察问题的不同视角、理解深度的差异以及各自所处的特定环境背景。教学方法作为一个既具体又抽象的概念,内涵的丰富性和复杂性进一步增加了为教学方法准确定义的挑战性。

有的学者在研究中提到,体育教学方法我们可以简单定义为:在体育教学过程中,教师与学生为实现体育教学目标和完成体育教学任务而有计划地采用的、产生教与学相互作用的、具有技术性的教学活动。[2]

(五)教学质量

关于教学质量是什么,相关研究还没有形成统一的定义。有的学者在研究中指出,教学质量是通过教育评价方法对预期目标进行价值判断的过程。[3]有的学者在研究中进一步扩展了这一观点,强调教学质量研究的核心在于师生间的互动交往,目标是实现教学双方的共识、共享与共

---

〔1〕闫震普:《高等学校课堂教学质量评价研究综述》,载《太原大学教育学院学报》2012年第2期。

〔2〕参见刘云旭:《简论体育教学方法的概念、分类及应用》,载《运动》2013年第18期。

〔3〕参见胡平波、甘国华:《高校教学质量评价指标体系的建设》,载《教育学术月刊》2009年第12期。

进，这既是教学交往的宗旨，也是师生共同追求的。[1]

有的学者认为，教学质量是“质量”的下位概念，是针对教学这一事物（活动）的“质”进行量度。教学质量被定义为：教学组织及其一切教学活动（课程）的特性满足学生及其家庭、学校（教育机构）、社会（用人单位）、政府（或其他举办者）需要的程度。[2]《教育学名词》一书提到，教学质量是指教学水平的高低和教学效果的优劣，或者说是在一定时间内和一定的条件下，学生发展变化达到某一标准的程度，衡量标准是教学目标和各级各类学校教育目的的实现程度。[3] 教学质量是一个多维度、动态变化的概念。在不同的时代背景下，教学质量的多个利益相关者对教学质量都有各自独特的期望与要求。笔者认为，教学质量应当反映教学活动对教学对象全面发展的促进程度，这是一个既全面又深入的衡量标准。

（六）课堂教学质量

有的学者认为课程教学质量是院校赖以生存的重要基础，也是院校开展专业教育的核心内容，课堂教学质量标准体系的建立的主要目标是从根本上提升院校课堂教学的质量和效率，并在不断实践的过程中优化和完善课堂质量标准体系。[4] 有的学者在研究中提到，课堂教学质量旨在考察教学中师生情感态度、行为表现和产出结果是否符合“学生中心”特征，从而衡量课堂教学质量的高低。[5] 有的学者在研究中将课堂教学质量定义为：课堂教学质量代表学校运作的主要目标。[6]

---

〔1〕 参见蒋士会、郑会敏：《教学质量之概念辨析》，载《中小学教师培训》2017 年第 7 期。

〔2〕 参见许祥云：《高校内部本科教学质量标准：概念界定与体系构建》，载《清华大学教育研究》2018 年第 31 期。

〔3〕 参见教育学名词审定委员会编：《教育学名词》，高等教育出版社 2013 年版，第 63 页。

〔4〕 参见李广利、温情、魏萍等：《地方应用型高校课堂教学质量评估体系构建》，载《中国教育技术装备》2024 年第 1 期。

〔5〕 参见徐保：《以学生为中心的本科课堂教学质量评价指标体系构建研究》，东北石油大学 2023 年硕士学位论文，第 11 页。

〔6〕 参见孙元勋、沈有建、赵京波：《数学课堂教学质量评价指标体系（EIMT）的构建与实施》，载《数学通报》2021 年第 6 期。

有的学者在研究中提到,课堂教学质量是以先进的教育理念为指导,在规范管理的基础上,在课堂这一特定环境中,通过师生双向互动的教与学,形成符合人才培养目标和满足社会需求的教学活动。[1] 具体而言,课堂教学质量应该围绕教学目标,全面覆盖教学活动组织、筹划、实施与评价的全过程。在整个过程中,我们强调教学活动的系统性和连贯性,确保每一环节都紧密衔接,形成有机整体,并反馈学生行为是否达到了预期的效果,即“学生学会了什么”。笔者认为,对课堂教学质量高低的评价标准,取决于教师教学体系与学生学习体系之间的深度整合,这种质量体现在教学准备、实施以及效果三个方面的综合考量,唯有确保这三个关键环节的优质与和谐统一,才能成功构建出高质量的课堂教学。

(七)高校公共体育课堂教学质量

有的学者在研究中提到,高校公共体育是指为非体育类专业的学生进行科学化的运动指导,通过身体练习促进学生身心健康,增强学生体质的公共必修课。[2] 本书界定的高校公共体育课堂教学质量的核心目标是显著加强非体育类专业学生的体质健康。这一活动紧扣课堂教学,着重引导学生养成稳固的体育锻炼习惯,并培养他们对体育运动的终身热爱与自主参与意识,从而全面提高他们的身体素质。高校公共体育通过精心策划的双边互动,旨在促进学生身心的全面和谐发展。

(八)教学质量评价

目前,学术界对于教学质量的定义存在不同的见解。在探讨教学质量的内在含义时,有的学者显著地表现了一种从“教师评价”转向“学生评

---

〔1〕 参见胡新煜、侯锦丽、李红艳:《基于 OBE 理念的高校课堂教学质量影响因素及解决措施》,载《陕西教育(高教)》2021 年第 7 期。

〔2〕 参见李炬:《当前我国高校公共体育课效果现状及提升措施——以安徽工程大学为例》,安徽工程大学 2022 年硕士学位论文,第 6 页。

价”的价值取向，这种转变对于教学质量评估的侧重点和视角产生了重要影响。[1] 有的学者在研究中深入探讨了教学质量评价的本质及重要性。他明确指出，教学质量评价不仅仅是一个简单的评估过程，更是一种价值判断。这种价值判断基于教育评价的理论和技术，对教学过程和结果设定明确的质量标准，并进而判断这些标准是否得到了满足。他认为通过设定合理的质量标准，教学质量评价能够客观地反映教学活动的实际效果，帮助教师了解自身教学的优缺点，从而进行有针对性的改进。[2]

笔者将教学质量评价总结为：采用科学合理的方法，从教学设计、教学准备、教学过程和教学效果四个方面反映教师的教学活动在满足学生在知识的获取、能力的发展及习惯的养成等方面需求程度的评定活动。

（九）公共体育课堂教学质量评价

有的学者认为体育课堂教学质量评价就是通过评价的手段，对一节课教学质量的优劣做出判断，帮助教师及时发现课堂教学中的优缺点，并为课堂教学质量的提升提出改进发展建议，进而提高教学质量。[3] 有的学者在研究中指出，课堂教学质量可从定量和定性两个方面开展教学评价，在课堂教学质量评价中，定量评价是依据，定性评价是定量评价的前提。[4]

有的学者在研究中提到，教学质量评价不仅是对教师教学的评价，而且要重视学生的学习评价，学生作为体育课的主体，可以最好地体现教学

---

〔1〕 参见赵作斌、黄红霞：《高校课堂教学质量及评价标准新论》，载《中国高等教育》2019年第8期。

〔2〕 参见崔智涵：《高校教学质量评价系统研究与设计》，长春工业大学2021年硕士学位论文，第4页。

〔3〕 参见卢靖雯：《洛阳市农村小学体育课堂教学质量评价体系构建研究》，河南大学2022年硕士学位论文，第7页。

〔4〕 参见胡燕、何健：《开放教育翻转课堂教学质量评价指标体系构建》，载《湖北开放职业学院学报》2024年第4期。

质量。[1] 有的学者在研究中指出，构建公共体育课堂教学质量评价体系，对于提升体育课堂教学质量，达成高校体育课程教学目标具有至关重要的价值和意义，体育教学评价作为一项提高体育教学水平的手段，还需要在实践中不断进行发展与完善。[2]

高校公共体育课堂教学质量评价应依据高校体育课堂教学总体目标与主旨，围绕教师与学生两个维度全方位展开，并通过相应测试评判是否达到教学目标。笔者认为，体育课堂教学质量评价是依据体育教学的目标及指导原则，采用与教学目标和教学方法相适配的评价策略与工具，对体育课堂教学成效进行科学的衡量，从而判断是否达成预设教学目标的一种评估机制。此外，体育课堂教学质量评价还涵盖了教学目标和教学要求的实现程度，以及体育教学是否达到预期效果，并获得家长、学生及学校的广泛认可。

三、高校公共体育教学国内研究现状

笔者以中国知网上的近 10 年我国高校公共体育教学研究领域的学术期刊为研究对象，运用计量学的方法，对这些期刊进行知识图谱分析。在文献检索过程中，选用了高级检索策略，以“高校公共体育教学”为核心主题进行精确搜索，文献时间限定为 2014 年 1 月 1 日至 2023 年 12 月 31 日。随后，运用 CiteSpace 可视化软件及绘图工具，并结合详尽的数据统计分析，以量化数据为核心支撑，通过直观的可视化图表，全面系统地梳理了我国高校公共体育教学研究的重点议题、演进脉络及未来发展趋势，获得了关于高校公共体育教学的一系列关键数据。这些数据经过系统整理后，被用以在 Excel 表格中绘制出包括文献发表时间、基金支持情况、作

〔1〕 参见方强：《高等学校体育教学质量评价体系的层次分析研究》，载《广州体育学院学报》2010 年第 3 期。

〔2〕 参见丁勇：《高校公共体育课堂教学质量评价体系构建——以遵义师范学院为例》，载《产业与科技论坛》2016 年第 2 期。

者分布、研究机构以及发表期刊等的统计图表，从而为本书的深入分析提供了坚实且有力的数据支撑，以期为该领域的研究提供更为深入与全面的见解。

（一）基于中国知网的我国高校公共体育教学研究文献的载文情况分析

1. 文献载文时间和期刊分布

从图 1－1 可以看到 2014 年至 2023 年发表在北京大学图书馆中文核心期刊（以下简称北大核心）和中文社会科学引文索引（CSSCI）期刊上的论文共有 1257 篇，平均每年约 126 篇。从图 1－1 的曲线走向可以看出 2014 年至 2023 年核心期刊上的关于我国高校公共体育教学研究的论文的数量波动幅度较大。发表的峰值出现在 2021 年，共有 176 篇。由此可见，新冠疫情给各大高校教师带来了更多关于体育教学的研究视角，如互联网、数字时代等。发表最少的是 2018 年的 67 篇，是这十年高校公共体育教学研究的低谷。2014 年至 2023 年高校公共体育教学研究论文在核心期刊中的发文数量呈大幅度波动，年发文量维持在 67 篇到 176 篇之间，说明了高校公共体育教学研究论文发表周期波动较大。今后应继续保持高校公共体育教学研究科研工作的力度，重视教学的创新，从而促进教学质量的提高。

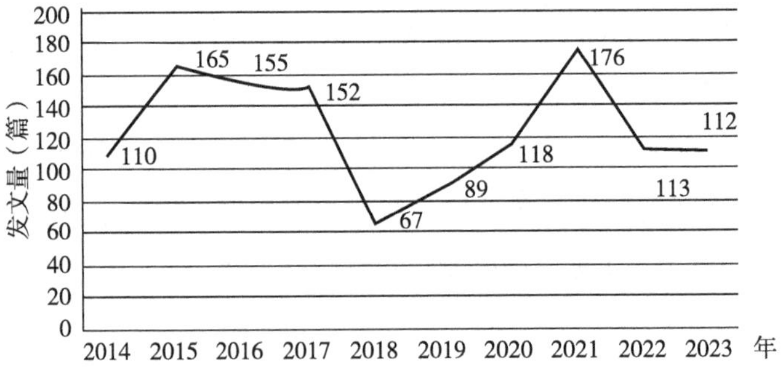

图 1－1　2014—2023 年我国核心期刊中关于高校公共体育教学研究论文的载文量分布

经过对表1－1的细致分析，可以观察到核心期刊的多样性较为显著。为了更具体地展现分布情况，特别选取了期刊论文中占比显著的核心期刊进行列举。如表1－1所示，《福建茶叶》的收录论文数量为89篇，占据了总论文数的18.74%，居于第一。《广州体育学院学报》60篇，占比12.63%，居于第二，《体育文化导刊》59篇，占比12.42%，居于第三。这说明发表高校公共体育教学研究的期刊种类丰富，相关学者擅于从多角度研究体育教学，将各种元素与教学结合起来。许多非体育类期刊的载文量在总载文量中仍具有不小的占比，如茶叶类、食品类、科技类等，说明高校公共体育教学的发展也需要融合其他元素，以此提高教学质量，提升教学效果。

表1－1　2014—2023年我国核心期刊中关于高校公共体育教学研究论文的载文量情况

期刊/年份	2014年	2015年	2016年	2017年	2018年	2019年	2020年	2021年	2022年	2023年	合计	百分比（%）
福建茶叶	0	0	35	54	0	0	0	0	0	0	89	18.74
广州体育学院学报	8	10	8	7	5	6	3	11	1	1	60	12.63
体育文化导刊	10	15	5	6	9	3	2	3	4	2	59	12.42
教育理论与实践	1	1	2	8	7	8	5	6	6	4	48	10.11
中国高校科技	0	0	0	1	2	9	10	9	5	10	46	9.68
当代教育科学	3	24	3	2	1	3	3	2	0	0	41	8.63
教育与职业	17	14	7	0	0	0	3	0	0	0	41	8.63
中国科技论文	0	0	0	0	0	4	7	4	8	10	33	6.95

续表

期刊/年份	2014年	2015年	2016年	2017年	2018年	2019年	2020年	2021年	2022年	2023年	合计	百分比(%)
食品研究与开发	0	0	0	0	0	0	8	22	0	0	30	6.32
科技管理研究	0	0	0	0	0	0	5	8	12	3	28	5.89
合计	39	64	60	78	24	33	46	65	36	30	475	100.00
百分比(%)	8.21	13.47	12.63	16.42	5.05	6.95	9.68	13.68	7.58	6.32	100.00	

2. 文献发文地区分布

经过对表1-2的详细分析,本表所涵盖的1257篇论文中,有2篇未明确标注作者的发文地区。这些论文的作者来自中国各个省级行政区,显著展现了第一作者在地域分布上的全面性。其中,河南省的论文数量达到126篇,居高校公共体育教学研究论文地域分布的首位。随后,江苏省以94篇、湖北省以80篇、四川省以73篇紧随其后。此外,全国范围内发文量排名前十的地区还包括北京、广东、山东、吉林、重庆以及广西。这一分布情况凸显了一个现象:论文的发文量倾向于集中在拥有较多本科院校的地区。从表1-2中可以发现,31个省级行政区在2014—2023年的核心期刊上均有高校公共体育教学研究论文的发文,其中一些内地省市和偏远地区的科研状况也较为突出。针对当前的情况,为了推动体育学科的全面发展,有必要在未来进一步加大对偏远地区体育教学学科建设的投入力度,以确保科研资源能够更加均衡地分布,进而促进整体科研水平的提升。

表 1-2 2014—2023 年我国核心期刊中关于高校公共体育教学研究论文第一作者地区分布情况

排名	地区	论文篇数	百分比(%)	排名	地区	论文篇数	百分比(%)
1	河南	126	10.02	18	江西	25	1.99
2	江苏	94	7.48	19	浙江	23	1.83
3	湖北	80	6.36	20	云南	22	1.75
4	四川	73	5.81	21	天津	21	1.67
5	北京	71	5.65	22	贵州	19	1.51
6	广东	71	5.65	23	新疆	19	1.51
7	山东	64	5.09	24	山西	18	1.43
8	吉林	61	4.85	25	海南	18	1.43
9	重庆	57	4.53	26	安徽	15	1.19
10	广西	56	4.46	27	福建	13	1.03
11	河北	56	4.46	28	甘肃	10	0.80
12	陕西	55	4.38	29	宁夏	9	0.72
13	辽宁	36	2.86	30	青海	3	0.24
14	黑龙江	36	2.86	31	西藏	3	0.24
15	内蒙古	36	2.86	32	其他	2	0.16
16	上海	35	2.78		总计	1257	100.00
17	湖南	30	2.39				

3. 文献学科基金分析

基金支持反映对某一领域研究的重视程度。[1] 在推进学术研究与创新的道路上,基金资助的项目及产生的论文均需历经严苛的评估与筛选机制,这一过程不仅确保了学术的严谨性,更为该领域的稳步前行筑牢了基石。基金资助的项目所产出的论文集,不仅具备显著的学术价值,还富有创新性和时代特色。它们作为国内研究领域的最新标杆,展示了最新的研究成果和学术进展,为学术界提供了宝贵的启发和参考。同时,这些

〔1〕 参见蔡克金:《我国体育教师研究的知识图谱分析》,成都体育学院 2019 年硕士学位论文,第 16 页。

论文集成为跨学科领域中的核心文献资料，为后续的学术研究提供了丰富的资源和借鉴。

各基金项目在文献产出方面呈现不同的排名态势，如图 1 – 2 所示。其中，国家社会科学基金凭借 60 篇文献的显著优势，稳坐首位，显著地影响着高校公共体育教学研究领域的格局。这一成就与相关机构和研究者对基金项目研究的深入参与和鼎力支持密不可分。国家社会科学基金，与中国于 1986 年设立的国家自然科学基金并肩，构成了我国科学研究领域中支持基础研究的两大支柱。这两大基金面向全国范围，主要致力于资助在具有优越研究环境和实力的高等院校及科研机构中从事研究工作的科研人员，以促进我国基础研究的蓬勃发展。因此，这些基金所支持的论文质量得到了显著提升，进一步推动了学术研究的深入与发展。其次为教育部人文社会科学研究项目，以 15 篇的优势位列第二，第三则是全国教育科学规划课题，总计 14 篇。其余如图 1 – 2 所示，依次为：广西高等学校教学质量与教学改革工程项目、河南省软科学研究计划项目、中央高校基本科研业务费专项资金项目等。根据现有数据，国家级和省部级基金项目产出文献的占比显著，这充分表明了基金对体育教学科研的高度重视，并投入了大量资金支持。然而，除排名首位的基金项目外，其余基金在文献产出方面尚显不足，仍有待进一步提升影响力。

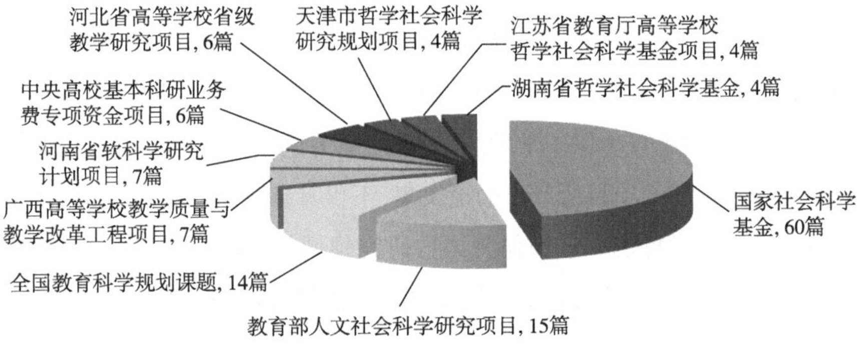

图 1 – 2　2014—2023 年高校公共体育教学研究排名前 10 的基金分布情况

综上所述,这些基金项目均对高校公共体育教学进行了深入且系统的研究,为教学领域的整体发展作出了显著贡献。这些基金项目不仅为基金投资情况提供了重要参考,还反映了教学领域研究活动的活跃度和热度,有力推动了高校公共体育教学研究领域向着更高质量的方向发展。

4. 文献研究主题分布分析

(1)文献研究主要主题分布分析

由图1-3中的数据可见,2014—2023年,排名前十的主要研究主题为高校体育教学、高校体育、体育教学、高校体育教育、高校体育课程、高校体育教学改革、教学中的应用、普通高校、高校体育教育发展情况分析与改革研究、高校体育教学及其常见运动项目健身研究。这些主题在一定程度上反映了我国2014—2023年高校公共体育研究领域的核心关注点。值得注意的是,高校体育教学作为排名第一的研究主题,在众多主要研究主题中占核心地位。这显示出学者们更倾向于以高校体育教学为基点,关联其他领域进行深入的公共体育教学研究。

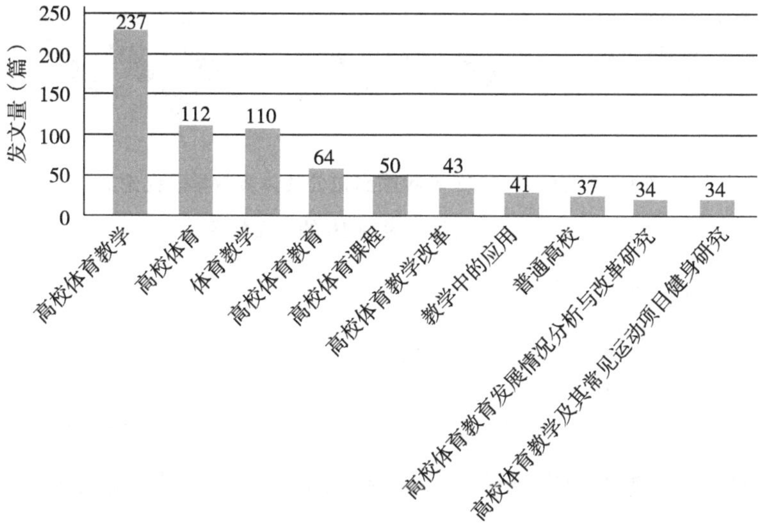

图1-3 2014—2023年高校公共体育教学研究论文主要研究主题排名前10的分布情况

（2）文献研究次要主题分布分析

由图1－4中数据可知，前10次要研究主题为高校体育教学、体育教学、体育教育、体育课程、学校体育、高校体育教育、高校体育、体育运动、高校体育教师、思政建设。在2014—2023年的研究周期内，高校体育教学在中国知网收集的高校公共体育教学领域文献数据中脱颖而出，位列第一。这一显著地位表明，在这一时间跨度内，学者们在探索高校公共体育教学领域的多元面向时，更倾向于将高校体育教学作为一个重要的次要研究主题，并与其他相关领域相结合，以深化对高校公共体育教学的全面理解与研究。

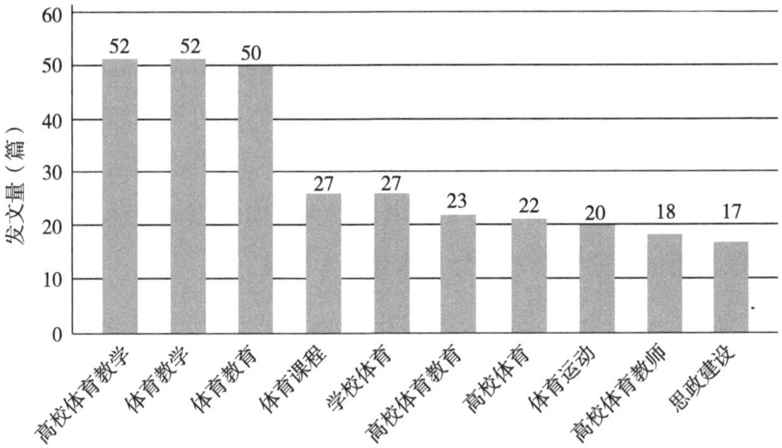

图1－4　2014—2023年我国高校公共体育教学研究论文次要研究主题排名前10的分布情况

5. 文献关键词分析

（1）文献关键词共现知识图谱分析

关键词共现分析作为一种研究方法，旨在揭示文献中关键词与其他词汇的共现频次，进而评估这些词汇在特定研究领域的关联性和重要性。经过对样本数据的缜密统计分析，能够获取关键词的共现频率以及它们在网络中的中介中心性指数。这里的“中介中心性”是指某个关键词在知识网络中的影响力和桥梁作用。若一个关键词的中介中心性超过0.1，则标志着它是该领域的核心要素。在进行CiteSpace可视化分析时，将时间切片(Time Slicing)设定为2014—2023年,时间间隔可设定为1年,文本处理(Text Processing)采用默认设置,节点类型(Node Type)选择"keyword",Top N参数设置为50%,并基于适当阈值绘制出直观的知识图谱,以展示该领域的研究热点和趋势。

在知识图谱的架构中,每一个圆圈都以独立节点的形式存在,这些节点的标签字体大小与各自代表的关键词在特定研究领域中的出现频率保持正比关系。节点圆圈最外层的圆环宽度,则直观反映了该关键词的中心性,这一指标衡量了该关键词在整个知识网络中的连接和桥梁作用,圆环的宽度与中心性成正比。关键词之间的关联紧密程度,则通过节点间连线的粗细来量化,连线越粗,表明两关键词之间的关联性越强。[1] 此外,为了使图谱的呈现效果更为清晰和易读,本研究经过精心调整,优化了阈值、字体大小以及节点大小等参数。

笔者通过利用CiteSpace软件,采用优化的最小生成树算法,对研究数据进行了深入的聚类分析。通过这一过程成功绘制出了一个详尽的关键词研究热点图谱,该图谱清晰地展示了331个关键节点和732条关联连线,详细情况如图1-5所示。通过对这些资料的整理与解读,可以观察到图谱中存在一批高频及高中心性的关键词,它们显著反映了2014—2023年高校公共体育教学研究领域内的热点话题。利用CiteSpace软件内置的统计功能,详细分析了这10年间关键词的节点数量和中心性强度,结果显示共有331个高频关键词脱颖而出。其中,"体育教学"这一关键词的频次最为显著,高达109次,中心性值为0.33,位列第一。这一结果充分验证了"体育教学"在高校公共体育教学研究中的重要地位,与本书研究主题高度契合。通过软件生成的数据表格,可以清晰地看到,"体育教学"、"高校"以及"高校体育"等关键词构成了高校公共体育教学研究的热点词汇(见表1-3)。

---

[1] 参见邹宾、陈培友:《基于知识图谱的体质健康研究可视化分析》,载《南京体育学院学报(自然科学版)》2016年第5期。

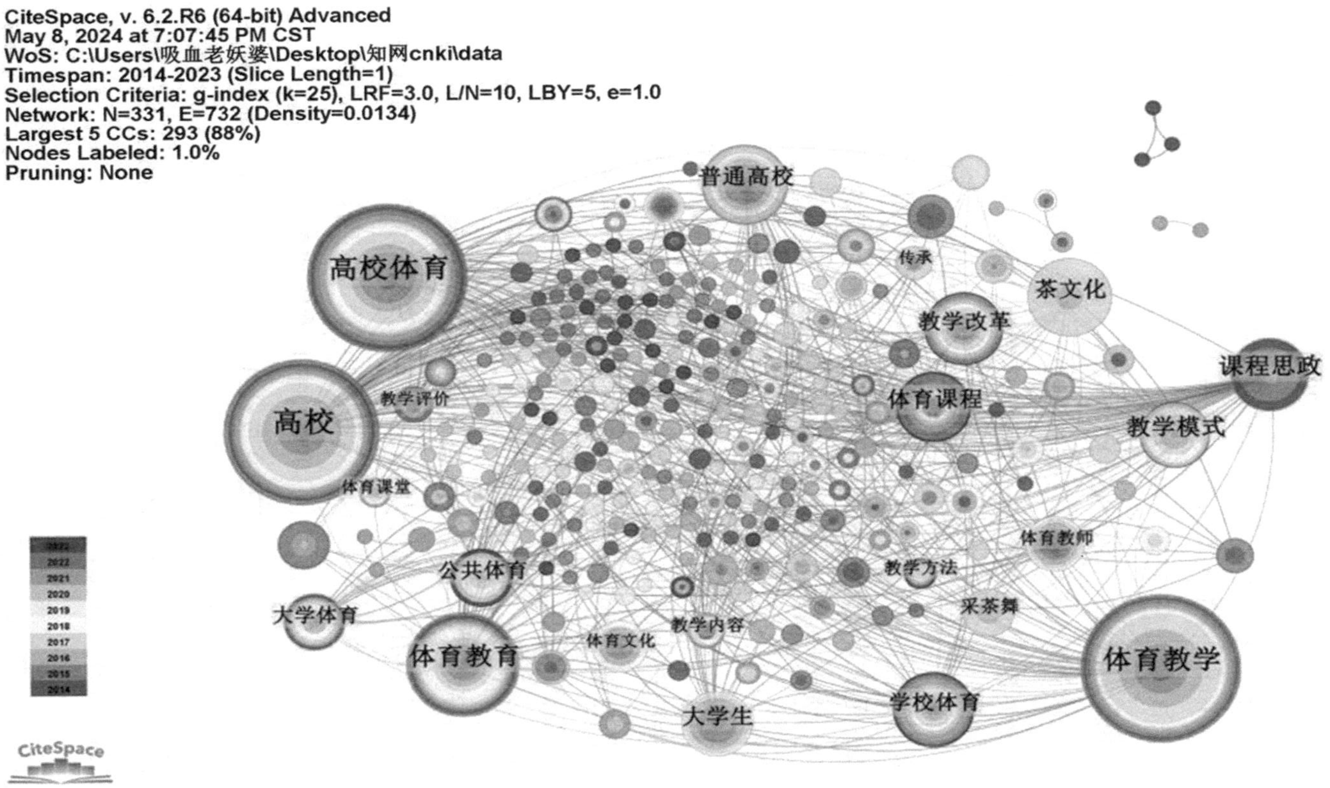

图 1－5　2014—2023 年我国高校公共体育教学研究的关键词共现知识图谱

表 1－3　2014—2023 年我国高校公共体育教学研究高频及高中心性的前 10 个关键词

排序	关键词	频率	中心性	时间
1	体育教学	109	0.33	2014
2	高校	103	0.42	2014
3	高校体育	98	0.37	2014
4	体育教育	57	0.21	2014
5	普通高校	34	0.09	2014
6	学校体育	33	0.08	2014
7	茶文化	31	0.07	2016
8	教学改革	30	0.10	2014
9	体育课程	29	0.08	2014
10	教学模式	27	0.09	2014

(2)文献关键词聚类知识图谱分析

通过深入分析样本数据,本书进行了关键词聚类分析,将关联性强的关键词归并至同一类别,构建了一个包含 331 个节点和 732 条连线的网络图谱,网络密度为 0.0134,如图 1－6 所示。此图谱提供了一个直观的视角,揭示了高校公共体育教学研究中各关键词之间的内在联系,有助于更全面地把握该领域的发展动态和趋势。在 CiteSpace 软件中,一般采用模块值(Q 值)和平均轮廓值(S 值)作为衡量聚类效果的指标。当 Q 值超过 0.3 时,通常认为聚类结构显著;当 S 值大于 0.7 时,则表明聚类结果具有较高的可靠性和有效性。[1] 基于采集的样本数据,本研究精心构建了一张关键词聚类网络知识图谱。在这张图谱中,各个聚类模块之间的连线直观地反映了关键词之间的关联紧密程度,提供了清晰的研究视角。经计算,该图谱的 Q 值为 0.5346,显著超过 0.3 的阈值;平均轮廓值 S 达到 0.814,远高于 0.7 的标准。这一结果充分证明了关键词聚类方法合理有

〔1〕 参见郭大渝:《我国篮球科研现状基于知识图谱的可视化分析研究》,西安体育学院 2023 年硕士学位论文,第 14 页。

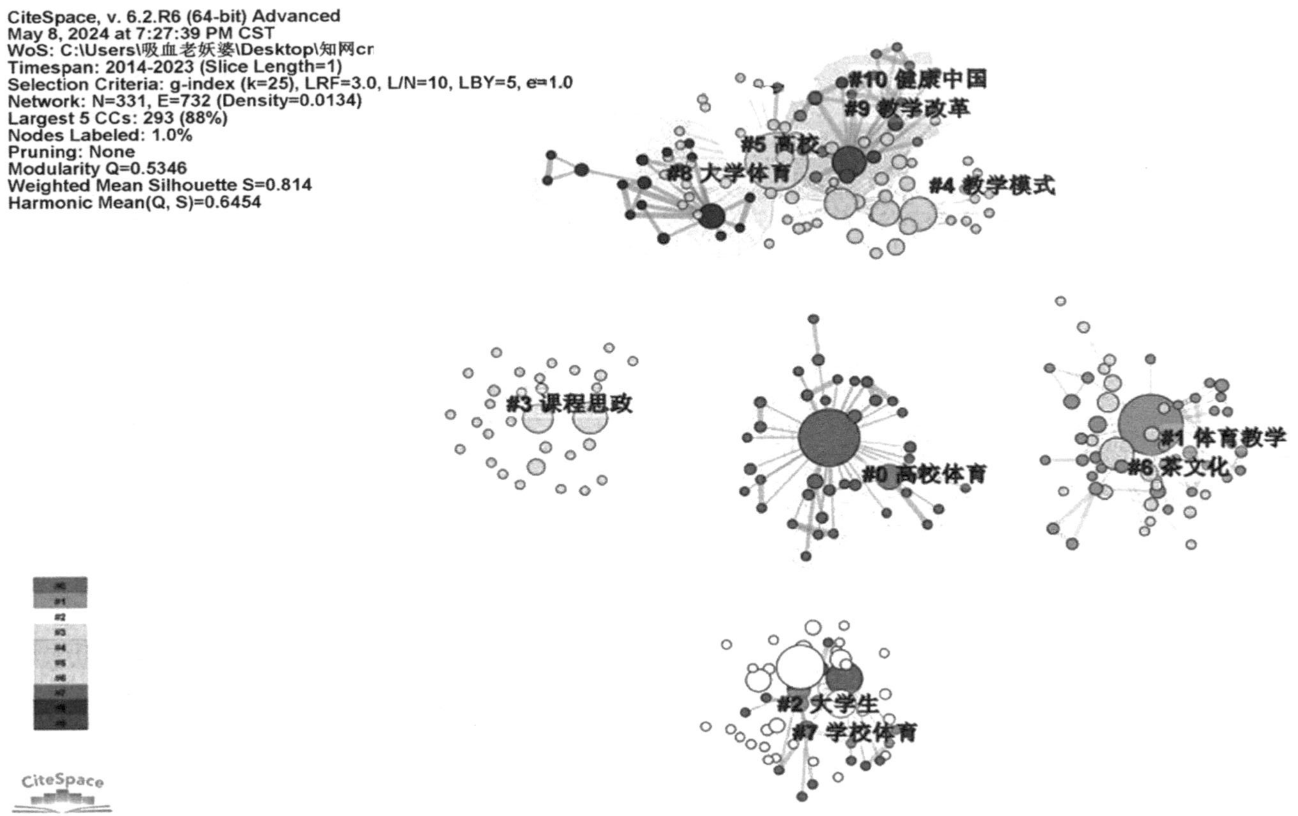

图 1－6　2014—2023 年我国高校公共体育教学研究的关键词聚类知识图谱

效，能够准确地反映出不同关键词间的关联性和相互影响。该聚类以高校体育为核心，主要包括体育教学、大学生、课程思政、教学模式、高校、茶文化、学校体育、大学体育、教学改革、健康中国等相关内容，说明我国高校公共体育教学研究领域主要是围绕这些方面展开的。

（3）文献关键词时间线知识图谱分析

利用 CiteSpace 软件，本书对选定的文献进行了深入的主题领域研究热点演进分析，还成功绘制了关键词聚类演化图谱（见图 1－7），该图谱描绘了 331 个节点与 732 条连线间的复杂关系。分析结果显示，该聚类结果的合理性与可信度均较高，Q 值高达 0.5346，显著超过 0.3 的基准阈值。图谱中的节点与连线不仅揭示了不同主题词间的内在关联，还进一步映射出研究领域的热点演进脉络。在图谱的右侧，聚类后的节点被赋予了明确的编号，如#0、#1、#2 等。这些编号的大小与聚类规模成反比，即聚类包含的节点数量越多，编号则越小。图谱的纵坐标清晰地展现了 2014—2023 年研究热点的分布情况。在图 1－7 中，弧线箭头的起始端标明了研究热点的初始出现点，而终端则指向了后续衍生出的新兴研究领域。这些弧线的长度映射了不同时间跨度的演进，而横轴则揭示了与右侧关键词紧密交织的研究热点。此外，弧线在纵轴上的跨度变化，直观展示了不同研究热点在不同时间段的分布态势。通过运用知识图谱这一工具，研究人员能够直观地审视并追踪热点问题的演变轨迹，同时在研究过程中客观评估和分析该领域的关键词与热点问题，从而更精准地把握研究的动态趋势与方向。从图 1－7 来看，图中显示了 11 大聚类，分别为“高校体育”“体育教学”“大学生”“课程思政”等。其中大部分聚类模块发展都比较缓慢，远不如 2014 年前。在整个知识图谱中，高校体育、体育教学、高校等聚类规模较大，但最近几年来，它们的关注度逐渐下降。这可能是由于近年来的高校公共体育教学研究发文量波动较大，同时研究者的关注点变得更为广泛，因此对这些聚类的研究逐渐减少。

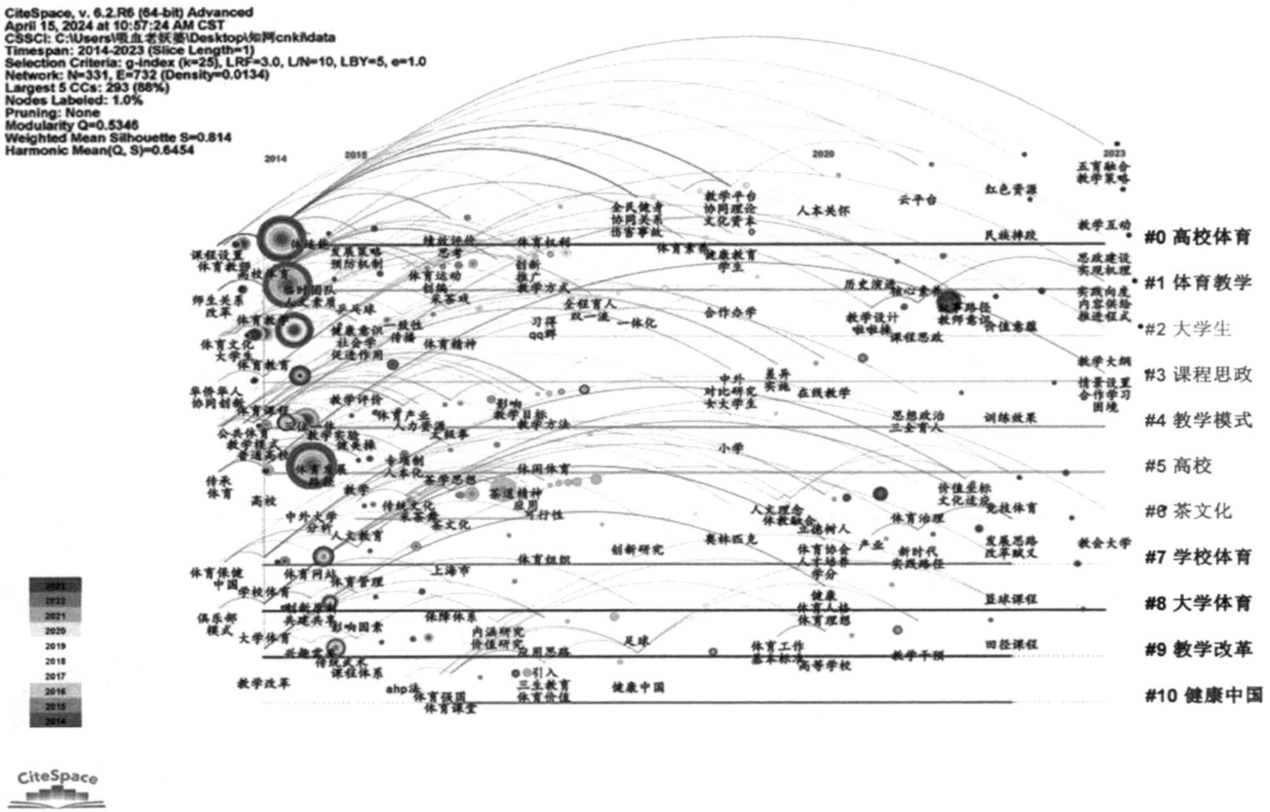

图 1－7　2014—2023 年我国高校公共体育教学研究的关键词时间线知识图谱

6. 文献研究热点分析

(1)文献研究热点演变知识图谱分析

在深入探讨新冠疫情背景下高校公共体育教学研究的热点及其演变趋势时,可以发现,当前的数据图表与关键词聚类图谱尚不足以清晰描绘出这一领域研究热点的具体演变轨迹与细微变化。有鉴于此,为了更精确地捕捉和解析这一变化过程,本研究提出有必要对高校公共体育教学的研究热点进行分时间段的对比研究。具体来说,将研究时段划分为2014年1月至2019年12月和2020年1月至2023年12月两个阶段,并进行详尽的数据对比和分析。通过这种方法,能够更加深入地探究新冠疫情前后高校公共体育教学研究热点的动态演变,从而更为准确地揭示出这些热点的变化趋势与规律。

2014年至2023年,高校公共体育教学研究的总体趋势虽保持相对稳定,但核心关注点始终在于教学内容的充实、教学模式的创新、教学功能的全面发挥以及教学质量的持续提升。这些研究方向致力于实现更为多元化、高效化的体育教学体系。通过对表1-4、表1-5的分析,结合图1-8和图1-9,2014年1月至2019年12月,"体育教学"、"高校"和"高校体育"等已成为高频关键词。2020年1月至2023年12月,关于高频词的研究热点以"课程思政"、"高校体育"和"体育教学"等方面的研究为主。通过分阶段的分析,能够更深入地把握高校公共体育教学研究的热点及其动态演变。在这一过程中,诸如"体育教学"、"高校体育"以及"高校"等主题始终占据显著位置,这表明它们已成为该领域的持续热点,并长期受到研究者的关注。此外,随着数字化时代的到来,新兴技术的不断涌现为体育教学带来了前所未有的变革。因此,也可以观察到一些新兴热点,如"茶文化融入体育教学"、"课程思政在体育教育中的应用"、"创新教学模式的探索"以及"立德树人教育理念的实践"等,这些热点正推动着高校公共体育教学研究的持续进步与发展。

表1－4 我国高校公共体育教学研究高频及高中心性的前10个关键词

(2014.01—2019.12)

排序	关键词	频率	中心性	时间
1	体育教学	92	0.34	2014
2	高校	86	0.37	2014
3	高校体育	76	0.41	2014
4	体育教育	46	0.20	2014
5	茶文化	31	0.10	2016
6	普通高校	27	0.10	2014
7	教学模式	23	0.11	2014
8	大学生	22	0.11	2014
9	教学改革	21	0.08	2014
10	学校体育	20	0.06	2014

表1－5 我国高校公共体育教学研究高频及高中心性的前10个关键词

(2020.01—2013.12)

排序	关键词	频率	中心性	时间
1	课程思政	24	0.47	2021
2	高校体育	22	0.22	2020
3	体育教学	17	0.40	2020
4	高校	17	0.34	2020
5	体育课程	15	0.11	2020
6	学校体育	13	0.10	2020
7	立德树人	12	0.04	2020
8	体育教育	11	0.15	2020
9	教学改革	9	0.09	2020
10	普通高校	7	0.08	2020

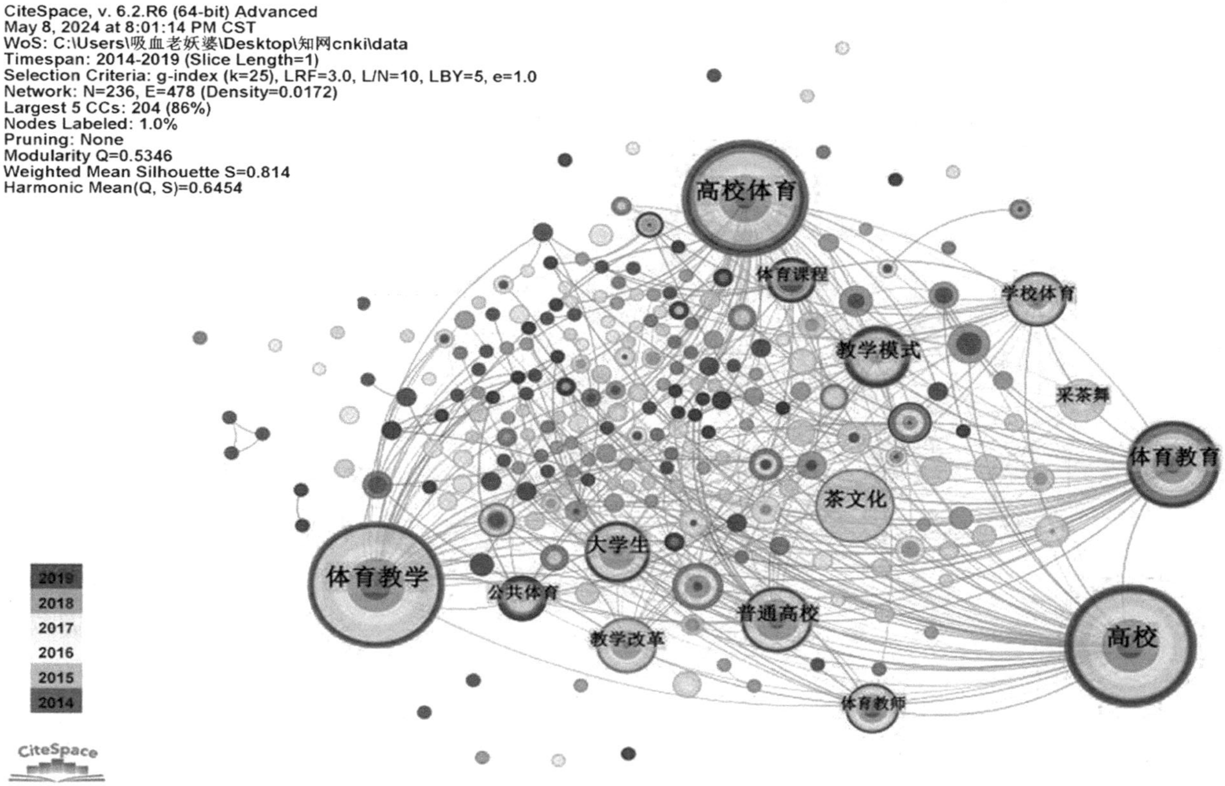

图 1－8　我国高校公共体育教学研究的关键词共现知识图谱(2014. 01—2019. 12)

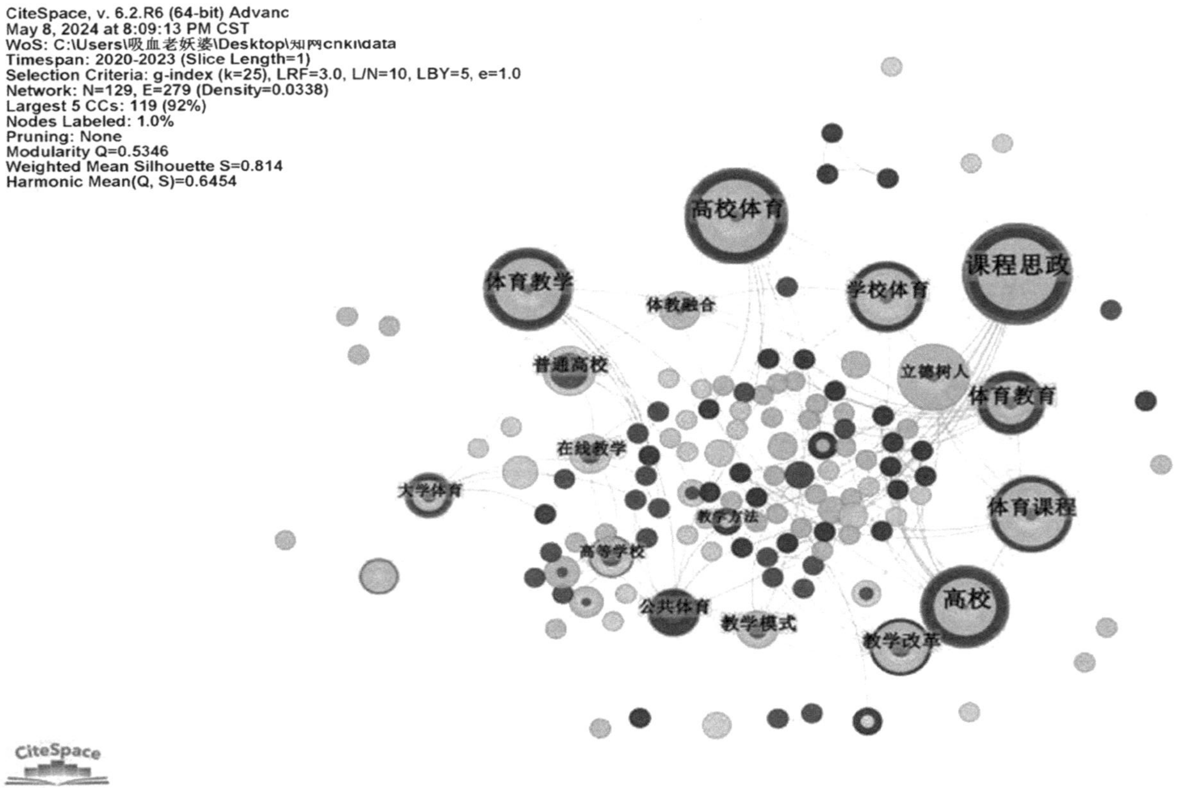

图 1－9　我国高校公共体育教学研究的关键词共现知识图谱（2020. 01—2023. 12）

随着时代的更迭与社会的演进，高校公共体育教学亦在悄然变革。为了更全面地掌握变化趋势，需要对更多细微之处进行详尽的剖析，以期发现新的研究焦点与未来发展方向。新时代对高校公共体育教学研究提出了新的要求，即研究方法需更加包容、开放且富有创新思维，以适应学生需求的多样性和社会环境的变迁。唯有如此，才能更有效地推动高校公共体育教学研究的进步与发展。

（2）文献研究热点时区知识图谱分析

通过对研究主题的深入演化分析，能够直观地洞察到不同地域内研究热点主题的发展轨迹及其变化规律，这一分析有助于更全面地理解研究领域的动态演变。[1] 本研究借助了 CiteSpace 软件中的时间区域图（Time zone）算法，该算法的核心在于对文献的篇名、摘要以及关键词中主题词的词频进行详尽的统计分析。该算法将主题词按照时间顺序逐一呈现，进而依据这些主题词在不同时间阶段的演变规律，深入剖析并揭示高校公共体育教学研究的前沿动态和趋势。通过这种方式，能够精准地定位并确定该研究领域的前沿方向，为后续的研究工作提供有力的指导和参考。[2]

本书采用 CiteSpace 可视化分析工具，将网络节点设定为“keyword”（关键词），并将单个时间分区的长度精确设定为 1 年。经过细致的数据处理和可视化呈现，最终生成了图 1－10，即 2014—2023 年我国高校公共体育教学研究热点的演变时区可视化图谱。此图谱按照时间顺序从左至右排列，清晰地展示了高校公共体育教学主题文献在研究过程中的演进轨迹，提供了深入探究和理解的宝贵视角。

经时间区域图算法分析不同时间段内的高频关键词，所得时区视图

[1] 参见何秋鸿：《基于知识图谱的我国体育教学模式研究动态与演进分析》，载《湖北体育科技》2017 年第 7 期。

[2] 参见蔡克金：《我国体育教师研究的知识图谱分析》，成都体育学院 2019 年硕士学位论文，第 26 页。

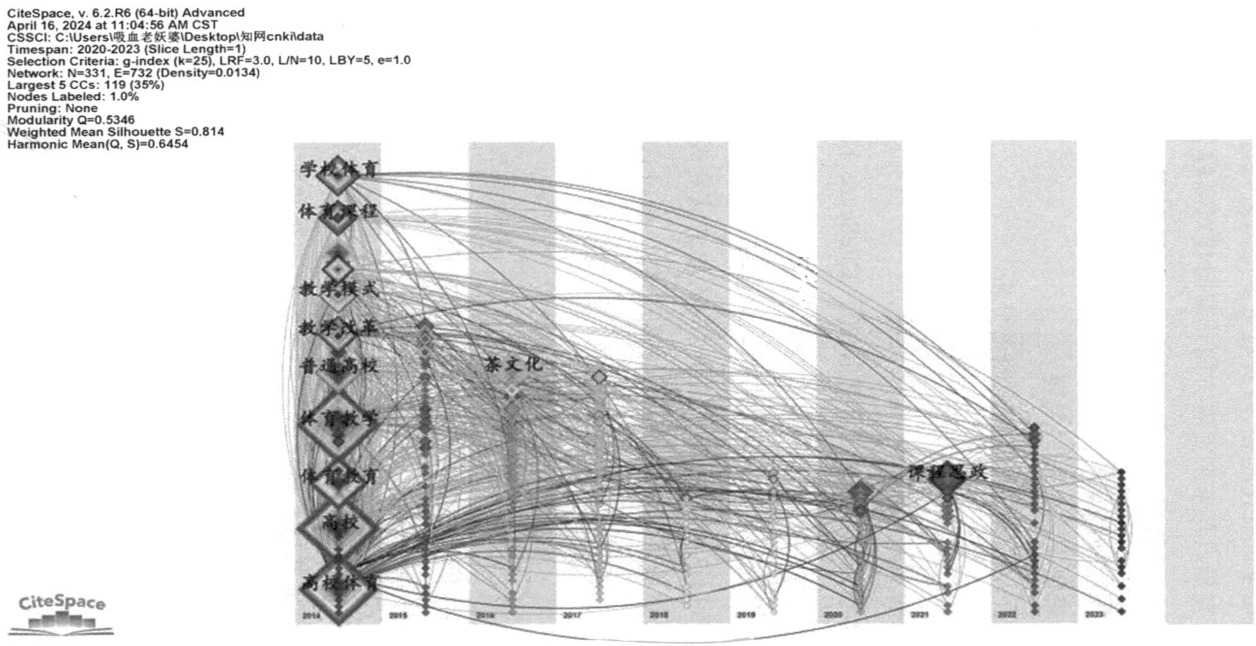

图 1-10　我国高校公共体育教学研究热点时区(2014.01—2023.12)

详细描绘了研究主题在各时间段的分布情况。如图 1－10 所示，高校公共体育教学的研究热点主要为“体育教学”、“高校体育”、“学院体育”、“体育教育”以及“普通高校”等。这一趋势不仅反映了当前对于高校公共体育教学研究的关注焦点，也反映了在高等教育体育领域内对教学质量持续提升的不懈追求。这一发现对于推动体育教育事业的整体进步，提高体育教学质量，以及为学生提供更加卓越的体育教学服务具有重要的促进作用。

经过细致研究，可以注意到不同时间段内高校公共体育教学研究的热点分布存在显著差异。仅凭知识图谱来全面解析 2014 年至 2023 年内该领域研究热点的变化是不够充分的。为了更精确地捕捉新冠疫情前后高校公共体育教学研究热点的演变脉络，本书将研究时段细分为 2014 年 1 月至 2019 年 12 月和 2020 年 1 月至 2023 年 12 月两个阶段，并进行了详细的数据对比。随后，运行程序并生成了相应的可视化制图结果，即图 1－11和图 1－12，它们分别展示了两个时间段内高校公共体育教学研究热点的时区分布。通过这一方法，能够更加深入地理解高校公共体育教学研究热点的变化趋势，为相关研究提供更为翔实的数据支持。

在深入分析图 1－11 所呈现的数据后，可以清晰观察到，2014 年 1 月至 2019 年 12 月，“体育教学”、“高校体育”以及“体育教育”等议题成为研究的显著焦点。这一趋势的形成，实则深深根植于国家政策导向与教育实践革新的土壤中。特别是在 2014 年 4 月，教育部相继颁布了《学生体质健康监测评价办法》及《国家学生体质健康标准》(2014 年修订)，这两个文件的出台不仅标志着国家学生体质健康监测评价体系的建立，更对高校学生体质健康监测制度进行了全面规划。这一系列的政策举措，促使高校对学生体质健康的关注度显著提升，同时推动了公共体育教学研究的深入发展。

随着国家对公共体育教学建设要求的不断提高，体育教学的质量也呈现出稳步上升的趋势。与此同时，高校公共体育教学研究领域也涌现

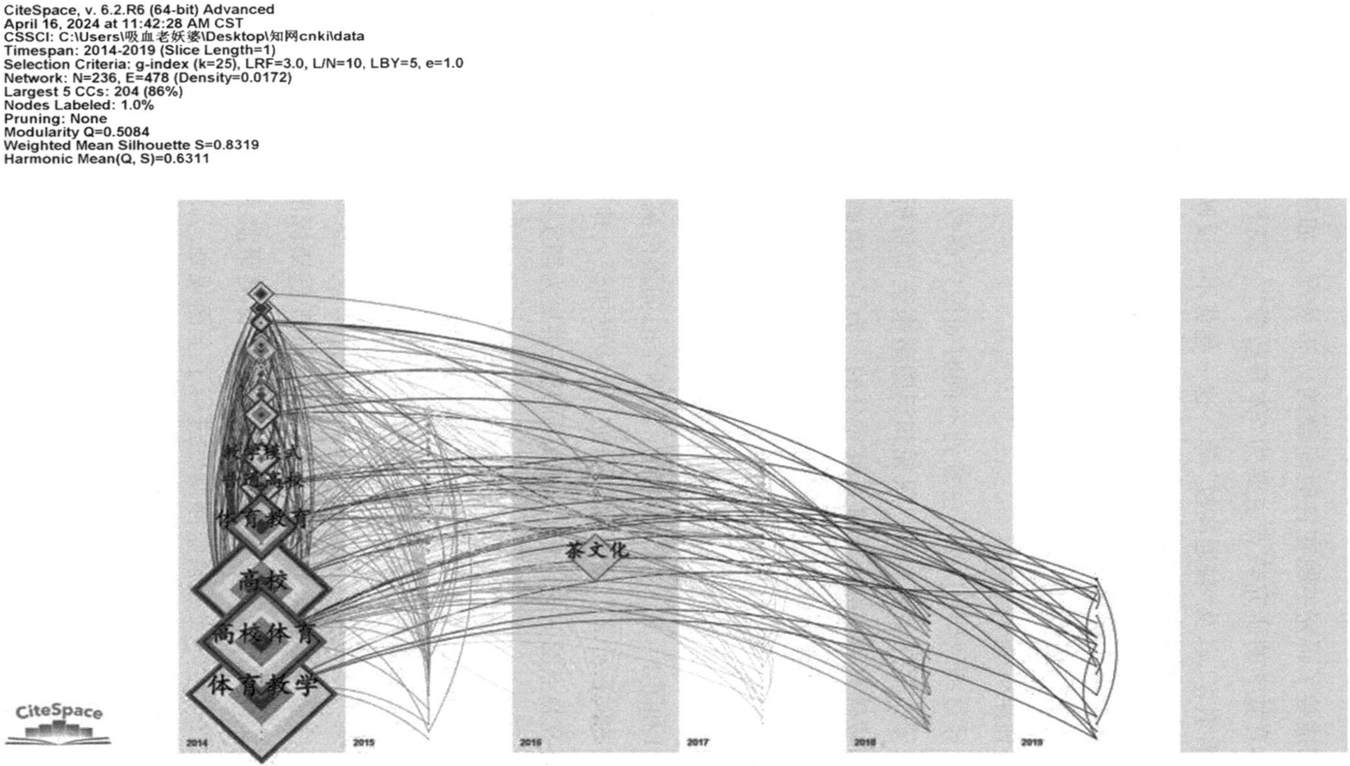

图 1-11　疫情前我国高校公共体育教学研究热点时区(2014.01—2019.12)

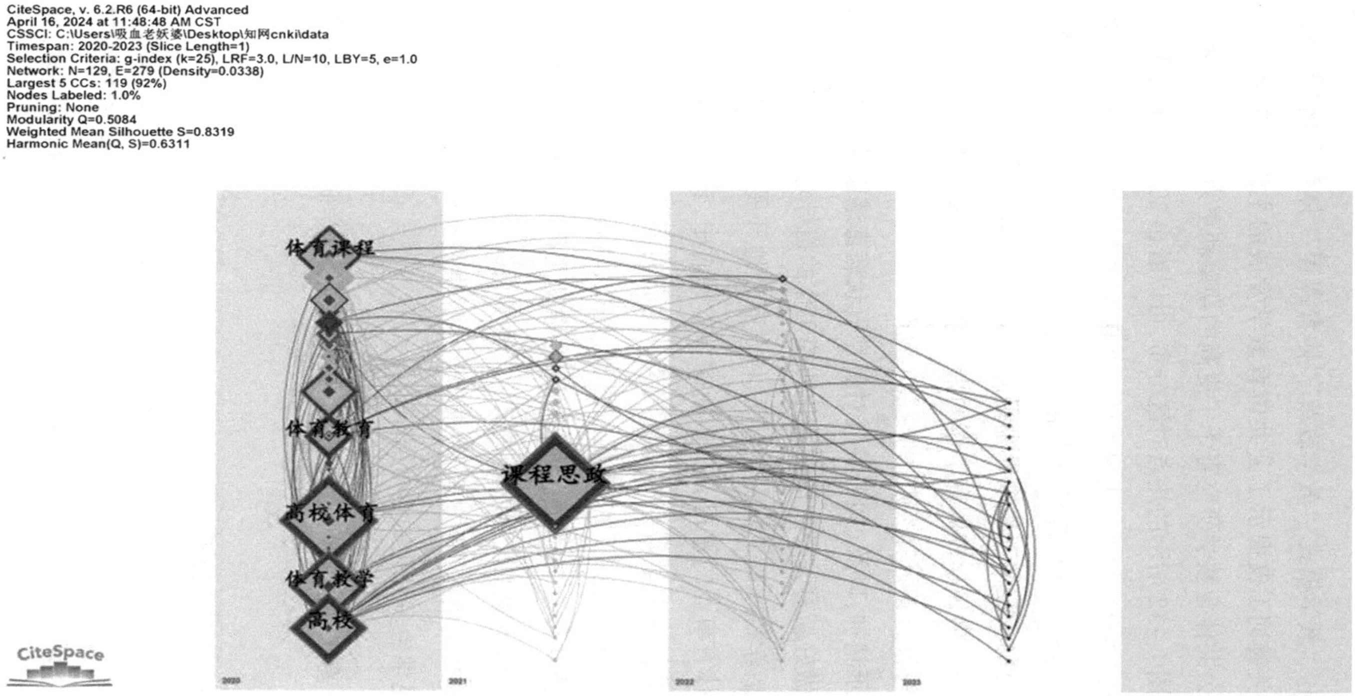

图 1－12　疫情后我国高校公共体育教学研究热点时区（2020. 01—2023. 12）

出“茶文化”“教学模式”“教学改革”“体育课程”“体育文化”等高频关键词。这些关键词不仅揭示了公共体育教学发展的主流方向，也预示着国家对高校公共体育教学研究寄予了更高的期望和更为明确的目标。

通过图 1－12 所示的热点时区分布，可以看出 2020 年 1 月至 2023 年 12 月的研究热点主要为“课程思政”、“高校体育”、“体育课程”和“体育教学”等。为积极应对新冠疫情给公共体育教学带来的挑战与变革，教育部应对新冠肺炎疫情工作领导小组办公室于 2020 年颁布了《关于在常态化疫情防控下做好学校体育工作的指导意见》，深入贯彻落实习近平总书记关于统筹推进新冠肺炎疫情防控和经济社会发展工作的重要讲话和重要指示批示精神，以及《国务院应对新型冠状病毒感染肺炎疫情联防联控机制关于做好新冠肺炎疫情常态化防控工作的指导意见》精神，确保各地复学开课后学校体育工作安全有序、科学有效地开展，充分体现了国家对高校公共体育事业的重视。在最新的学术探讨中，多元化教学模式已成为高校公共体育教学研究的显著趋势。随着时间的推移，这一领域的研究逐渐深入，研究范围已广泛涵盖思政、科技、课程等多个领域。同时，对提升高校公共体育教学质量的追求，也推动了研究焦点的转变和拓展。研究者们纷纷聚焦“教学质量提升”、“教学设计创新”、“课程思政融合”以及“体育文化培育”等方面，力求为学生提供更加全面、优质的体育教学服务，满足学生多元化的学习需求。

（二）基于中国知网的我国高校公共体育教学研究文献的引文情况分析

1. 文献引文量分析

在论文撰写过程中，所引用的相关文献数量被统称为引文量。期刊附有引文论文的文献篇数与载文篇数的比例称为引文率，它反映了论文的学术深度和广度。引文分析是文献计量学中的重要研究领域，通过分析文献中的引用关系,研究文献的引用行为和学术影响力。[1] 2014—2023 年我国核心期刊上高校公共体育教学研究论文,在中国知网有引文的篇数为 1105 篇,引文率为 88%。

从表 1-6 可以看出,共有引文 14,166 篇,引文率为 7.8%。从图 1-13可以看出,2014—2022 年高校公共体育教学研究的引文率趋于平稳,2022—2023 年高校公共体育教学研究论文波动幅度较大。世界科技期刊平均引文率为 15%,[2] 根据统计,2014—2022 年高校公共体育教学研究论文的引文率基本保持在 5%—10%,略低于我国科技期刊的学科平均引文率,说明公共体育教学研究科研人员在学科内及学科间信息吸收方面欠缺。因此,高校公共体育教学研究的科研人员应加强对知识吸收的全面性和系统性。

表 1-6 2014—2023 年我国核心期刊中关于高校公共体育教学研究论文引文量统计

年份	论文篇数(篇)	有引文篇数(篇)	有引率(%)	引文量(篇)	引文率(%)
2014	110	106	96.36	1523	6.96
2015	165	157	95.15	2022	7.76
2016	155	145	93.55	1746	8.30
2017	152	134	88.16	1491	8.99
2018	67	67	100.00	1359	4.93
2019	89	82	92.13	1113	7.37
2020	118	110	93.22	1656	6.64
2021	176	154	87.50	2024	7.60
2022	113	97	85.84	1036	9.36
2023	112	53	47.32	196	27.04
合计	1257	1105	87.91	14,166	7.80

[1] 参见李点、文庭孝、许林勇:《全文本引文分析研究综述》,载《农业图书情报学报》2023 年第 9 期。

[2] 参见中国科学技术信息研究所:《2000 年度中国科技论文统计与分析:年度研究报告》,科学技术文献出版社 2001 年版,第 78 页。

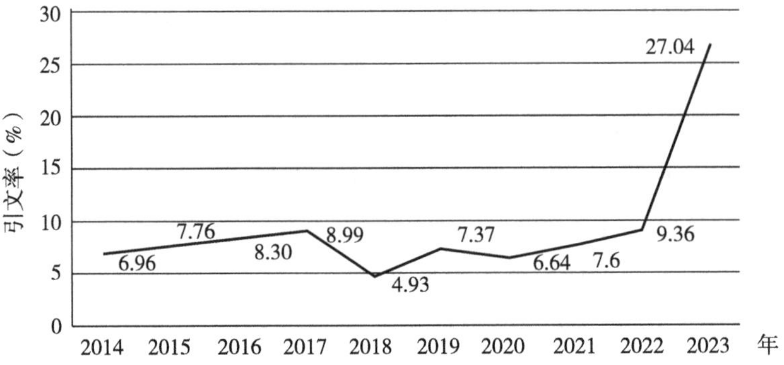

图 1－13　2014—2023 年我国核心期刊中关于高校公共体育教学研究论文引文率年度变化

2. 文献被引情况分析

研究被引情况对于评估学术影响力，揭示学术趋势和热点，评估学术期刊和出版物质量以及促进学术交流与合作等方面都具有重要意义。[1]因此，在学术研究中，需要重视对被引情况的分析和研究。从表 1－7 中可以看出，我国核心期刊前十相关刊物共计被引 4626 次，篇被引量为 9.74次/篇。核心期刊中，被引量位列第一的是《广州体育学院学报》，22.95次/篇，位列第二的是《体育文化导刊》，21.80 次/篇，位列第三的是《教育理论与实践》，14.79 次/篇。由此可以得出结论，体育与教育类核心期刊被引量占据核心期刊比重较大，为体育教学研究发展作出重要贡献。

表 1－7　2014—2023 年我国核心期刊中关于高校公共体育教学研究论文前 10 名刊物被引情况

刊物名称	文章篇数	被引频次	篇被引量(被引频次/文章篇数)
福建茶叶	89	302	3.39
广州体育学院学报	60	1377	22.95

[1] 参见郭萌、吴文、李敬文等：《基于文献计量学的“结核”主题高被引文献特征分析》，载《中国防痨杂志》2024 年第 5 期。

续表

刊物名称	文章篇数	被引频次	篇被引量(被引频次/文章篇数)
体育文化导刊	59	1286	21.80
教育理论与实践	48	710	14.79
中国高校科技	46	133	2.89
当代教育科学	41	210	5.12
教育与职业	41	262	6.39
中国科技论文	33	112	3.39
食品研究与开发	30	100	3.33
科技管理研究	28	134	4.79
合计	475	4626	9.74

(三)基于中国知网的我国高校公共体育教学研究文献的作者情况分析

1.文献作者主体情况分析

(1)文献作者群年龄结构分析

个人的创造力深受主观能动性、记忆潜能以及实践经验的综合影响。在记忆力和理解力达到巅峰状态时,往往也标志着创造力的鼎盛时期,这一时段通常被称为创造力的“黄金年龄阶段”。在这一阶段,个体能够最大限度地发挥自身的创新潜能,实现创造力的最大化。从社会学的角度和学科知识体系的角度来说,科研人员研究论文的最佳年龄为25—45岁,巅峰值为37岁左右。[1]

作者年龄是衡量高校公共体育教学科研团队结构是否合理的重要指标。[2] 鉴于学术论文从投稿到发表的时滞通常不超过半年,论文的发表

---

〔1〕 参见林福长编著:《基础科学学》,机械工业出版社1986年版,第45页。

〔2〕 参见高清奇:《国家科学技术学术著作出版基金作者年龄统计与分析》,载《科技与出版》2012年第9期。

年份可近似视为作者在该研究领域的活跃年龄。表 1－8 详细统计了公共体育教学研究论文发表量排名前 10 的作者的年龄分布。据图 1－14 所示,51—60 岁年龄段的作者最为集中,共占 50%,而 30 岁以下的年轻研究者则相对较少,占比为 0。这一数据揭示了 2014—2023 年,高校公共体育教学研究的主力军主要集中于 51—60 岁的年龄区间,相较于科学创造的最佳年龄区间,这一年龄层略显偏高。因此,为了保持高校公共体育教学科研的活力与持久性,并进一步提升科研实力,需要更多青年科研人员的积极参与和贡献。

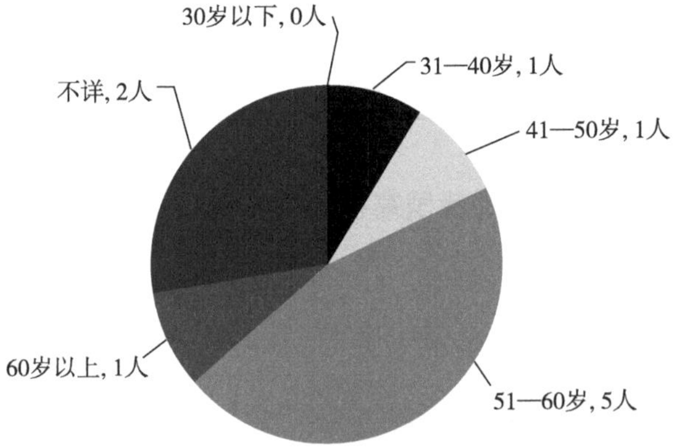

图 1－14　2014—2023 年高校公共体育教学研究排名前 10 的作者年龄分布情况

表 1－8　2014—2023 年我国核心期刊中关于高校公共体育教学研究论文发文量排名前 10 的作者年龄分布情况

年龄	30 岁以下	31—40 岁	41—50 岁	51—60 岁	60 岁以上	不详	合计
人数	0	1	1	5	1	2	10
百分比(%)	0	10	10	50	10	20	100

(2)文献作者职称和学历分析

作者的学术职称是评估作者学术水平和工作能力的重要指标之一,而学历则直接反映了科研人员的受教育背景与基础。[1] 通过表1-9的数据分析,可以观察到在高校公共体育教学科研领域中,副教授的占比最高,达到了60%,这显著地揭示了副教授群体构成了这一领域的主要研究力量。教授、副教授均属于高级职称,发文量排名前10的作者全部拥有高级职称,占总人数的100%,说明高校公共体育教学研究论文作者群具有较高的学术水平和工作能力,也说明了核心期刊对高校公共体育教学研究论文的质量要求较高。

表1-9 2014—2023年我国核心期刊中关于高校公共体育教学研究论文发文量前10作者职称统计

职称	教授	副教授	讲师	研究员	副研究员	助理研究员	不详	合计
人数	4	6	0	0	0	0	0	10
百分比(%)	40	60	0	0	0	0	0	100

图1-15展示了2014—2023年在核心期刊上发表高校公共体育教学研究论文数量排名前10的作者的学历分布情况。其中,有一名作者的学历信息未明确标注,故记为不详。对已明确标注学历的作者群体进行统计,结果显示硕士及以上学历占据了绝对主体,占比高达100%。这一数据清晰地反映出,拥有硕士及以上学历的高校公共体育教学科研人员具备较强的研究能力和较高的研究水平。

[1] 参见江国平:《〈体育科学研究〉2015—2020年载文及作者情况分析》,载《体育科学研究》2021年第5期。

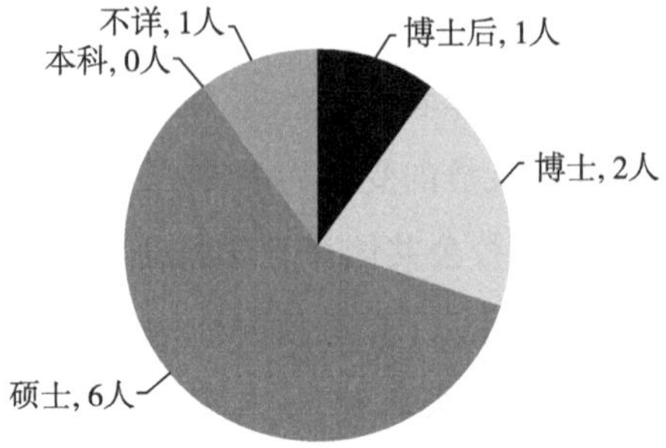

图 1－15　2014—2023 年高校公共体育教学研究排名前 10 的作者学历分布情况

根据综合数据,2014—2023 年,拥有副教授职称及硕士以上学位的中年教师,构成了北大核心和中文社会科学引文索引(以下简称南大核心)期刊中高校公共体育教学科研的核心力量。为了保持并提升这一领域的科研活力和质量,应当积极鼓励更多的高校公共体育教学科研人员,特别是那些处于创造力高峰期的作者群体,积极投身于科研工作,共同推动高校公共体育教学研究的深入发展。

(3)文献作者合著度与合著率

合作研究中的智慧交融程度,可通过合著率这一指标来衡量,即合著论文在总论文篇数中的占比。一般而言,合著率的高低反映了合作智能发挥的深浅程度,较高的合著率通常意味着在合作研究中不同智慧间的交融更为广泛和深入。[1] 合作研究的论文一般比独立完成的论文要获得更多的引用。[2] 这是因为合作研究能够集结不同研究者的专长,使研究视角更为全面,研究方法更为科学合理。

根据表 1－10 的数据,作者人数为 1—2 人的论文占据了绝大多数,达到 87.19%,其中仅由单人完成的论文占 65.55%,超过总数的一半。这一

---

〔1〕 参见张晓敏、程务本:《〈中国临床药学杂志〉刊载量、作者及文献源分析》,载《中国临床药学杂志》2002 年第 4 期。

〔2〕 参见邱均平编著:《文献计量学》,科学技术文献出版社 1988 年版,第 56 页。

数据反映出当前高校公共体育教学科研领域的合著度相对较低,大部分科研人员仍处在独立研究的状态,即便有合作也主要局限于2—3人的小团队范围内。这表明在促进科研人员之间的交流与协作,激发团队智慧方面,还有较大的提升空间。

表1-10 2014—2023年我国核心期刊中关于高校公共体育教学研究论文合作人数统计

合作人数	文献量(篇)	百分比(%)
1	824	65.55
2	272	21.64
3	108	8.59
4	39	3.10
5	14	1.11
合计	1257	100

(4)文献作者发文数量分析

从论文作者的分布情况,可以洞察高校公共体育教学研究领域的作者力量构成。[1] 针对某一学科领域,深入掌握该领域科研理论的发展脉络以及识别并了解该领域的学术领军人物,是不可或缺的环节,这对于学科领域的整体把握具有重要意义。

通过表1-11的数据,可以发现赵富学在该领域以第一作者、第二作者或通讯作者身份发表了8篇论文,显著位居榜首,这充分展现了他在高校公共体育教学研究领域的卓越学术能力,为该领域的发展作出了杰出贡献。紧随其后的是谢冬兴,以5篇论文的数量位列第二,而高峰和叶蓁则以4篇论文的成绩并列第三。这些数字不仅反映了这些作者在教学经验和科研能力上的丰富积累,更体现了他们致力于提升高校公共体育教学质量,为学生提供更优质教育的决心。他们有望成为高校公共体育教

[1] 参见张晓、金书辉、王晨辉:《基于词频分析和可视化共词网络的国内创客教育研究热点及趋势分析》,载《中小学电教》2017年第5期。

学领域的领军人物,引领该领域不断迈向新的高峰。

此外,赵富学的研究成果也获得了学术界的广泛认可。他的研究文献总计被引用257次,其中单篇文献的最高被引用次数高达104次,这充分证明了他的研究成果具有较高的学术价值和深远影响。同样,姚蕾的文献被引用次数也达到了113次,其中单篇文献最高被引用次数为74次,这同样体现了她在相关领域内所取得的积极成果和广泛影响。具体的数据详情,见图1－16、表1－11。

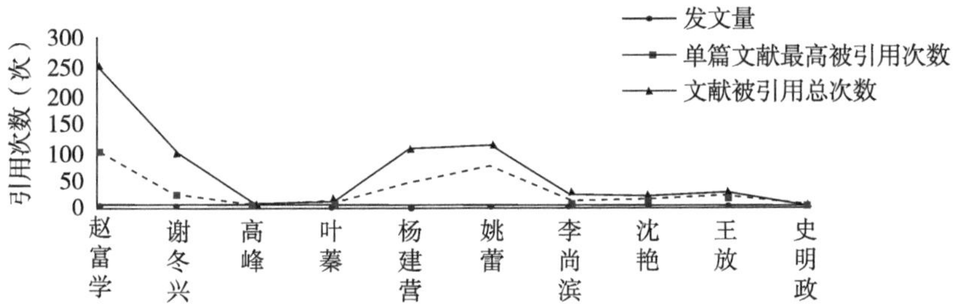

图1－16　高校公共体育教学研究高频及高中心性排名前10的作者

表1－11　2014—2023年我国核心期刊中高校公共体育教学研究高频及高中心性排名前10的作者

作者	发文量(篇)	单篇文献最高被引次数	文献被引总次数
赵富学	8	104	257
谢冬兴	5	24	101
高　峰	4	4	8
叶　蓁	4	12	13
杨建营	3	43	106
姚　蕾	3	74	113
李尚滨	3	10	26
沈　艳	3	17	21
王　放	3	22	31
史明政	3	2	3

经过上述分析，为了深入探究高校公共体育教学研究领域的关键作者及其学术贡献，依据表1－11的统计数据，利用中国知网对这10位作者的文献进行了详尽的检索与梳理。结果显示，这些文献主要集中在体育教学和体育课程两大领域。例如，赵富学在探讨高校体育课程时，对体育课程的思政建设进行了深入的剖析，并为体育课程的发展提出了宝贵的建议。赵富学的文献在该领域内的最高被引次数高达104次，因此，对于涉及体育课程思政建设的研究，赵富学的文献具有重要的参考价值。此外，谢冬兴则对高校体育面临的困境进行了独到的分析，而其他作者也分别在体育教学、体育课堂及教学效果等多个方面进行了研究，涉猎广泛。每位作者均拥有各自的研究专长和独特见解，共同构成了高校公共体育教学研究领域的丰富图景。

(5)文献作者知识图谱分析

在学科的演进过程中，研究者扮演着不可或缺的角色，是推动学科发展的内在动力。[1] 在运用CiteSpace分析软件时，本书设定时区间隔为1年，并选取“author”(作者)作为节点类型的关键参数。为确保分析的全面性和代表性，设置TopN为50%，其他参数则保持默认设置。随后，启动了程序进行数据分析，并顺利进入了可视化界面。在此界面，分析软件详细地绘制并调整了知识图谱，最终生成了展示高校公共体育教学研究领域作者共现情况的网络图谱(见图1－17)。图1－17展示的是高校公共体育教学领域作者之间的合作关系。节点为作者，节点越大说明该作者的文章被引用频率越高；节点间连线为合作关系，连线越粗说明合作关系越强。[2]

---

〔1〕 参见谭力文、丁靖坤：《21世纪以来战略管理理论的前沿与演进——基于SMJ(2001—2012)文献的科学计量分析》，载《南开管理评论》2014年第2期。

〔2〕 参见曹利双、陶玉流：《体育教师专业发展的热点及趋势研究——基于CiteSpace的知识图谱分析》，载《武术研究》2021年第9期。

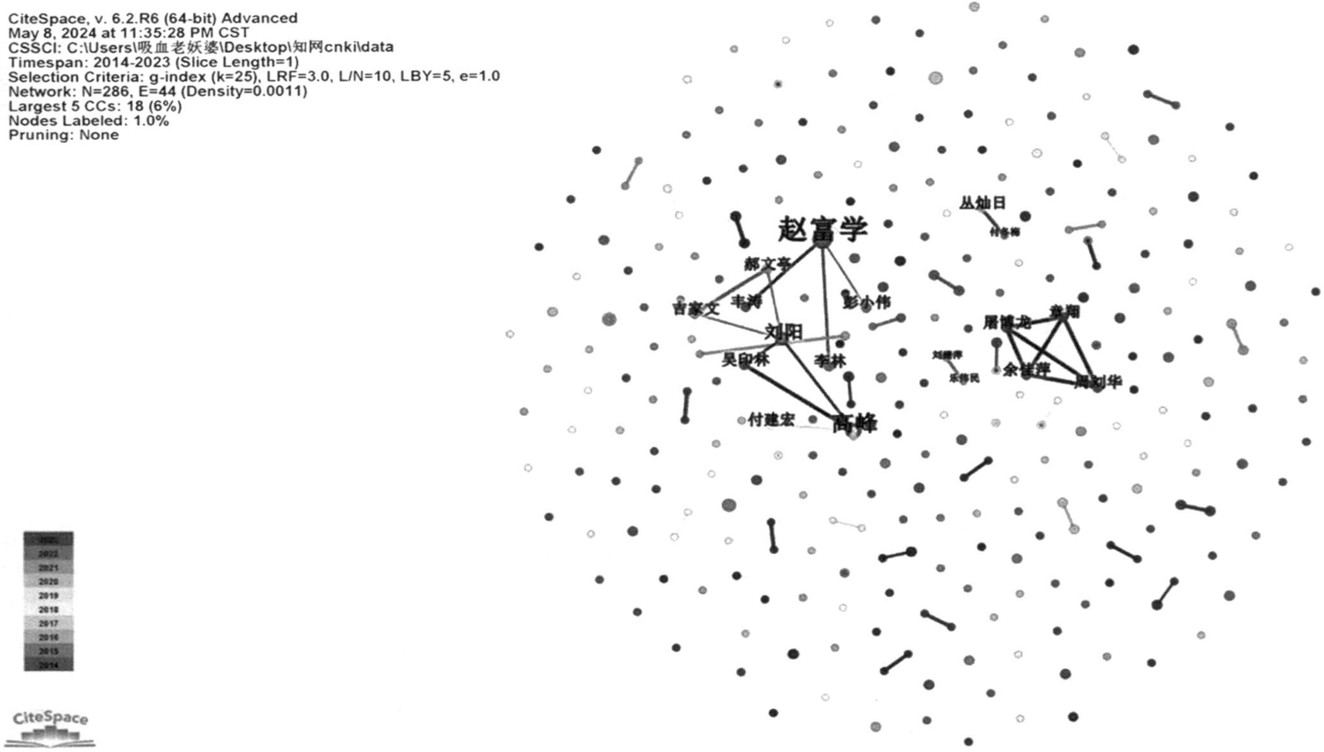

图 1-17　2014—2023 年我国高校公共体育教学研究作者合作共现知识图谱

分析图1－17中高校公共体育教学研究的作者共现网络图谱，在宏观视角下，大部分研究表现为个体独立进行，分布较为零散，缺乏深度的合作与交流，尚未形成规模化的研究群体。然而，也有部分科研团队在合作上表现显著，如余桂萍、周刘华、章翔、屠博龙等领衔的团队。其中，赵富学、李林、韦涛团队在高校公共体育教学研究中的合作持续且成果丰硕，成为该领域合作度与发文量双高的典范。紧随其后的是高峰、刘阳和吴印林团队。值得注意的是，图中还存在一些交流合作频繁但合作程度相对不高的团队，这些团队缺乏集中的研讨核心和浓厚的学术研讨氛围。

总体来看，高校公共体育教学研究领域的作者间合作水平普遍偏低。为了推动学术的深入交流与合作，建议加强研究者间的联络与合作，拓宽合作领域，促进跨学科融合，同时加强国内外学者间的合作与交流，以此提升研究成果的质量和影响力。

2. 文献作者机构情况分析

（1）文献作者机构属性分析

在评估特定领域内的研究机构地位时，发文篇数往往是一个重要的衡量指标。[1] 深入分析这些研究机构，不仅可以揭示这些机构的发文数量、科研实力及主要研究方向，还能帮助掌握核心学科研究机构的分布态势。由本研究可知，当前中国高校公共体育教学研究的主力军主要为高等院校，其中，普通高校更是在这一研究领域中占据了举足轻重的地位，构成了该领域文献产出的中坚力量。从表1－12中可以看出，普通高校的作者人次一共有980人，占总人数的77.96%，位居第一；其次是高职院校，作者人次为200人，占总人数的15.91%，位居第二；第三则是体育院校，作者人次为68人，占总人次的5.41%。由此可以得出，各普通院校对高校公共体育教学非常重视，应继续加强此类研究；高职院校稍有欠缺，应呼吁各高校重视公共体育教学，提高教学质量；体育院校作为专业院

〔1〕 参见晏骏：《近20年我国体育教师培养研究领域的现状探析——基于知识图谱的可视化分析》，载《湖北体育科技》2021年第11期。

校,发表篇数却较少,应充分利用专业知识,进行相关研究,为公共体育教学做贡献。

表1-12 2014—2023年我国核心期刊中关于高校公共体育教学研究论文作者机构属性统计

著者单位	体育院校	普通院校	高职院校	其他	合计
作者人次(人)	68	980	200	9	1257
所占比例(%)	5.41	77.96	15.91	0.72	100.00

(2)文献作者机构知识图谱分析

如表1-13所示,东北师范大学体育学院与北京体育大学均以9篇发文量并驾齐驱,占据榜首,而郑州大学体育学院则以8篇的发文量紧随其后,位列第三。这一数据进一步印证了高校公共体育教学研究的核心机构主要集中于师范类与体育类院校。其中,东北师范大学、北京体育大学和郑州大学无疑是我国高校公共体育教学研究领域的佼佼者,它们不仅展现了强大的研究能力,更拥有专业的科研团队。这些高校的研究团队持续在体育科学的前沿领域深耕,旨在为我国体育事业的进步与竞争力的提升贡献智慧和力量。展望未来,随着科技的飞速发展和学术水平的不断进步,有理由相信这些高校将在高校公共体育教学研究领域取得更加卓越的成就,为学术界和实践界做出更为重要的贡献。

表1-13 2014—2023年我国核心期刊中关于高校公共体育教学研究论文作者机构统计

排序	机构	频率	突增性	中心性	年份
1	东北师范大学体育学院	9	—	0.00	2016
2	北京体育大学	9	—	0.00	2015
3	郑州大学体育学院	8	—	0.00	2014
4	武汉体育学院体育课程思政教学研究示范中心	7	—	0.00	2022

续表

排序	机构	频率	突增性	中心性	年份
5	华中师范大学体育与健康学院	5	—	0.00	2018
6	广东工业大学体育部	5	—	0.00	2016
7	北京师范大学体育与运动学院	5	—	0.00	2017
8	海南经贸职业技术学院	5	—	0.00	2016
9	上海体育学院体育教育与训练学院	5	—	0.00	2015
10	武汉体育学院体育教育学院	4	—	0.00	2022

在运用 CiteSpace 分析软件时，本书选择“institution”作为关键参数，并根据不同的时间区间和阈值设定进行了深入的比较分析。这一流程旨在绘制出最能反映实际研究状况的学科发展知识图谱。经过细致的分析和绘制，本书最终得到了高校公共体育教学研究机构之间的合作共现关系图（见图 1 – 18），从而提供了直观的机构合作网络视图。

在衡量 CiteSpace 生成的图谱绘制成效时，通常侧重于考量网络结构的紧密度以及聚类的明确性。基于此，CiteSpace 软件提供了两个至关重要的评估参数：模块度（Q 值）和平均轮廓系数（S 值）。这两个参数提供了客观的量化依据，能够精准地评估图谱的整体质量和效果。通常情况下，Q 值处于（0，1）区间内，而 Q >0.3 则表示划分出来的社团结构是显著的；当 S 值在 0.7 时，聚类是高效率令人信服的，如果大于 0.5 则聚类通常被认为合理。[1] 在图谱中，每个节点都象征着一个独立的机构，节点的大小直接反映了该机构的发文数量。节点之间所建立的连线，则代表着这些机构之间的合作关系。具体来说，连线的数量越多，就代表着这些机构之间的合作越为紧密和频繁。[2]

---

〔1〕 参见陈悦、陈超美、刘则渊等：《CiteSpace 知识图谱的方法论功能》，载《科学学研究》2015 年第 2 期。

〔2〕 参见高明、段卉、韩尚洁：《基于 CiteSpaceⅢ的国外体育教育研究计量学分析》，载《体育科学》2015 年第 1 期。

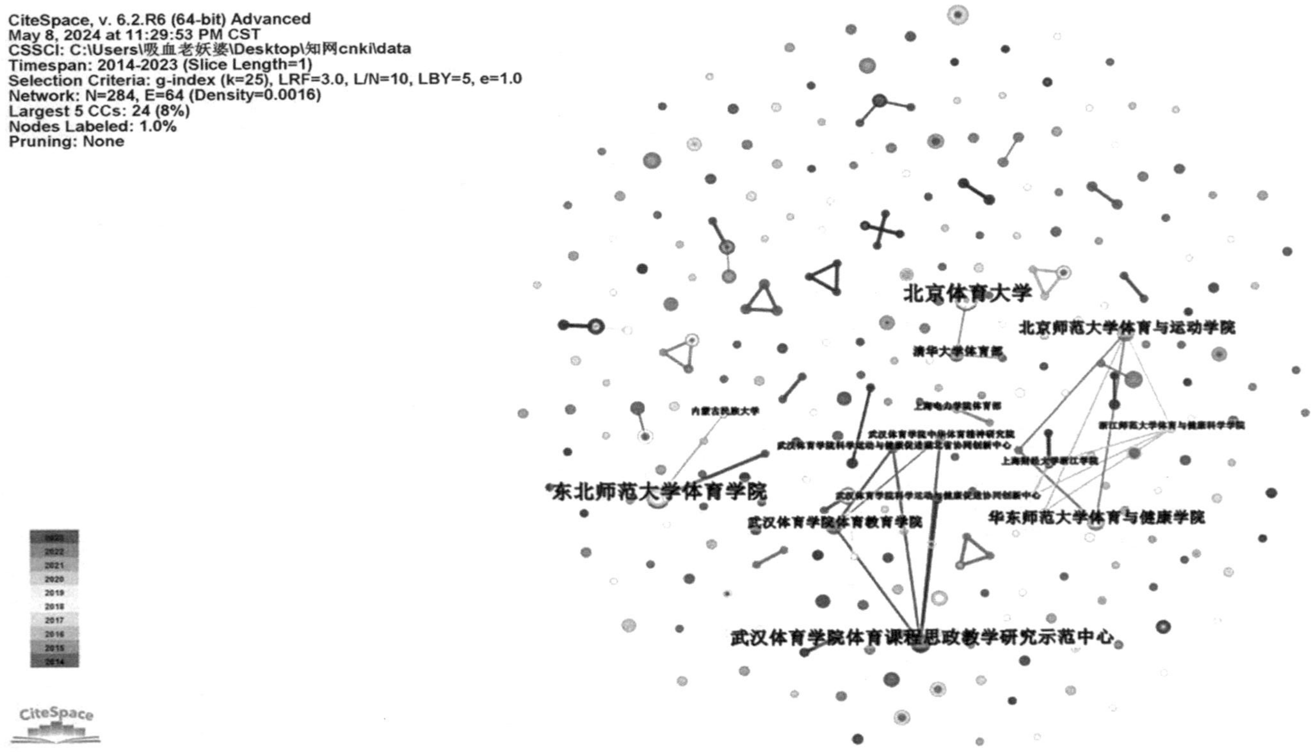

图 1－18　2014—2023 年我国高校公共体育教学研究机构合作共现图谱

综合分析,师范类院校在高校公共体育教学研究领域的贡献显著,而体育类院校亦在此领域具有不容忽视的影响力。然而,从整体来看,普通院校贡献了大部分的研究文献。图谱中的关键节点,如东北师范大学体育学院、北京体育大学、郑州大学体育学院、武汉体育学院体育课程思政教学研究示范中心及华中师范大学体育与健康学院等,均展现出卓越的研究成果,名列前茅。这些机构无疑是当前高校公共体育教学研究领域的核心力量,科研实力在众多机构中处于领先地位。这一态势充分表明,高校公共体育教学研究正展现出蓬勃发展的繁荣景象。通过深入剖析,可以得出结论:师范类院校在高校公共体育教学研究中占据举足轻重的地位,而上述提及的机构则在高校公共体育教学研究机构中处于领导地位。

(四)小结

1. 2014—2023 年,北大核心和 CSSCI 期刊上关于高校公共体育教学的研究论文载文量总体上呈现出一种波动中保持稳定的态势。具体而言,2017—2018 年,论文数量经历了一个短暂的下滑阶段,随后在 2018—2021 年,体育产业相关的研究论文逐渐呈现缓慢增长的趋势,特别是在 2021 年达到了发文的高峰。然而,自 2021 年后,这一增长趋势再次趋于平缓,显示出一定的下降趋势。从年发文量的角度来看,这一期间的论文发表周期相对稳定,未出现大幅度波动。此外,论文的发文量在期刊和地域分布上呈现出不均的特点。其中,《福建茶叶》和《广州体育学院学报》等期刊在发文量上占据显著位置,成为该领域研究的重要载体。从地域角度来看,河南地区的研究成果产出最为丰富,成为高校公共体育教学研究的重要区域。

2. 通过基金项目的文献量可知,国家社会科学所占文献量 60 篇位居第一;教育部人文社会科学研究项目,以 15 篇的优势位列第二;第三则是全国教育科学规划课题,总计 14 篇。其余依次为广西高等学校教学质量、教学改革工程、河南省软科学研究计划、中央高校基本科研业务费与专项资金项目等,这些在发文量上具有领先优势。

3. 2014—2023 年,北大和 CSSCI 期刊上发表的高校公共体育教学论文主要围绕多个核心研究主题展开,包括高校体育教学、体育教学、高校体育教育、高校体育课程以及高校体育教学改革等。其中,高校体育教学以显著优势成为首要研究焦点,围绕该主题共计发表 237 篇论文,位居榜首。此外,相关论文也涵盖了多个次要研究主题,如体育教学、体育教育、体育课程、学校体育和高校体育教育等。尽管这些主题在论文数量上稍逊于主要主题,但其中高校体育教学仍然表现出较高的关注度,共有 52 篇论文聚焦于此,位居次要主题之首。整体而言,这些研究主题共同反映了当前高校公共体育教学领域的研究热点和趋势。

4. 2014—2023 年的高校公共体育教学研究,研究热点历经了以下变迁:首先聚焦于体育教学、高校、高校体育、体育教育等基础领域,随后延伸至茶文化、普通高校、教学模式、大学生群体、教学改革以及学校体育等多个方面。值得注意的是,随着时间的推移和疫情的影响,研究热点开始倾向于丰富体育课程内容,提升体育教学质量等方面,但关于体育教学、高校体育和教学模式的研究依然占据核心地位。此外,出于对体育教学质量的持续追求,研究的方向逐渐拓宽,涉及课程思政、教学设计、核心素养、学科本质等更深层次的内容,使高校公共体育教学研究在广度和深度上均得到了进一步的发展。

5. 通过数据分析可以得出,引文量最高的年份是 2021 年,其次是 2015 年。广州体育学院学报被引量最高,其次是体育文化导刊。

6. 2014—2023 年,北大和 CSSCI 期刊上关于高校公共体育教学的论文作者群体年龄呈现出广泛分布的特点。其中,拥有教授及副教授职称且具备硕士及以上学历的中年科研工作者,在核心期刊的高校公共体育教学研究中扮演着主导角色。然而,值得注意的是,这些论文的合著程度与合著率相对较低,远低于国内社会科学领域的平均水平。大部分论文由1—2名作者完成，这在某种程度上可能限制了高校公共体育教学研究的深度与广度。通过深入分析数据，可以观察到高校公共体育教学研究领域的优秀作者群体正在经历更新与调整，新兴的优秀作者如姚建营、姚蕾、沈艳等纷纷加入，为这一领域带来了新的活力与希望。然而，从宏观角度审视，该领域的研究者间的合作频次相对较低，且合作的持续性不够稳固。多数研究者更倾向于独立开展研究，导致研究力量分布较为分散，缺乏深度的学术沟通与协作。此外，跨学科的交融与互动也显得较为薄弱，尚未凝聚成具备显著影响力和规模的研究共同体。

7. 在高校公共体育教学研究领域中，高校构成了主要的研究机构群体，其中普通高校占据了主导地位，师范类院校亦成为不可或缺的重要研究力量。具体而言，在发文量上，东北师范大学体育学院凭借显著的发文量高居榜首；北京体育大学紧随其后，位列第二；郑州大学体育学院也在该领域展现出不俗的研究实力，发文量紧随其后。这些数据充分证明了普通高校在体育教学研究中的核心地位，相关机构也处于该领域的领先地位，师范类和体育类院校在该领域同样具有显著的影响力。然而，进一步分析可以发现，这些研究机构之间的合作相对较少，且合作方式主要以师生关系和同事关系为主，缺乏深度与广度，尚未形成有效的团队合作机制。这种合作模式的分散性在一定程度上限制了研究的深度和广度，值得未来研究加以重视和改进。

四、体育教学方法国内研究现状

笔者以在中国知网（CNKI）数据库中选择“体育类”，搜索“教学方法”检索出的有关体育教学方法的全部期刊文献作为研究对象，在中国知网高级搜索界面，输入“体育”进行检索，然后选择“体育学科”与“篇名”，输入“教学方法”在结果中检索。截至2024年4月1日，检索期刊总量为1558篇，检索过程中对文献数据进行逐一筛选，剔除无作者名的文章《中学体育课中学习和应用郭兴福教学方法初步总结》（1964）、《改进教学方法提高教学质量》(1983)、《应用系统论对体育教学方法的思辨》(1999),剔除一篇重复文章即孙毅红《有效教学理论的高校瑜伽课教学方法》(2016),最终获取了共计1554篇关于体育教学方法研究的期刊文献。

研究初步阶段,本书在中国知网数据库中,以“体育教学方法”、“知识图谱构建”和“可视化技术”等关键词进行搜索,以期筛选出与研究主题紧密相关的文献资料,旨在为本书的研究提供初步的思路和知识支撑。本书借助CiteSpace可视化软件,对获取的文献数据进行提取和导出,并运用CiteSpace可视化软件绘制详尽的知识图谱。随后,利用Excel软件对导出的数据进行详尽的统计和分析,并构建了表格数据图,从多个角度对图谱信息进行了深入的剖析和解读,旨在全面呈现我国体育教学方法研究在多个方面的发展态势和趋势。

(一)基于中国知网的我国体育教学方法研究文献的载文情况分析

1. 文献年发文量与期刊分布

某研究领域发文量的变化特征是梳理研究历程,确立发展阶段,评估研究现状和预测未来发展的首要指标之一。[1] 为了深入探究我国体育教学方法的发展历程,本书对文献数量的时间分布特征进行了细致分析,旨在揭示科学发展的内在逻辑和特性。事物皆有固有的生命周期,包括从萌生、成长、成熟直至衰退的完整阶段,科学研究亦不例外。因此,为揭示我国体育教学方法发展的动态轨迹和演变规律,笔者针对中国知网数据库中检索到的1554篇关于我国体育教学方法的研究文献进行了详尽的统计分析,绘制出国内体育教学方法论文年度发文量趋势图(见图1-19)。

---

[1] 参见刘昊:《科学知识图谱视域下我国高校排球研究现状的可视化分析》,牡丹江师范学院2023年硕士学位论文,第20页。

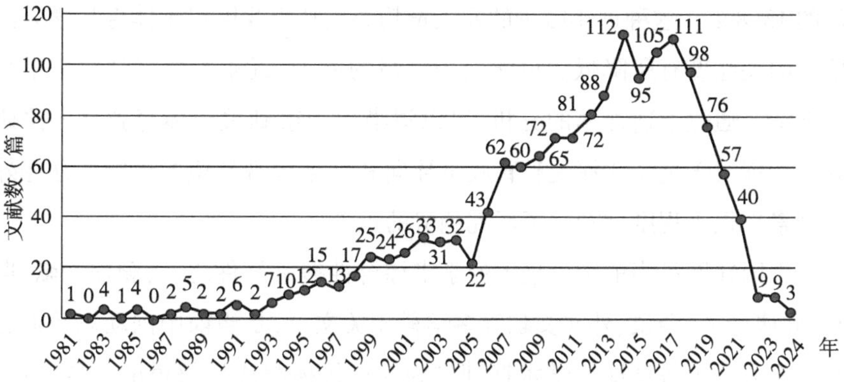

图 1-19 体育教学方法论文年度发文量趋势

由图 1-19 可知,我国体育教学方法领域的文献发表量在近 40 年中经历了从上升至高峰到逐渐回落的演变趋势,该过程可细分为三个阶段。第一阶段(1981—1998 年),在长达 17 年的时间,年发文量均未突破 20 篇,累计发表 103 篇,仅占文献总量的 6.6%。尽管期间有中共中央 1985 年颁布的《关于教育体制改革的决定》和 1997 年国家教委印发的《全国普通高等学校体育教育专业本科专业课程方案(试行)》等政策导向,但由于当时尚处于文献研究的初期阶段,学界对新理念、新方法的接受和融合尚不充分,相关领域的研究探索周期较长,因此,这一时期关于体育教学方法的期刊发文量显得较为有限。第二阶段为高速增长阶段(1999—2017 年),18 年间共计发表文章 1159 篇,占总文献量的 74.6%。这一阶段文献高速增长的原因可能是国家政策的导向。2001 年,教育部门印发了《基础教育课程改革纲要(试行)》,开始新一轮基础教育课程改革,义务教育新课程标准由此诞生。随着 2002 年新课程改革的推进,2003 年普通高中新课程标准也得以颁布实施。随后,国家相关部门抓住 2008 年北京奥运会的契机,出台了一系列政策,如"阳光体育活动"和"体质健康测试",旨在提升青少年的体质健康水平。这些政策的实施促使该领域的研究文献数量进入快速增长期。然而,进入第三阶段(2018 年至 2024 年 4 月),这一时期的文献发表量逐渐呈现回落态势,5 年内共发表 292 篇,占总文献量的 18.8%。这种逐年减少的发文量趋势反映出我国对于体育教学方法研究的关注度有所降低。可能因为疫情的冲击,近年有关文献发文量大幅下降。通过上述详尽的分析,可以清晰地观察到关于体育教学方法研究的文献发表量变化深受教育政策导向和社会宏观环境的影响。这些外部因素在很大程度上塑造了研究趋势的走向。

中国知网是当前国内最大的学术综合性搜索软件之一,涵盖文献、期刊、硕博论文、会议、外文文献等多学科相关文章,是当前中国动态数据更新最快的文献数据库。学术期刊作为知识传播与成果报道的主要载体,作用越来越充分地显现出来。从国家到特定研究机构,学术水平与创新能力都在很大程度上通过学术期刊体现出来。[1] 期刊载文量是指某一期刊在一定时间内所收录的有关文献数量,是期刊输出信息的重要载体。它既能反映出特定时间内的信息量,也能反映出期刊收录文献的侧重点和偏好,是进行文献分析的重要指标。[2]

通过图 1-20 可以较直观地看到,在收录相关文献数量上,《当代体育科技》以 207 篇处于领先地位。《当代体育科技》自 2011 年创刊以来,便获得了新闻出版总署的正式批准,且受到黑龙江省委宣传部的直接管理。作为黑龙江文化产业投资控股集团主办的专业刊物,它在体育学术领域具有显著的影响力。《当代体育科技》杂志级别为省级期刊,出版周期为旬刊。该期刊截至 2023 年发行量上万册,办刊宗旨在于推动中国体育事业的持续发展,致力于介绍体育运动项目的新颖训练方法、最新动态和演进趋势,同时宣传科学技术在体育领域中的广泛应用,对体育教学方法研究的发展也做出较大贡献。位列第二的是《文体用品与科技》,该期刊创刊于 1981 年,收录文献共计 102 篇。在国家轻工业联合会的指导下,该期刊由全国文教体育用品信息中心与中国文教体育用品协会携手主

---

〔1〕 参见刘宇、魏瑞斌、方向明:《国内期刊评价知识图谱研究——基于 CSSCI(1998~2014 年)的计量分析》,载《图书与情报》2015 年第 5 期。

〔2〕 参见郑忠梅:《高校网络德育研究的文献计量分析》,载《高等教育研究》2012 年第 8 期。

办，作为文体行业内的国家级专业期刊，它主要服务于业内专家、科研机构、教育机构以及那些对文体产业抱有深厚热情的企事业单位与个人。该期刊出版周期同样为旬刊，确保信息的及时传递。《才智》期刊隶属吉林省人事厅，于 2001 年创刊，亦以旬刊形式发行。这本省级理论性期刊由吉林高新技术人才市场主管并主办，内容涵盖创新教育、改革与探讨、医药与卫生、数字科技、建筑工程等多个领域，为读者提供了知识交流和思想碰撞的平台。排名第四的《运动》期刊与《才智》相差 1 篇，《运动》杂志，作为一本国家级体育专业学术刊物，已获得新闻出版总署的正式批准。这本杂志在国家体育总局的监管下，由北京体育大学主导编纂，出版事务由北京体育大学出版社全权负责，并面向国内外公开发行。自 2009 年 9 月启动试刊以来，该杂志经历了严谨的筹备与调试，并于 2010 年 1 月正式创刊，成为体育领域内颇具影响力的专业学术期刊之一。该期刊出版周期为月刊，该期刊对质量要求较高，发行数量相对较少，为体育界提供较高质量的文献期刊。而后依次是《科技信息》《哈尔滨体育学院学报》《湖北体育科技》《青少年体育》《科技资讯》《赤峰学院学报》等期刊。

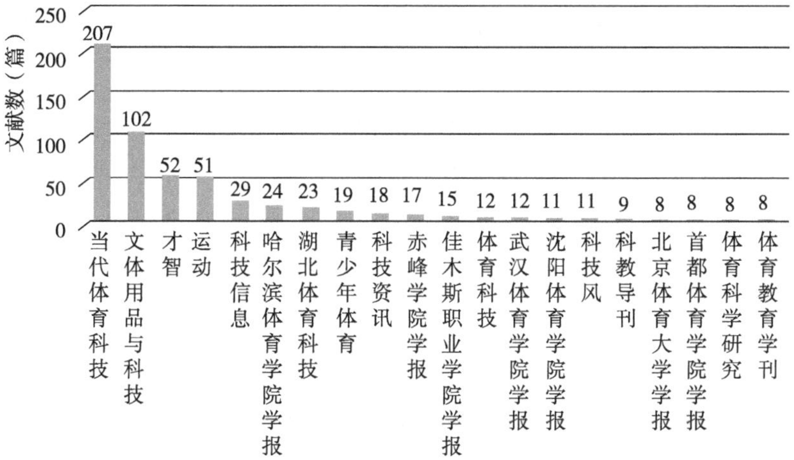

图 1-20　中国知网收录我国体育教学方法研究文献排名前 20 的期刊柱状图

2. 文献发文地区分布

将1554篇文章第一作者的发文地区进行统计，如表1－14所示，包括31个发文地区，充分展现了文献发布在地区上的广泛。在关于体育教学方法论文的地区发文量排名中，江苏省以134篇的总发文量位居榜首，紧随其后的是河南省，共发文114篇，辽宁省则以107篇位列第三。这三省的发文量均超过了100篇，显示出较高的研究活跃度。此外，黑龙江、广东、湖北、湖南、陕西、山西和吉林也跻身全国发文量前10的省市行列，展现了体育教学方法研究的广泛性和多样性。观察规律，我们不难看出，关于体育教学方法的科研人员大多在经济较为发达，高校数量较多的省市之中。虽然各地区均有发文，但值得我们注意的是，从1981年开始发布关于体育教学方法的文章以来，宁夏、西藏、青海等偏远地区总发文量都未超过5篇，说明这些地区在该方面的科研力量薄弱，今后更应该加强偏远地区体育学科建设和体育教学方法研究，促进体育科研发展更为均衡。

表1－14　中国知网期刊中关于体育教学方法论文第一作者地区分布情况

排名	地区	论文篇数	百分比(%)	排名	地区	论文篇数	百分比(%)
1	江苏	134	8.62	13	山东	50	3.22
2	河南	114	7.34	14	安徽	50	3.22
3	辽宁	107	6.89	15	河北	47	3.02
4	黑龙江	94	6.05	16	福建	43	2.77
5	广东	91	5.86	17	江西	42	2.70
6	湖北	88	5.66	18	内蒙古	36	2.32
7	湖南	80	5.15	19	浙江	35	2.25
8	陕西	78	5.02	20	云南	33	2.12
9	山西	63	4.05	21	甘肃	32	2.06
10	吉林	62	3.99	22	广西	32	2.06
11	四川	61	3.93	23	贵州	29	1.87
12	北京	52	3.35	24	上海	23	1.48

续表

排名	地区	论文篇数	百分比(%)	排名	地区	论文篇数	百分比(%)
25	重庆	20	1.29	29	青海	4	0.26
26	天津	18	1.16	30	西藏	3	0.19
27	新疆	17	1.09	31	宁夏	3	0.19
28	海南	13	0.84		总计	1554	100.00

3. 文献学科基金分析

学术研究需要一定比例的经费作为支撑，基金资助是国家科研经费投入的重要方式之一，统计基金论文数量和基金资助来源有助于了解各级基金资助的情况，反映研究领域受重视的程度和创新性成果。[1] 在基金支持下产生的论文具有较高学术价值，也具有一定的创新性与时代性。

据图1－21所示，在各基金项目在文献量方面的排名中，国家社会科学基金以5篇占据第一。自1986年国务院批准设立以来，在党中央的深切关怀及多方的大力支持下，国家社会科学基金持续获得发展。全国哲学社会科学工作办公室负责该基金管理，基金总量稳步增长，影响力亦不断扩大。随着学科和项目设置的不断拓展，体育领域的众多研究文章均被纳入社科类范畴，得到国家社会科学基金的有力支持，这为体育学科的深入发展提供了强有力的帮助。排名第二的是全国教育科学规划课题，主要聚焦于我国教育改革发展及现代化建设的核心理论与实践议题，不仅深耕于学科前沿，追求原创性和创新性，更坚决摒弃低水平重复研究。由此，这些基金项目所资助的论文质量得以显著跃升，为学术界的进步和发展做出了重要贡献。黑龙江省自然科学基金与江苏教育厅高等学校哲学社会科学基金项目并列第三，都是2篇；而后都是只有1篇。数据显示，基金项目种类较多，但与体育教学方法相关的文献量多的基金项目较少，需要进一步提升。

---

[1] 参见张晶晶：《基于知识图谱的我国排球教学研究的可视化分析》，山东师范大学2022年硕士学位论文，第34页。

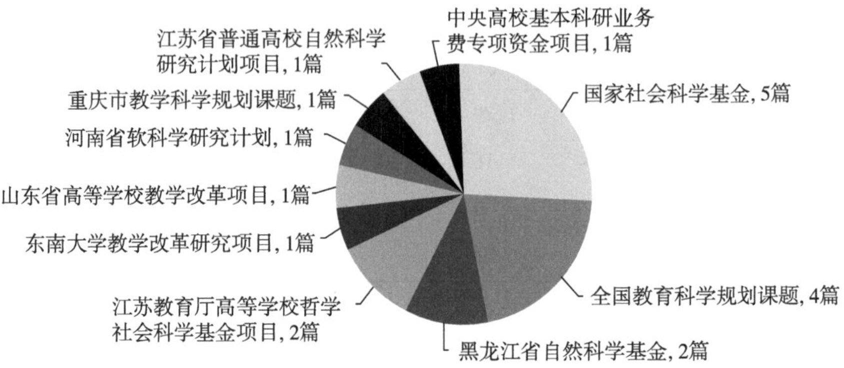

图 1－21　中国知网收录的体育教学方法研究文献量排名前 10 的基金分布情况

4. 文献研究主题分布分析

(1) 文献研究主要主题分布分析

图 1－22 为所研究文献中排名前 20 的相关主题，本书旨在研究体育类的文献，因此排名前 3 的主要主题均与教学方法、体育、教学等相关词语挂钩。但值得注意的是，在排名前 20 的主题中，与高校与高职相关的主题占了 1/4，说明高校与高职对教学方法方面的研究相较于中小学更多。与其他学科占比相似，大学教师相较于中学教师有更多的时间去研究学术。这一现象显示对教学方法的研究相对片面，大学教师更多是针对大学生对教学方法进行研究，而在中小学方面却有所欠缺。在排名前 20 的主要主题中，关于健美操的主题出现了两个，说明与健美操相关的教学方法方面的研究相较于其他运动较多，这可能与健美操运动本身的特点有关。健美操这一项目较为注重教学方法，通过各种不同教学方法去教授不同动作。其他排名前 20 的主题大多是与教学方法探析、改革等有关。科技在发展，时代在进步，体育教学方法也在随着体育教学的发展而不断改革创新，这毋庸置疑，因此与教学方法改革创新等相关的文献相对较多也实属正常。

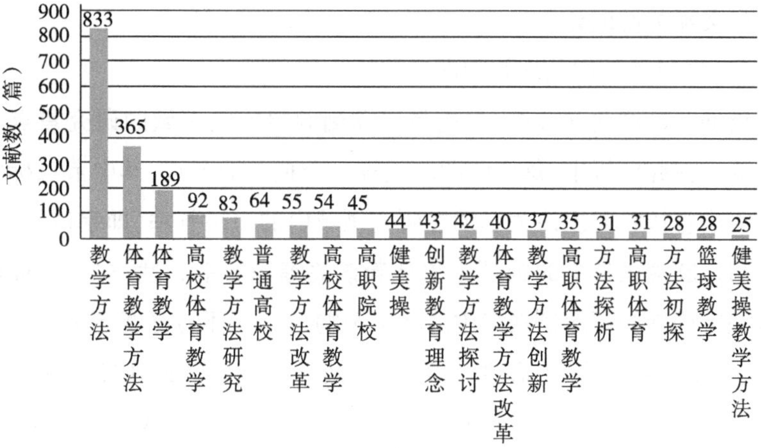

图1－22 体育教学方法论文主要主题情况

(2)文献研究次要主题分布分析

所研究文献次要主题排名前20如图1－23所示,排名第一的为体育教学这一主题,因为本书主要是对体育教学方法方面的研究,所以关于体育教学的文献也会相对较多。进一步观察可以发现,前20的次要主题中,包括“教学”一词的主题占了一半。体育教学方法主要是运用在教学之中,因此主题中包括“教学”一词也在情理之中。

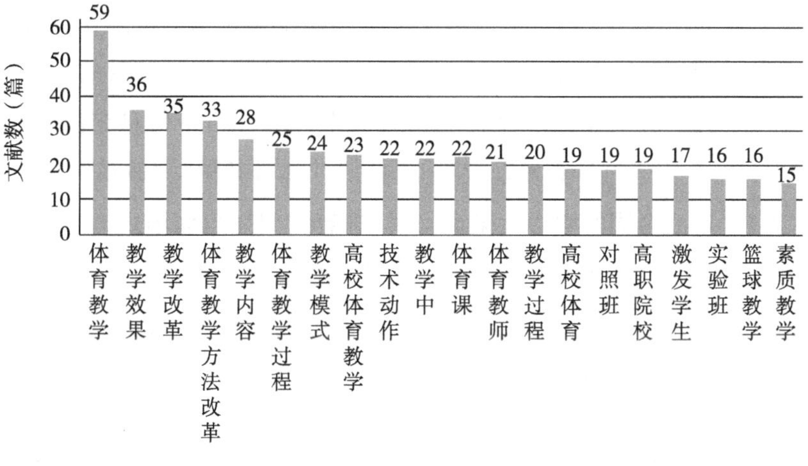

图1－23 体育教学方法论文次要主题情况

5. 文献关键词分析

(1) 文献关键词共现知识图谱分析

借助关键词共现分析，我们得以深刻洞察特定领域的研究焦点及动态演变。在此分析中，每个圆圈均代表一个独立的节点，其中节点标签的字体大小直接映射出该关键词在研究领域内的出现频率，即字体越大，频次越高。圆圈最外层的圆环则象征着该关键词的中心性，这一指标衡量了该关键词在知识图谱网络中的联结影响力。圆环的宽度与中心性呈正相关，即宽度越显著，中心性越高，进而凸显出该关键词在知识网络中的核心地位。关键词之间的密切程度可以通过点之间连线的粗细来衡量，连线越粗，关系越密切。[1] 为了获取关于我国体育教学方法的文献关键词的深入见解，运用 CiteSpace 软件对中国知网数据库中的相关资料进行细致分析。在设定分析参数时，选择关键词作为节点类型，以确保图谱的准确性和相关性。为了使生成的知识图谱达到最佳效果，将时间切片设置为 1 年，从而确保数据的时效性和连续性。经过上述操作，生成了体育教学方法研究关键词共现知识图谱（见图 1-24）。

如图 1-24 所示，经过 CiteSpace 软件的分析，确定该研究领域包含 665 个节点（Nodes），这些节点间形成了 1787 条连线（Links），网络密度（Network Density）为 0.0081。表 1-15 列出了该领域出现频次前 20 的关键词，其中"教学方法"以 660 次的频次位居榜首，紧随其后的是"体育教学"、"高校"和"创新"。中心性是衡量节点在网络中信息交流能力的重要参数，我们通过计算发现，"教学方法"、"体育教学"、"改革"、"创新"和"高校"这五个词的中心性最高，这标志着它们在当前国内体育教学方法研究领域中的重要性尤为突出。值得注意的是，"教学方法"的直径最大，意味着该词出现最为频繁，且该词内圈颜色分布均匀，这表明该关键词自出现以来，一直保持着稳定的关注度，并且近年来关注度还有上升的

[1] 参见邹宾、陈培友：《基于知识图谱的体质健康研究可视化分析》，载《南京体育学院学报（自然科学版）》2016 年第 5 期。

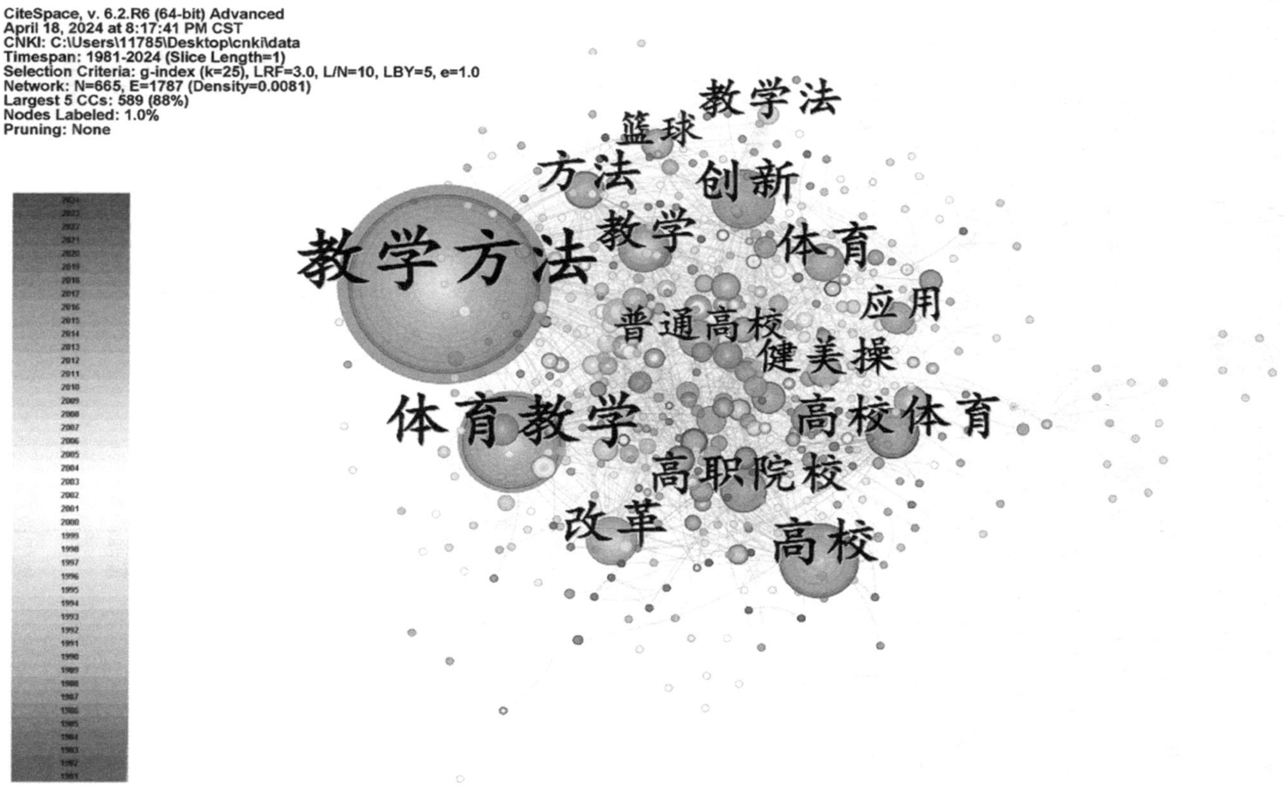

图 1－24　体育教学方法文献关键词共现知识图谱

趋势，显然，它已成为该领域持久且重要的研究热点。基于这些关键词的频次、中心性和分布特征，可以初步勾勒出我国体育教学方法的研究热点，并深入探究背后的原因：

“教学方法”、“体育教学”和“创新”，这些关键词与其他关键词之间连线密集，说明是研究的核心。探究这一现象主要有以下几个方面的原因：首先，体育教学方法作为教学方法的分支，占据着不可或缺的重要地位；其次，体育教学作为体育教学方法实施的根本基石，二者紧密相连，体育教学方法的更新与发展始终依托于体育教学的实践；最后，随着时代的演进，体育教学方法也在不断创新与变革，因此，它与“创新”这一关键词之间有着紧密而不可分割的联系。

表 1－15　我国体育教学方法研究高频和高中心性关键词前 20

序号	关键词	频次	中心性
1	教学方法	660	0.99
2	体育教学	207	0.29
3	高校	122	0.06
4	创新	102	0.04
5	改革	81	0.05
6	体育	73	0.05
7	方法	66	0.06
8	高校体育	58	0.05
9	教学	58	0.04
10	高职院校	48	0.03
11	健美操	46	0.02
12	普通高校	35	0.01
13	应用	34	0.02
14	教学改革	32	0.03
15	高职体育	26	0.02

续表

序号	关键词	频次	中心性
16	体育教育	25	0.02
17	篮球	24	0.02
18	体育舞蹈	23	0
19	实践	23	0
20	大学体育	22	0

高校中的体育教学方法研究。在审视体育教学方法的研究领域时，我们注意到“高校”、“普通高校”、“高校体育”和“高职院校”等关键词之间存在密切的关联。究其原因，主要在于高校作为教育的重要阵地，传统的体育教学方法已难以适应新时代高校体育教学目标的发展要求，迫切需要进行改革和完善。加之，众多学者多出自高校，他们在高校环境中进行体育教学方法的研究拥有得天独厚的资源和条件。从研究对象获取的便捷性角度考虑，学者们更倾向于选择高校的体育教学方法作为研究焦点。因此，在体育教学方法的研究领域中，大学层面的研究占据了核心地位。

体育教学方法的改革研究。这一部分的关键词有“教学改革”“应用”“实践”。根本原因是我国教育改革在一直进行，从 1992 年至今已进行过两次大的课程改革，因为要不断适应时代的要求，体育类的课程内容与要求等都在不断变化，体育教学方法自然而然地也需要不断改革创新。体育教学方法的不断改革可以帮助教师更好地进行授课，选择合适的教学方法，可以让课程内容更容易被学生吸收学习，显著提高教学效率。

(2)文献关键词聚类知识图谱分析

本书利用 CiteSpace 软件，通过选择“Keyword”作为分析单元，生成关键词聚类图谱(见图 1－25)。该图谱的模块值 Q 高达 0.49，远超 0.3 的阈值，这显著地表明了聚类结构的清晰度和显著性。同时，平均轮廓值 S 为 0.8148，远超 0.7 的基准线，这充分证明了聚类结果的可信度和一致性，显示出良好的聚拢能力和研究方向的集中性。

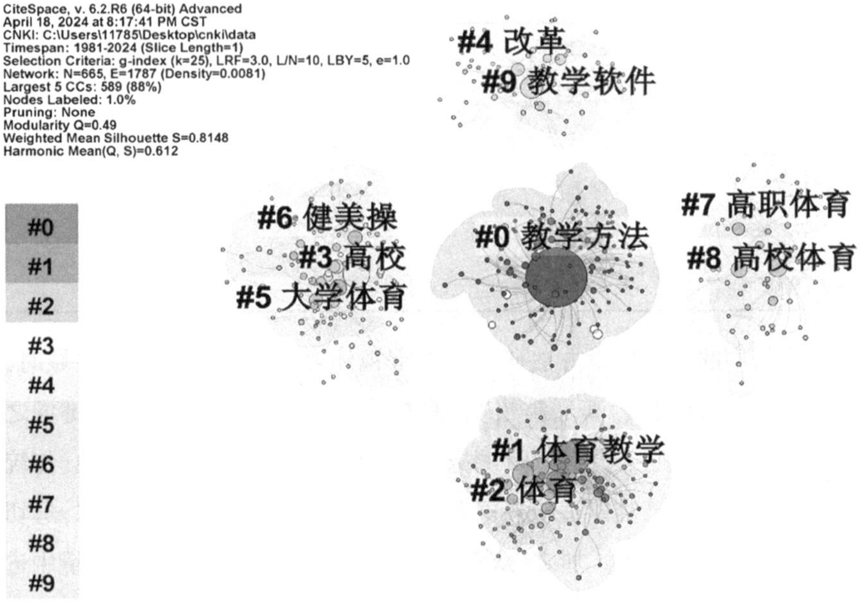

图 1-25　体育教学方法文献关键词聚类知识图谱

在深入分析国内体育教学方法领域的研究状况时，观察到聚类标签是以特定的标识词形式呈现的，这些标识词精确地揭示了当前学者们对于国内体育教学方法的探究重心。通常而言，聚类编号的数值大小与所涵盖的文献数量成反比，即编号越小，文献量越大。如图 1-25 所示，识别出了 10 个显著的聚类，这些聚类可以被视为体育教学方法研究的核心热点，并进一步细化为 10 个不同的聚类：教学方法、体育教学、体育、高校、改革、大学体育、健美操、高职体育、高校体育和教学软件，每一个聚类都代表了体育教学方法研究的一个特定方向。通过对这 10 大聚类进行归纳，我们可以进一步划分出两大主要研究领域，从而全面揭示我国体育教学方法研究的核心内容：

关于高校体育教学方法的研究。观察到主要聚类包括高校体育、大学体育、高职体育以及高校。这些聚类均聚焦于高校环境下的体育教育研究，涵盖了教学、健康第一、终身体育、以人为本等核心关键词。这些研究的主要目的在于探讨大学体育教学中教学方法的合理选择与有效应用,以优化学生的学习体验,提升体育教育对学生的积极影响,着重学生终身体育意识的培养,全面促进学生身心健康的发展。

关于体育教学方法发展应用的研究。其主要包括体育教学、教学方法、教学软件、改革、体育、健美操 6 个聚类。通过深入分析上述聚类,可以观察到,在继承传统教学概念的基础上,研究者们积极探索了多种创新路径。他们运用多样化的教学软件,通过改革教学方法,提出一系列高效的教学策略,旨在提升体育教学的整体效率和质量。这些研究不仅关注学生通过体育教学所能掌握的技能和经验,还高度重视教师在这一过程中的工作能力、情感体验以及教学质量。通过对这些因素的综合考量,研究者们为体育教学方法在教学实践中的有效应用提供了有力支持。其中健美操这一体育项目在体育教学方法的研究中占较大比例,这与健美操运动项目本身的特点有很大关系,许多从事健美操教学的老师会对教学方法这一块较为注重。

6. 文献研究热点分析

(1) 文献研究热点演变知识图谱分析

研究热点是一定时期内热点问题的聚焦,是一定时间阶段内研究者普遍关注的问题。[1] 在 CiteSpace 可视化分析软件中,时间切片(Time Slicing)设定成 1981—2024 年,时间区间选择为 1 年,文本处理(Text Processing)为默认设置,节点类型选择参数“keyword”,并选择适当阈值进行知识图谱的生成,如图 1-26 所示。

经过对数据的深入剖析,不难发现,现有的图表(见表 1-15)和关键词共现知识图谱(见图 1-26)在揭示体育教学方法研究热点的演变趋势与变化方面尚显不足。为了更精确地捕捉和分析 2012 年前后体育教学方法研究热点的动态演变,我们将研究时段划分为两个主要阶段:1981 年

[1] 参见朱莉:《人力资源开发领域国际研究热点透析——基于〈人力资源开发季刊〉的分析》,载《河北大学成人教育学院学报》2017 年第 3 期。

1 月至 2012 年 11 月、2012 年 12 月至 2024 年 4 月。通过这两个时间段的数据对比，我们能够更系统地探索和研究体育教学方法研究热点的演变过程，从而更准确地揭示出这些热点的变化趋势。

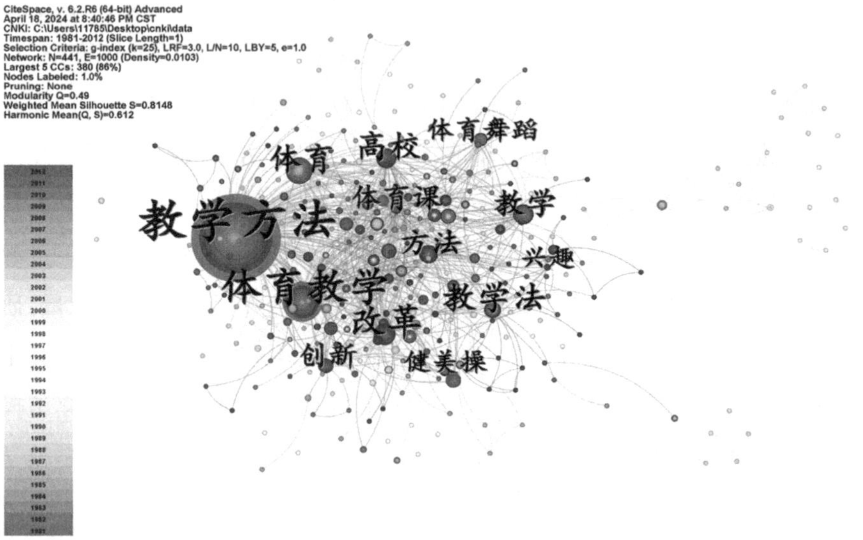

图 1-26　体育教学方法文献关键词共现知识图谱(1981.01—2012.11)

①1981 年 1 月—2012 年 11 月的研究热点分析

本书通过运用 CiteSpace 软件，对中国知网中 1981 年 1 月至 2012 年 11 月关于国内体育教学方法的文献进行了关键词提取与分析(见图 1-27)。分析结果显示，共形成了 441 个关键词节点(Nodes)和 1000 条关联连线(Links)，网络密度为 0.0103。在进一步对关键词进行深入的聚类分析后，成功提取了多个聚类结果，其中 10 个聚类尤为显著(见图 1-27)。这些聚类的模块化 Q 值高达 0.5712(大于 0.3)，这一数值有力证明了聚类结构的显著性；同时，平均轮廓值 S 为 0.8493(大于 0.7)，这进一步验证了聚类结果的可靠性和令人信服的特性。

通过对图 1-27 的解读以及表 1-16 的数据分析可以发现，在 2012 年以前，体育教学方法研究的核心高频关键词涵盖了教学方法、体育教学、高校、体育、健美操以及教学法等多个方面。在这一阶段，还出现了改革、创新等具备鲜明时代特征的关键词，这些关键词反映了当时体育教育领域的热点议题和发展趋势。聚类图中有教学方法、教学、体育教学、教学法等。

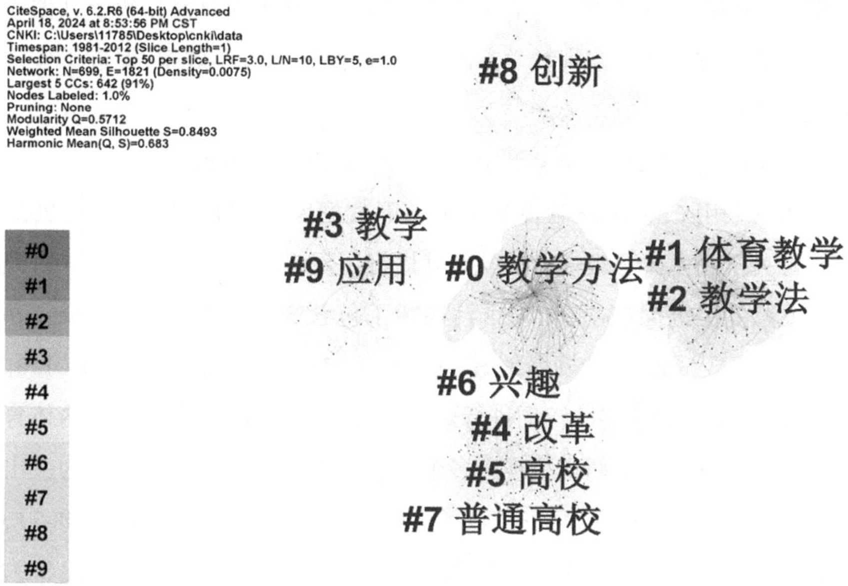

图 1-27 体育教学方法文献关键词聚类知识图谱(1981.01—2012.11)

表 1-16 我国体育教学方法关键词频次排列(1981.01—2012.11)

序号	关键词	频次	中心性	年份
1	教学方法	313	0.94	1983
2	体育教学	96	0.38	1995
3	改革	50	0.07	1996
4	高校	37	0.03	2006
5	体育	36	0.04	1999
6	教学	32	0.02	1998
7	方法	27	0.04	1999
8	创新	26	0.02	1998
9	健美操	23	0.01	1997
10	教学法	19	0.09	1997

在2012年以前，关于体育教学方法的研究大多与体育教学息息相关，并且改革与创新的词频都在前10，说明在关于体育教学方法的文献中，许多文献在强调改革的重要性。高校对教学方法的研究也占据一定比例，运动项目中的健美操，关于体育教学方法方面的研究相较于其他项目更多从多方面阐述体育教学方法，有效地提高了教学效率，促进了各体育项目的发展。

②2012年12月—2024年4月时期的研究热点分析

本书采用CiteSpace软件对中国知网数据库中2012年12月至2024年4月关于国内体育教学方法的文献进行了深入分析。通过提取并研究这些文献的关键词（见图1－28），构建了包含355个节点数（Nodes）和982条连线数（Links）的网络图谱，网络密度（Network Density）为0.0156。进一步地，本书对这些关键词进行聚类分析，发现中国知网中的国内体育教学方法关键词聚类图谱呈现出多个显著聚类，其中10个聚类尤为突出（见图1－29）。值得注意的是，聚类的模块化Q值高达0.4297（>0.3），这表明所构建的聚类结构是显著且有效的。同时，平均轮廓值S为0.8198（>0.7），进一步证明了聚类结果的可信度和一致性，显示出了良好的聚拢能力和研究方向的集中性。这些发现为理解国内体育教学方法的研究现状和未来趋势提供了有力的数据支持。

根据图1－28、图1－29与表1－17可以明显看出，在2012年后高校对体育教学方法的研究明显增多，词频前10中关于高校的有3个。高校对体育教学方法的研究后来居上，目前在体育教学方法研究中具有较为重要的作用。同时也可以看到关于体育教学的词频增多，说明体育教学方法与体育教学关系更为密切，可以将体育教学方法有效运用到课堂之上，进行方法的创新与教学步骤的改革。在聚类图中不仅多了高校体育、高职体育的聚类，还多了体操的聚类，说明在2012年后，对体育项目中关于体操类的体育教学方法的研究文献逐渐增多，对体操项目更加重视。体操在中国的基础教育中占据着重要地位，许多学校还将体操列为必修课程,因此关于体操项目的研究增多毋庸置疑。

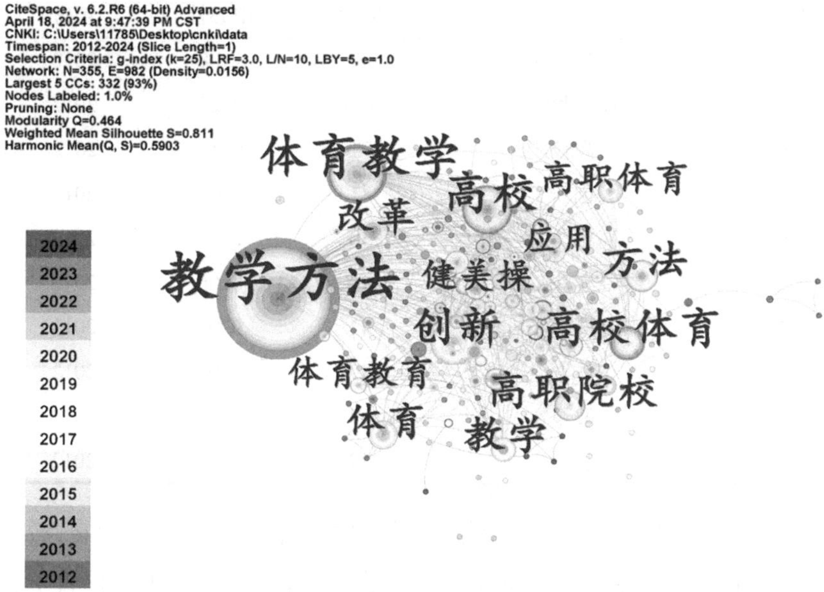

图 1-28 体育教学方法文献关键词共现知识图谱(2012.12—2024.04)

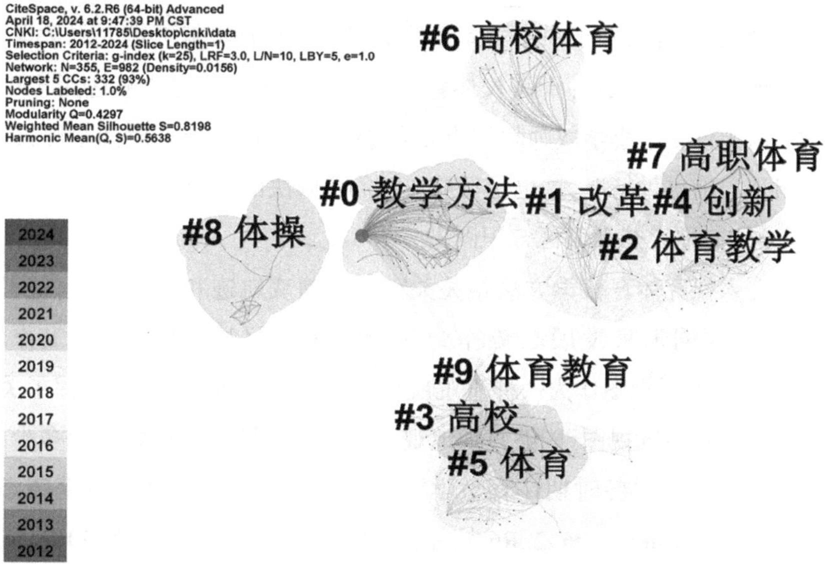

图 1-29 体育教学方法文献关键词聚类知识图谱(2012.12—2024.04)

表1－17 我国体育教学方法领域关键词频次排列(2012.12—2024.04)

序号	关键词	频次	中心性	年份
1	教学方法	388	1.08	2012
2	体育教学	123	0.25	2012
3	高校	91	0.12	2012
4	创新	81	0.08	2012
5	高校体育	50	0.11	2013
6	方法	45	0.06	2012
7	高职院校	43	0.06	2013
8	体育	39	0.05	2012
9	改革	37	0.03	2012
10	教学	29	0.04	2012

从以上两个阶段图可以看出,从开始研究体育教学方法到现在,教学方法、体育教学、改革、创新、教学等词一直属于高频词,说明体育教学方法伴随体育教学在不断改革创新发展。但值得深思的是,在2012年后关于高校的文献研究越来越多,而关于中小学体育的教学方法一直以来都没有受到太大关注,关于中小学体育教学方法的研究文献更是少之又少。我们应该明白,许多适合于高校体育课的教学方法不一定能够适用于中小学。由于许多中小学教师教学压力大,用于学术研究上的时间不够,以至于出现当前这种情况,这也是目前迫切需要解决的问题。

(2)文献研究热点时区知识图谱分析

为深入探究体育教学方法相关关键词的演变轨迹和变化规律,笔者将预测关键词未来发展趋势作为研究的关键目标,开展分析工作。CiteSpace的时区视图作为一种直观展现知识动态发展的工具,发挥了关键作用。通过时区视图,能够直观地观察到不同时期内文献数量的多少,时区视图直接反映各时期体育教学方法学科领域的活跃程度与繁荣态势。本书借助CiteSpace6.2.R6软件,设定切片为1,设定阈值为50%,从而生成体育教学方法的关键词时区视图(见图1－30)。该视图揭示了

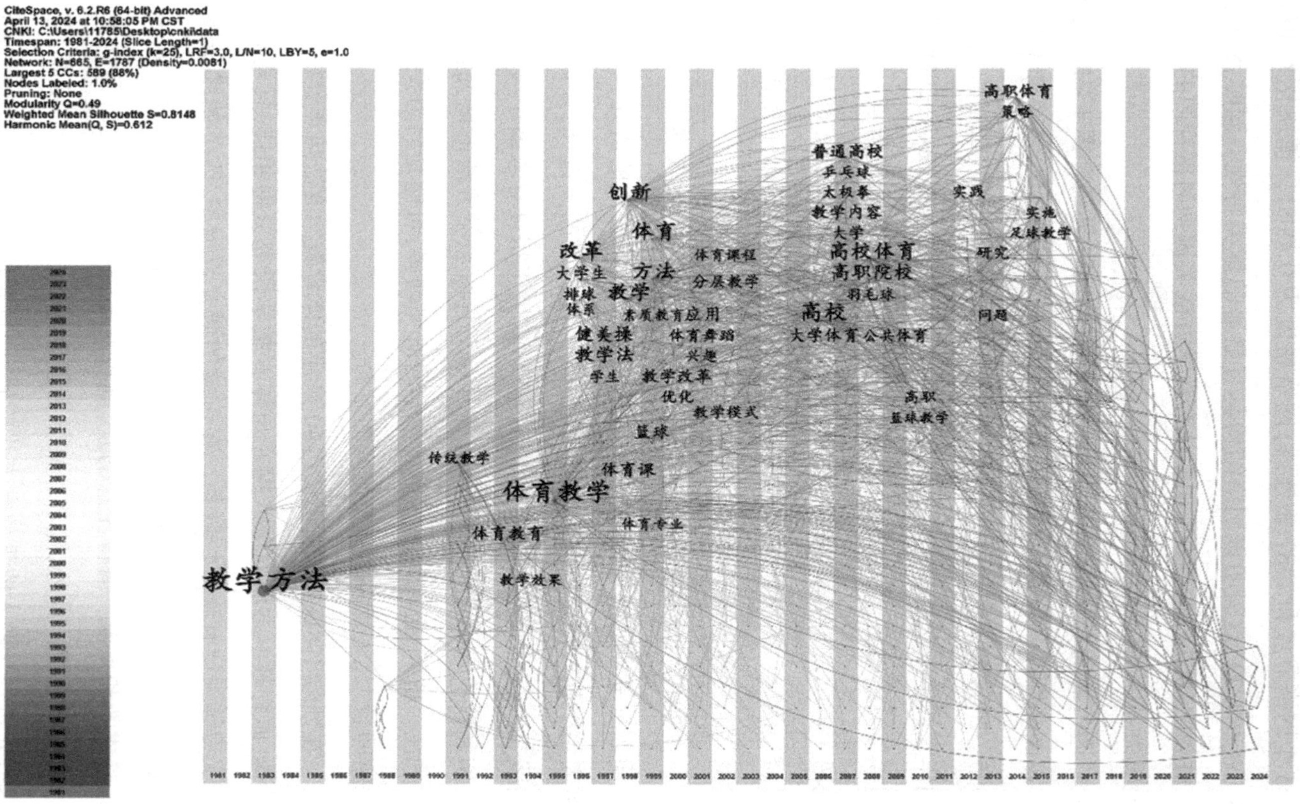

图 1－30　体育教学方法文献研究热点时区知识图谱

665 个网络节点和 1787 条连线,网络密度为 0.0081。模块化 Q 值达到 0.49(>0.3),这表明该网络结构具有显著的聚类特性。同时,S 值高达 0.8148(>0.7),进一步证明了体育教学方法关键词时区视图的可靠性和说服力。

通过对两个时期热点关键词分别进行分析,再结合图 1 – 30 具体时区视图的变化,可以发现在 1981—2012 年这一时期,论文研究主要集中在 1995—2008 年,1981—1994 年关键词较少,文献产出量较少,说明在此时期体育教学方法研究还未引起学者们的广泛注意。在 1995—2008 年关键词数量突然增多,说明该区间是体育教学方法研究的转折点。该区间跨过两个世纪,由于新世纪的到来再加上中共中央、国务院等对体育的重视,教育改革、素质教育等关键词在这个时期频次较高,体育教学方法研究也逐渐受到重视。

在 2012—2024 年的这段时期,通过分析时区视图,发现每年新增的关键词数量呈现递减趋势,这一现象表明体育教学方法的研究领域正逐步进入一个相对稳定的阶段。同时,出现一批新兴的关键词,如高职体育、实践、足球教学等。这些变化表明,高职院校正积极寻求缩小与普通高校在体育教学方法研究上的差距,并开始对体育教学方法的研究投入更多的关注。此外,近几年间对足球教学的研究增多,可能是因为我国足球发展空间较大,还有许多需要研究的方面。

在回顾 1981—2024 年长达 40 余年的体育教学方法热点分析时,不难发现,体育教学方法的深入探究与体育教学研究紧密相连,且与高校、体育课程等领域有着密切联系。在持续的研究进程中,改革始终是推动体育教学方法进步的核心动力。唯有通过不断的改革,体育教学方法方能日趋成熟和完善。值得注意的是,高校对体育教学方法的研究给予了尤为高度的重视。此外,随着新兴教育理念与科技理念的持续发展,高校将这些先进理念融入体育教学方法的研究,旨在使体育教学方法更加合理、人性化、全面化和科学化,从而有效激发学生的学习积极性,并持续关注并提升学生的运动能力与身体健康水平。

(二)基于中国知网的我国体育教学方法研究文献的引文情况分析

1. 文献引文量分析

在国际上,引文分析是科学计量学研究的热点。[1] 通过对引文相关测度指标的统计分析,可以对某研究领域的学术水平,作者阅读、使用文献的能力,学术期刊的学术地位等方面都有客观、真实的评价。[2] 截至2024年4月1日,中国知网中符合研究体育教学方法的论文共有1554篇,引文率为78.8%(见表1-18)。

表1-18 中国知网中关于体育教学方法论文引文量统计

年份	论文篇数	被引篇数	有引率(%)	引文量	引文率(%)	年份	论文篇数	被引篇数	有引率(%)	引文量	引文率(%)
2024	3	0	0	0	0	2013	88	69	78.4	630	11.0
2023	9	5	55.6	8	62.5	2012	81	61	75.3	313	19.5
2022	9	5	55.6	11	45.5	2011	72	62	86.1	299	20.7
2021	40	31	77.5	86	36.0	2010	72	62	86.1	527	11.8
2020	57	48	84.2	223	21.5	2009	65	56	86.2	508	11.0
2019	76	60	78.9	205	29.3	2008	60	50	83.3	405	12.3
2018	98	79	80.6	305	25.9	2007	62	53	85.5	431	12.3
2017	111	92	82.9	420	21.9	2006	43	35	81.4	464	7.5
2016	105	84	80.0	381	22.0	2005	22	20	90.9	216	9.3
2015	95	68	71.6	269	25.3	2004	32	30	93.8	410	7.3
2014	112	88	78.6	492	17.9	2003	31	28	90.3	625	4.5

---

〔1〕 参见董雪季、王晓慧:《国际科学计量学研究主题动态演化路径分析》,载《数字图书馆论坛》2018年第10期。

〔2〕 参见高建群、张荣安、陈吉平等:《期刊引文分析及其情报价值》,载《图书情报工作》2004年第1期。

续表

年份	论文篇数	被引篇数	有引率（%）	引文量	引文率（%）	年份	论文篇数	被引篇数	有引率（%）	引文量	引文率（%）
2002	33	27	81.8	224	12.1	1990	2	0	0	0	0
2001	26	24	92.3	288	8.3	1989	2	0	0	0	0
2000	24	18	75.0	176	10.2	1988	5	3	60.0	7	42.9
1999	25	19	76.0	271	7.0	1987	2	0	0	0	0
1998	17	14	82.4	182	7.7	1986	0	0	0	0	0
1997	13	7	53.8	20	35.0	1985	4	0	0	0	0
1996	15	9	60.0	119	7.6	1984	1	0	0	0	0
1995	12	5	41.7	50	10.0	1983	4	2	50.0	2	100.0
1994	10	4	40.0	8	50.0	1982	0	0	0	0	0
1993	7	1	14.3	2	50.0	1981	1	0	0	0	0
1992	2	1	50.0	1	100.0	总计	1554	1224	78.8	8584	14.3
1991	6	4	66.7	6	66.7						

从表1－18可以看出，共有引文8584篇，引文率为14.3%。从图1－31可以看出，从1981年开始一直到1998年，引文率都起伏较大，而后的20年之间引文率都趋于平稳，在近几年又有一定起伏。1995年前平均引文较少，1996—2014年平均引文量相对较多。总体来看，大部分论文有被引用，说明研究关于体育教学方法方面的人员信息吸收较为全面。

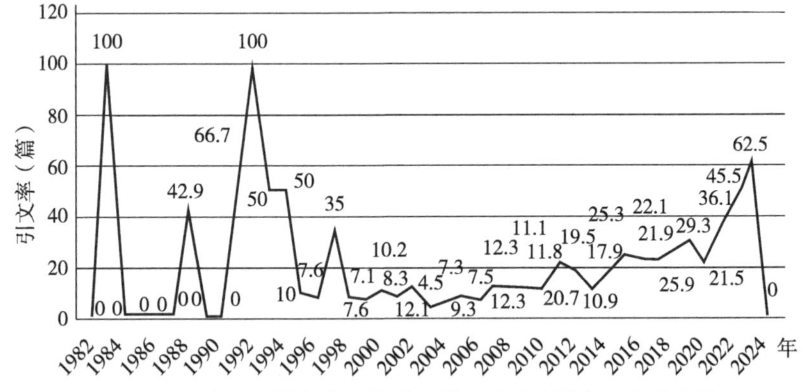

图1－31　中国知网中关于体育教学方法论文引文率年度变化

2. 文献被引情况分析

从表 1－19 可以看出，关于体育教学方法文献量前 20 期刊论文共计被引 3200 次，平均篇被引量为 4.97 次/篇。在关于体育教学方法的所有论文期刊中，被引频次第一、第二的为《当代体育科技》和《文体用品与科技》，但篇被引量只有 3.32 次/篇、1.77 次/篇。在考察文献的篇被引量时，《北京体育大学学报》以 55.13 次/篇的篇被引量位居榜首，显著领先于其他期刊；紧随其后的是《首都体育学院学报》，篇被引量为 36.25 次/篇；此外，《武汉体育学院学报》和《沈阳体育学院学报》也展现出卓越的影响力，篇被引量分别为 22.50 次/篇和 16.00 次/篇，这些期刊在体育学术领域具有较高的影响力和认可度。由此可以看出，篇被引量高的基本都是核心期刊的文章，核心期刊文章虽然篇数不多，但都是质量较高，更有参考价值的文章。从体育教学方法相关文献总体进行分析，发现核心期刊中的文章仅有 131 篇，相较于体育学科其他方面相关研究较落后，因此，更加需要加强关于体育教学方法方面的研究，促进体育教学发展。

表 1－19　关于体育教学方法文献量前 20 期刊论文被引情况

刊物名称	文章篇数	被引频次	篇被引量（被引频次/文章篇数）
当代体育科技	207	688	3.32
文体用品与科技	102	181	1.77
才智	52	110	2.12
运动	51	229	4.49
科技信息	29	108	3.72
哈尔滨体育学院学报	24	96	4.00
湖北体育科技	23	151	6.57
青少年体育	19	64	3.37
科技资讯	18	57	3.17
赤峰学院学报	17	65	3.82
佳木斯职业学院学报	15	34	2.27

续表

刊物名称	文章篇数	被引频次	篇被引量(被引频次/文章篇数)
体育科技	12	50	4.17
武汉体育学院学报	12	270	22.50
沈阳体育学院学报	11	176	16.00
科技风	11	25	2.27
科教导刊	9	50	5.56
北京体育大学学报	8	441	55.13
首都体育学院学报	8	290	36.25
体育科学研究	8	60	7.50
体育教育学刊	8	55	6.88
合计	644	3200	4.97

(三)基于中国知网的我国体育教学方法研究文献的作者情况分析

1. 文献作者主体情况分析

(1)文献作者群年龄结构分析

表1－20统计了中国知网中关于体育教学方法期刊论文发文量前20的第一作者身份发表论文数量,为确保数据的准确性和避免混淆,借助中国知网和百度等平台,对目标作者进行详尽的信息检索,特别关注所属单位、性别、出生年份以及研究方向等关键信息,以排除同名同姓的干扰因素。本书发现40岁以下作者的文章篇数占总篇数的19.57%,而40岁以上作者的文章篇数占总篇数的67.39%。如图1－32所示,关于体育教学方法类的文献的大部分作者在40岁以上,这可能与他们科研经历丰富,能发表出的文章数量相对会多一些有关。另外,年轻作者精力旺盛,研究思路开阔,我国体育教学方法科研队伍需要更多的青年科研人员的积极参与,只有才能保证体育教学方法研究的延续性,提高现有的科研实力。

表 1－20 中国知网中关于体育教学方法期刊论文发文量前 20 的第一作者身份发表论文数量

年龄	30 岁以下	31—40 岁	41—50 岁	50 岁以上	不详	合计
篇数	4	5	17	14	6	46
百分比(%)	8.70	10.87	36.96	30.43	13.04	100.00

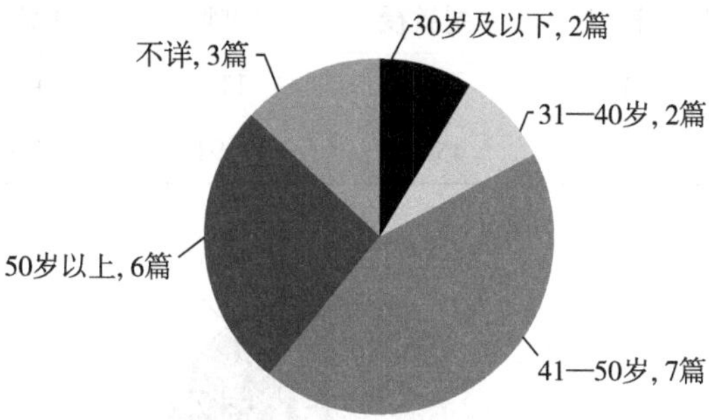

图 1－32 中国知网中关于体育教学方法期刊论文发文量前 20 的第一作者年龄情况

(2)文献作者职称和学历分析

作者的职称是可以通过学术水平和工作能力体现出来的,学历可以反映科研人员的受教育程度。表 1－21 为中国知网中关于体育教学方法期刊论文发文量前 20 的第一作者职称统计,由于部分期刊没有要求作者在作者简介中提供学历或职称信息,所以部分作者职称与学历均不详。根据表 1－21 的数据,可以观察到副教授和讲师的发文量在作者发文量总数中占比显著,高达 69.56%。此外,教授也占据了相当的比例,达到 21.74%。由于教授与副教授均属于高级职称,这一数据反映出体育教学方法相关论文的作者群体普遍具备较高的学术造诣和出色的专业能力,进一步证明了该领域的研究质量和水准。

图 1－33 反映了中国知网中关于体育教学方法期刊论文发文量前 20 的第一作者的学历情况。其中,本科学历有 3 人,硕士学历人数占了总人数的一半,博士学历有 5 人,由此可见,硕士及以上学历的研究人员在体

育教学方法的研究中往往展现出更为卓越的科研能力和更高水平的研究实力。以上分析说明副教授与讲师职称者和研究生以上学历者是体育教学方法相关论文的主要作者群。

表1-21　中国知网中关于体育教学方法期刊论文发文量前20的第一作者职称统计

职称	教授	副教授	讲师	不详	合计
篇数	10	21	11	4	46
百分比(%)	21.74	45.65	23.91	8.70	100.00

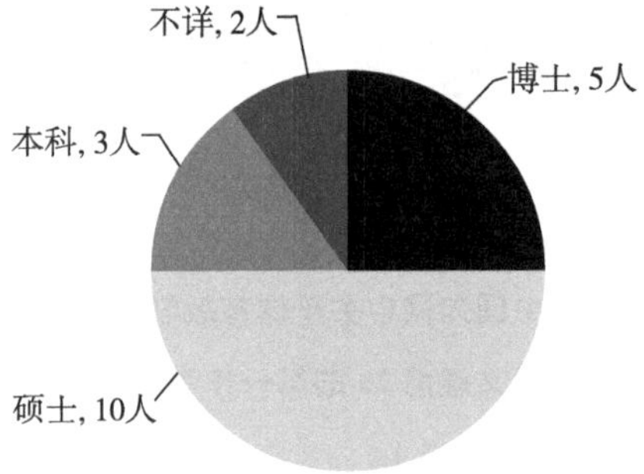

图1-33　中国知网中关于体育教学方法期刊论文发文量前20的第一作者学历情况

(3)文献作者合著度与合著率分析

在科学研究领域,特别是在当前科学迅猛发展的背景下,合作精神显得尤为重要。这种合作精神在科研成果中得以显著体现,具体表现为论文的合著现象。合著率,即两个或两个以上作者共同署名的论文在论文总量中的占比,是衡量合作研究程度的重要指标。相较于独立完成的论文,合作研究的论文往往能够被更多地引用,这主要得益于合作过程中不同研究人员各自才能的发挥,使研究的知识面更为广泛,研究方法更为科学、合理。因此,合作精神对于提升科研成果的质量和影响力具有不可忽视的作用。

根据统计,在中国知网关于体育教学方法的期刊论文中,所分析的文献总数为1554篇,论文合著率为24.39%。中国社会科学中各领域的合著度为：经济研究（46.79%）＞法学研究（25.78%）＞社会学研究（17.41%）＞哲学研究（7.13%）＞文学研究（5.5%）。[1] 在对比其他研究领域时可以看出，体育教学方法研究的合著率呈现中等态势，单人发表文献的数量占据了文献总数的75.61%，这一数据揭示了当前该领域多数研究者仍倾向于独立作战，缺乏广泛的合作与交流的现象（见表1－22）。为了推动体育教学方法研究的深入发展，应积极扩大合作规模，鼓励跨地区、跨机构、跨专业的全面合作，以期通过集思广益，共同创造出更多具有实用性和前瞻性的科研成果，从而推动该领域的持续进步。

表1－22　中国知网中关于体育教学方法期刊论文作者合作人数统计

合作人数	文献量（篇）	百分比（%）
1	1175	75.61
2	281	18.08
3	73	4.70
4	19	1.22
5	6	0.39
合计	1554	100.00

（4）文献作者发文数量分析

洛特卡定律深刻剖析了科学工作者数量与他们的论文产出之间的内在联系。具体来说，洛特卡定律深入剖析了文献总量与作者数量之间的量化联系：撰写 n 篇论文的作者数量，等同于撰写单篇论文作者数量的 $1/n^2$ 倍。该定律揭示了一个重要现象，即仅撰写1篇论文的作者大约占据了作者总数的60%。

表1－23是中国知网中关于体育教学方法期刊论文作者发文数量统计，其中第一作者的人数为1499人。发表了1篇文章的有1450人，占总人数的比例高达93.31%，远高于洛特卡定律发文1篇作者的比例。发表

〔1〕　参见张宜平：《六种社会科学期刊论文计量研究》，载《大学图书情报学刊》2006年第6期。

2篇以上文章的作者仅占6.69%，说明只有一小部分体育教学方法科研人员成为体育期刊中的稳定作者。总体而言，科学论文的作者对体育教学方法的单篇发文量较多，高产作者非常少，多数作者只是随机性发文，研究热情的持续性并不长，合作规模和程度有待提高。因此，应该鼓励发表1篇文章的体育教学方法科研群体努力向发表2篇及以上文章的科研群体转变。

表1-23 中国知网中关于体育教学方法期刊论文作者发文数量统计

发表篇数	作者人数	百分比(%)	总发文量	百分比(%)
1	1450	96.73	1450	93.31
2	45	3.00	90	5.79
3	3	0.20	9	0.58
5	1	0.07	5	0.32
合计	1499	100.00	1554	100.00

(5)文献作者知识图谱分析

为了深入洞察我国体育教学方法研究领域的科研作者合作态势，明确该领域内的稳定科研团队、团队的合作规模与频次以及当前的合作状态，运用CiteSpace6.2.R6软件进行图谱绘制。在参数设置上，设定时间切片(Time Slicing)为1981年至2024年，每年作为一个切片(Year Per Slice)，节点类型(Node Types)选定为作者(Author)。在选择标准(Selection Criteria)上，将Top N设定为50，以捕捉最显著的合作关系，其他参数均设为默认值。执行分析后，程序自动进入可视化界面，通过细致的调整和优化，本书绘制出了体育教学方法研究领域的作者共现网络图谱(见图1-34)。在构建的图谱中，总共包含1770个独立的节点(N)，以及510条连线(E)，这些共同构成了网络，密度(Density)为0.0003。每一个节点均代表不同的作者，而节点的大小则直观地反映了每位作者的发文数量。此外，节点之间连线的数量与粗细则代表了作者之间的合作紧密程度，而节点的中心度则用于衡量每位作者在该领域内的影响力大小。

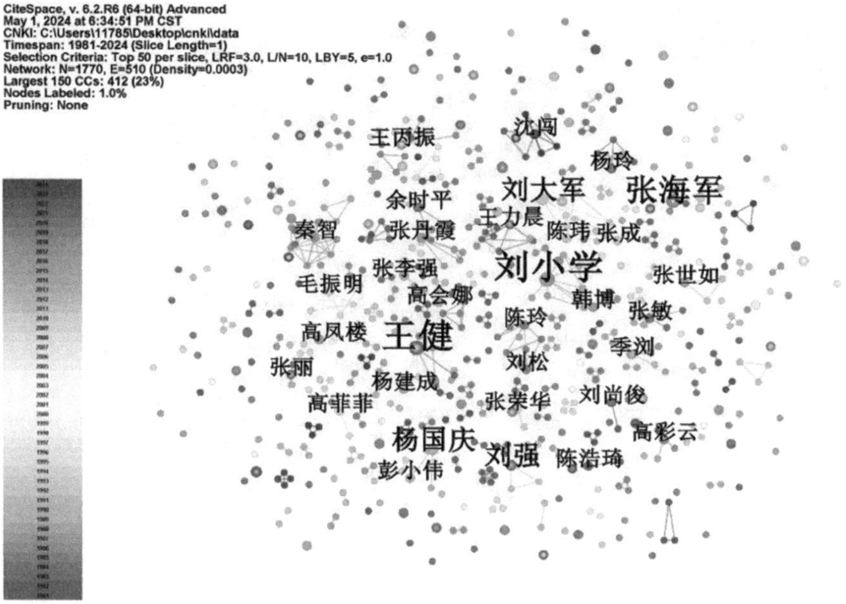

图 1-34 体育教学方法文献合作作者知识图谱

在图 1-35 中展示的 1770 位作者中,存在 510 条合作关系,显示出网络密度相对稀疏,反映出作者之间的合作并不紧密。孤点数量较多,揭示出许多作者倾向于独立研究,“单打独斗”的现象较为普遍。整体上,这些作者的合作模式以小型合作网络为主导,虽然已有一定规模的合作网络形成,但网络的辐射范围相对有限,显示出独立研究仍是主流趋势,作者之间的合作程度有待提高。为进一步明晰体育教学方法相关论文发布以来作者之间的合作趋势与现状,分 2012 年前后进行进一步的分析。

图 1-36 是 1981 年到 2012 年中国知网中关于体育教学方法论文作者合作情况知识图谱。图中显示出的 830 位作者有 226 条合作关系,可以看出部分论文是由多个作者合作发表,但多个作者间的联系与合作不多。总体来看,大部分还是小团体,其中还有许多个人发表者,另外可以看出发表文章数量较多的有刘小学、刘大军、杨国庆、张成等作者。

图 1-37 是 2012 年之后中国知网中关于体育教学方法论文作者合作

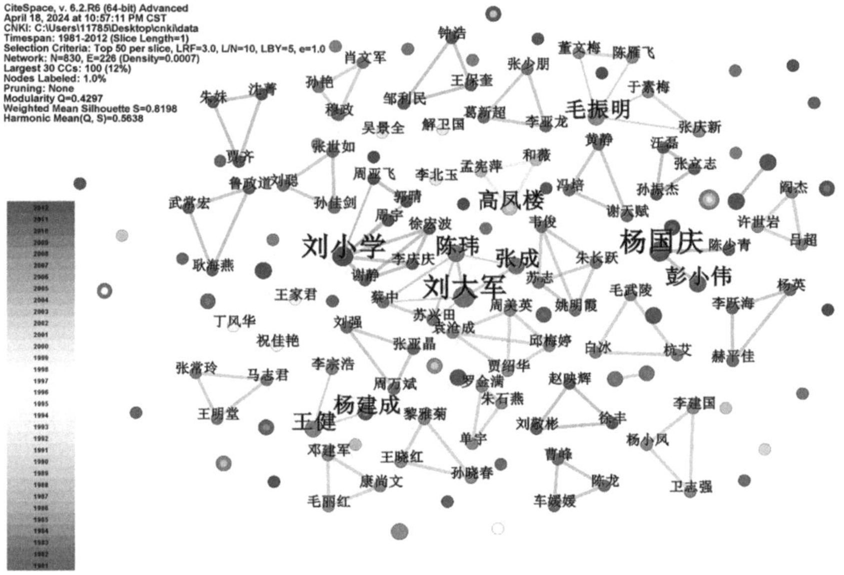

图1-35　体育教学方法文献合作作者知识图谱(1981.01—2012.11)

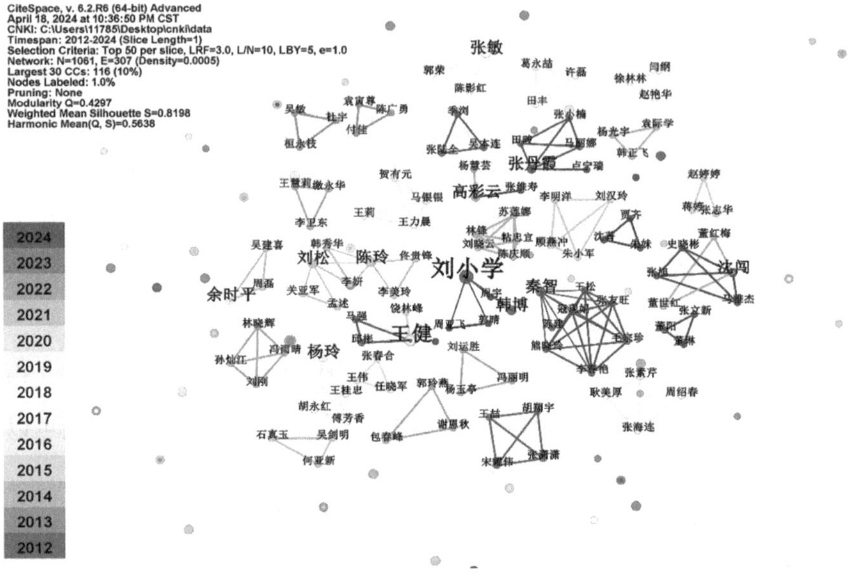

图1-36　体育教学方法文献合作作者知识图谱(2012.12—2024.04)

情况知识图谱。其中,1061 位作者只有 307 条联系丛,整体来看,2012 年后,大部分仍然是多个作者合著 1 篇文章,少有大范围多篇文章多个作者之间的合作。相比 2012 年前,研究人数增多,多人合作文章的篇数有所上升,但从比例上可以看出,作者间的合作并未增多。从作者发文来看,刘小学在 2012 年后的发文量数量仍然排名在前,图谱中联系最多的合作关系是由秦智、王松、张友旺等相关学者建立起来的。

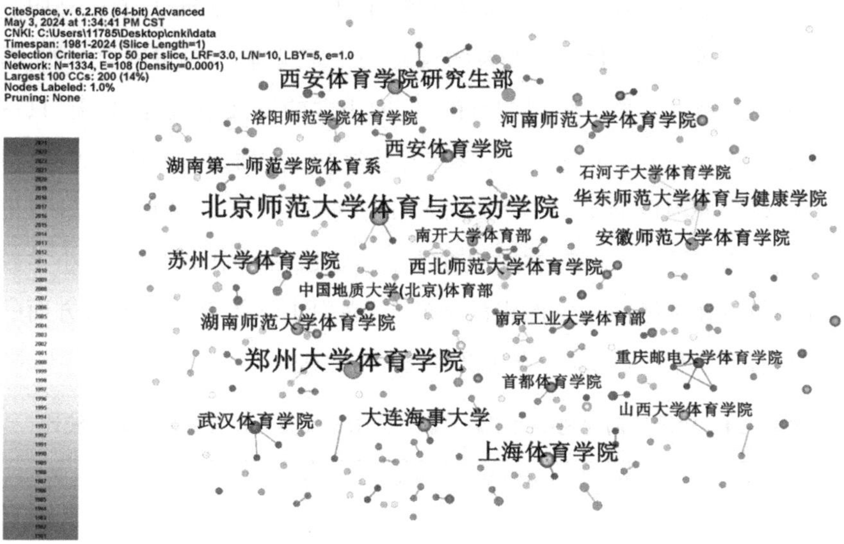

图 1 – 37　体育教学方法文献作者机构知识图谱

根据以上分析,中国知网中关于体育教学方法的相关研究,从总体来看,无论是在 2012 年前后,作者之间的合作都有待加强,大部分研究者处于“单打独斗”的局面。合作可以帮助作者从多方面多情况进行分析,有利于提高论文质量与效率。因此,加强研究者之间的合作有利于未来体育教学方法的研究发展,也是当前相关研究者需要解决的问题。

2. 文献作者机构情况分析

(1)文献作者机构属性分析

在分析体育教学方法论文作者的机构属性时,可以将其分为五大类:

体育院校、普通院校、高职院校、中小学或中职以及其他。通过表 1-24 的数据可以观察到，普通院校教师在发表关于体育教学方法的论文方面占据显著地位，其中以第一作者身份发表的论文占总篇数的 62.42%。这一数据充分表明，普通院校体育系的教师构成了体育教学方法论文发布的主要力量。因为普通院校基数大，体育教师也较多，另外一些学校对教师评职称在论文发文量方面会有一定要求，所以相关科研人员也会相对较多。其次是高职院校，发文量为 375 篇，占总篇数的 24.13%。高职院校比体育院校多的原因可能是基数较大，全国高职院校总量有上千所，而体育院校只有几十所。值得注意的是，中小学的发文量只有 70 篇，只占总篇数的 4.50%，说明关于中小学体育教学方法方面的研究比较欠缺，出现这一现象原因可能是中小学教师教学任务重，没有足够的时间进行论文研究。许多适用于高校学生的方法不一定适用于中小学生，中小学教师作为最直接接触中小学课程教学的人，在中小学体育教学方法方面的研究最有发言权，因此这一方面仍需进一步改进。

表 1-24 中国知网期刊中关于体育教学方法论文第一作者的机构属性统计

著者单位	体育院校	普通院校	高职院校	中小学/中职	其他	合计
篇数	112	970	375	70	27	1554
所占比例(%)	7.21	62.42	24.13	4.50	1.74	100.00

(2)文献作者机构知识图谱分析

科研机构在整个科研体系中具有重要的作用，不仅能够为科研人员提供信息资源、学术资源和经费资源等，还是科研人才培养的摇篮与科研成果的孵化基地。[1] 因此，为研究体育教学方法研究领域的科研机构，本研究借助 CiteSpace 软件进行了深入的可视化探索。在运用 CiteSpace 软件时，本书将时间切片(Time Slicing)设定为 2011—2024 年，将每年作为

[1] 参见刘昊：《科学知识图谱视域下我国高校排球研究现状的可视化分析》，牡丹江师范学院 2023 年硕士学位论文，第 38 页。

一个独立的切片(Year Per Slice),节点类型(Node Types)则设定为机构(Institution)。在选择标准(Selection Criteria)方面,选取 Top N 为 50,以突出显示最具有代表性的科研机构。其余选项则保持为默认设置。最终,通过点击“Go”按钮,生成科研机构合作关系的图谱(见图 1 – 38)。

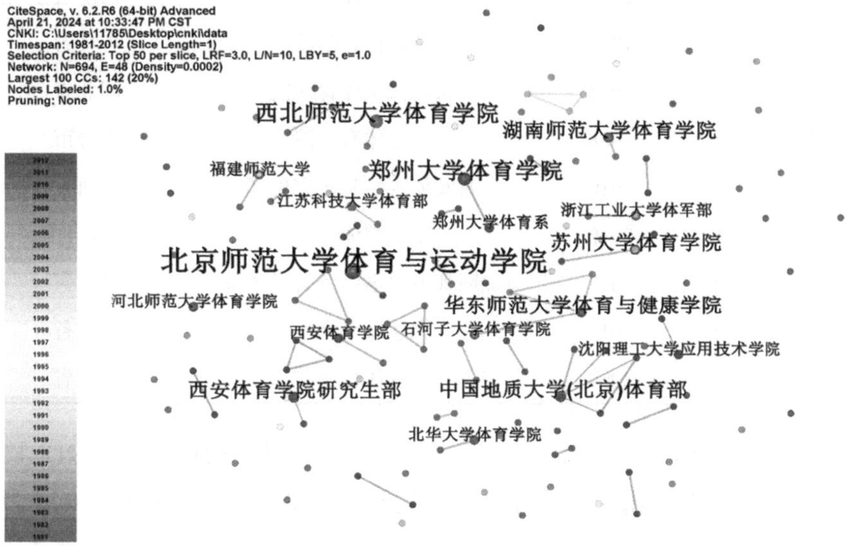

图 1 – 38 体育教学方法文献作者机构知识图谱(1981.01—2012.11)

为了系统分析体育教学方法研究领域中不同机构的贡献情况,本研究首先运用 CiteSpace 软件提取相关研究机构的信息,并导入 Excel 软件中进行细致处理,经过筛选,确定了该领域发文量排名前 10 的研究机构,并以详尽的统计表格形式进行呈现。通过表 1 – 25 的数据,可以清晰看到在体育教学方法研究领域科研成果产出量前 10 的研究机构。这些机构在体育教学方法研究方面取得了显著的成果。前 10 的科研机构文献总产出量共 66 篇,占样本文献的 4.25%。经过分析,前十大科研机构在体育教学方法研究领域的产出量占比较小,这一数据揭示了一个显著的现象:该研究领域并未形成由一家或几家机构主导的绝对优势局面,而是呈现出一种多元化、竞争激烈、百家争鸣的发展态势。

表1-25 中国知网中关于体育教学方法研究领域前10研究机构科研成果统计

次序	篇数	首篇年限	研究机构名称	隶属省份
1	9	2003	北京师范大学体育与运动学院	北京市
2	9	2007	郑州大学体育学院	河南省
3	9	1995	吉林体育学院	吉林省
4	6	2013	长江大学体育学院	湖北省
5	6	1988	上海体育学院	上海市
6	6	2010	西安体育学院研究生部	陕西省
7	6	2010	赤峰学院体育学院	内蒙古自治区
8	5	2013	沈阳师范大学体育科学学院	辽宁省
9	5	2011	大连海事大学	辽宁省
10	5	2009	西安体育学院	陕西省

如图1-38所示,图谱中总计包含了1334个独立的机构节点(N),以及108条表征合作关系的连线(E),网络密度(Network Density)为0.0001。这些节点各自代表一个科研机构,而节点的大小直接反映了该机构在体育教学方法研究领域内的发文数量;节点之间连线的数量及粗细程度揭示了不同科研机构之间的合作紧密度;节点中心度的大小是衡量机构在该领域影响力的关键指标。[1] 观察图谱中节点的分布与位置关系不难发现,科研机构的整体布局呈现出较为明显的分散态势,而具有显著向心性的核心节点则相对稀缺。进一步分析节点间连线的颜色、数量与规模,发现在体育教学方法研究领域中,科研机构之间的合作频次普遍偏低,大多为单次或短期的合作关系,且合作形式以两两机构间的简单联合为主,鲜有大规模或长期稳定的合作群体出现。为更深入地探讨科研机构之间的合作关系,仍然将论文分析分为2012年前后两个时段,以揭

[1] 参见常悦:《基于知识图谱的我国体育教学评价研究的可视化分析》,河南大学2022年硕士学位论文,第29页。

示不同时间段内合作关系的演变与特点。

图 1－39 是 1981 年到 2012 年前中国知网中关于体育教学方法论文作者机构合作情况知识图谱。图中显示出的 694 个节点间的连线只有 48 条，其中发文数量最多的北京师范大学体育与运动学院的连线仅有 1 条，其他发文较多的机构的连线数量都较少，大部分呈分散状态。

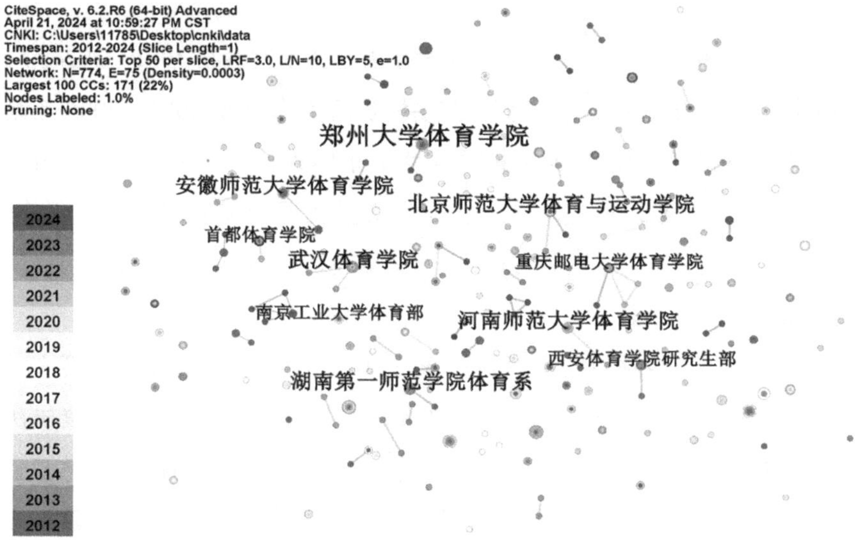

图 1－39　体育教学方法文献作者机构知识图谱（2012.12—2024.04）

图 1－39 是 2012 年后中国知网中关于体育教学方法论文作者机构合作情况知识图谱。图中 774 个节点间的连线有 75 条，这相比于 2012 年前，机构之间的合作有所提高；另外，2012 年后有更多高校参与关于体育教学方法的相关研究。2012 年前后北京师范大学体育与运动学院发文量都较高较稳定，2012 年后武汉体育学院、首都体育学院等体育院校机构的发文量增多。

经过上述分析，可以清晰地观察到，体育教学方法相关研究领域的机构间合作较为稀少，总体上呈现出合作规模小，频次低且缺乏稳定核心机构群的特点。值得注意的是，本研究（见表 1－25）提取出的产出科研成果前10的研究机构之间,鲜有科研合作关系,这进一步印证了该领域尚未形成稳定合作的核心研究机构群体。因此,我国体育教学方法研究领域的机构合作状况亟待加强,以推动该领域研究的深入发展,并为我国体育教学方法的革新与提升贡献重要力量。

(四)小结

1. 相关期刊收录的研究体育教学方法的文章发表在1981—2024年,相关期刊年产出文献量总体呈先波动增长后下降趋势,1981—2005年是论文数量缓慢增长期,2006—2018年为关于体育教学方法论文发文量快速增长期,2018年以后呈下降态势。发文量在期刊和地域上分布不均:《当代体育科技》《文体用品与科技》发文量较多;从地域上看,江苏与河南发文量较多。

2. 从各类基金项目的文献占比来看,国家社会科学基金以5篇文献的数量荣登榜首,全国教育科学规划课题紧随其后,以4篇文献位居次席。此外,黑龙江自然科学基金、江苏教育厅高等学校哲学社会科学基金项目等也占据一定份额。然而,尽管基金项目种类繁多,但与体育教学方法相关的文献量多的基金项目较少。

3. 主要主题分析之中,在排名前20的主题中,与高校与高职相关的主题占了1/4,说明高校与高职对教学方法方面的研究相比于中小学的多。与其他学科占比相似,大学老师相对于中小学老师有更多的时间去研究学术。次要主题中,包括教学一词的主题占了一半,因为体育教学方法主要也主要是运用在教学之中。

4. 本书在体育教学方法领域构建关键词共现网络图谱,揭示了该领域的研究热点与前沿动态。通过细致分析可以观察到,我国体育教学方法研究领域的科研工作者主要将研究集中在体育教学、高校体育以及体育教育等关键领域,这些方向是他们研究的核心内容。在当前体育教学方法的研究热点中,体育教学、高校体育、体育教学改革、创新方法以及体育课的设计与实施等话题备受关注。在研究前沿领域，体育教学实践、高职院校体育教学、研究方法、足球教学改革等方面则呈现出新的发展趋势。

5. 根据统计数据可以得知，关于体育教学方法的相关文献总体引文率为 78.8%，在 1995 年前平均引文量较少，近年的引文量相比前期也有所下降。从被引情况方面分析，核心期刊虽然发文量少，但篇被引量都比较高，如《首都体育学院学报》《武汉体育学院学报》《沈阳体育学院学报》等，分别为 36.25 次/篇、22.5 次/篇、16 次/篇；发文量前二的《当代体育科技》和《文体用品与科技》，篇被引量只有 3.32 次/篇、1.77 次/篇。

6. 通过分析研究文献的作者情况，可以看出发文量较高的作者，年龄大部分在 40 岁以上，而且硕士以上学历占比超过一半。目前国内体育教学方法研究领域未形成大规模合作团队，以独立作者、同事合作研究为主，且相关发文量为一篇的作者占了绝大部分。众多研究团队在网络协作层面的缺乏，表明体育教学方法研究领域在整合研究力量上仍有显著的进步空间，亟待加强合作与协同，以促进知识的交流与共享。

7. 通过文献机构属性与知识图谱分析，发现在文献机构发文总量上，普通院校占比约 62%，中小学与中职占比仅 4.5%，说明关于中小学体育教学方法方面的研究较为欠缺。从知识图谱分析来看，该领域科研机构间合作频次较低，多为单次合作，以合作规模较小的两两机构合作为主。另外，从各机构发文量可以看出，体育教学方法研究领域较为广泛，并未出现一家或几家独大的局面。

五、高校公共体育课程国内研究现状

（一）基于中国知网的我国高校公共体育课程研究文献的载文情况分析

笔者以“高校公共体育课程”和“大学体育课程”为主题在中国知网进

行了高级检索，文献时间限定为2003年1月1日至2022年12月31日，共检索出584篇与公共体育课程相关的研究论文；并对中国知网上公布的近20年来关于我国大学公共体育课程论文的载文数量、研究方法、研究内容、被引用情况及作者情况等方面进行了统计与分析，将结果以可视化的方式呈现出来，从而揭示出我国大学公共体育课程研究的发展特点。

1. 文献载文时间

经统计2003—2022年所有关于高校公共体育课程的584篇参考文献，得出我国高校公共体育课程研究文献的年份时间分布图（见图1-40）。

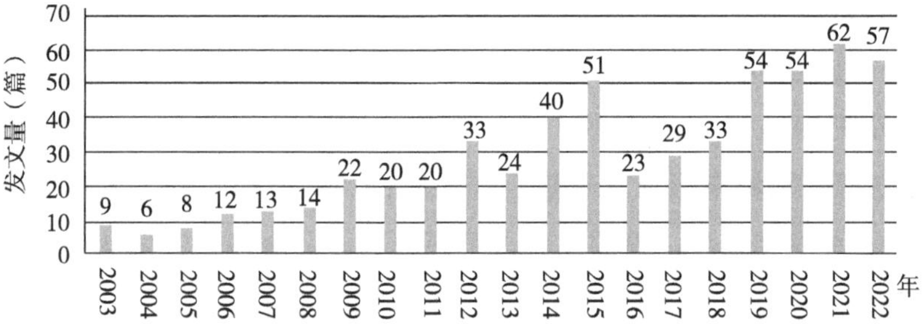

图1-40　高校公共体育课程载文量时间分布统计

由图1-40可知，我国高校公共体育课程的相关文献在2012年、2015年和2021年分别达到了33篇、51篇和62篇。2003—2005年，每年发表的关于高校公共体育课程的研究文献数量都较少。然而，2006年及之后，除个别年份出现大幅下降（如2013年和2016年）外，每年的文献数目相对前一年稳步增加，而且整体上也在不断地增加。图1-40显示，我国学者对大学公共体育课程的研究正处于一个欣欣向荣的状态，并且在2021年的时候，相关文献量也达到了历史的最高点。

从中国知网上搜集到的文献资料来看，我们可以把关于大学公共体育课程的研究划分为4个阶段：

第一阶段为2003—2006年。在这一阶段，关于大学公共体育课程的研究论文的数量一直保持在一个很低的水平，4年来中国知网仅有35篇论文可以被检索到。这个数字表明,国内学术界对于大学公共体育课程的学术研究仍然处于初步探索阶段,尚未形成较为系统和深入的研究体系。这样的现状虽然在某种程度上限制了对该领域知识深度的挖掘,但同时为未来学者提供了宝贵的起点和基础,使他们能够基于现有的理论框架展开进一步的探讨与分析。随着时间的推移,我们期待看到更多高质量,具有创新视角的论文涌现,从而推动大学公共体育课程研究向纵深发展。

第二阶段为2007—2013年。2007年4月教育部、国家体育总局发布的《国家学生体质健康标准》明确规定高校学生每年都要进行身体素质检测,并把《国家学生体质健康标准》的执行情况列入了各级政府的工作考核内容,作为各级学校的评选、表彰等工作的重要依据。[1] 这使高校公共体育课程更加得到重视,学者们对高校公共体育课程研究的兴趣也得到了提升,促使高校公共体育课程的研究文献数量得以增长。在7年的时间里,共发表了146篇能够被中国知网检索到的论文。回顾这段时间,可以发现,2010—2011年,尽管论文发表数量有所下降,但这一趋势并未改变,总体上呈现出上升的态势。到了2012年,情况出现了显著变化,论文数量达到了一个相对的高峰,2012年共计发布了33篇研究成果。在这之后不久,文献量又经历了一次波动,显示出大学公共体育课程研究领域仍然处于一个相对的初期和探索阶段,研究者们正努力填补现有知识的空缺,同时在积极地推进该领域的深入发展。对于大学公共体育课程的研究人员来说,正是通过这些微小的波动,他们能够更加清晰地洞察到这个领域的动态变化,从而为进一步的研究奠定坚实的基础。

第三阶段为2014—2016年。2014年6月教育部印发的《高等学校体育工作基本标准》明确指出,凡未达到《高等学校体育工作基本标准》规定或连续3年出现体质下滑现象的学校,“普通高等学校本科教学工作水平

---

〔1〕 参见《教育部、国家体育总局关于实施〈国家学生体质健康标准〉的通知》,载国家体育总局网2007年4月4日,https://www.sport.gov.cn/gdnps/files/c25529731/25529763.pdf。

评估”不能被评定为“合格”。[1] 这使全国各地的大学都对学生的身体素质提出了更高的需求,对大学公共体育课程的理论研究也在不断地增多,与2013年和之前相比,国内大学公共体育课程的研究文献数量有了很大的提升,发表的文章也越来越多,3年内就有114篇被中国知网收录,2015年更是创下了51篇的历史新高。但2016年《高等学校体育工作基本标准》发布的热潮下降,使论文发表数量下降趋势明显。总体来说,这一时期关于我国高校公共体育课程的研究有着相对高效且稳定的产出,处于我国高校公共体育课程研究的壮大阶段。

第四阶段为2017—2022年。2017年3月国务院发布的《关于修改和废止部分行政法规的决定》对《学校体育工作条例》进行了修订。修订后的《学校体育工作条例》要求普通高等学校重视课外体育活动的开展。[2] 使我国高校公共体育课程的研究文献向多个方向发展,有了新的研究方向。文献数量呈稳定增长趋势,6年的时间共发表了289篇能够被中国知网检索到的论文。虽然在2022年时研究文献数量出现了减少趋势,但总体比较稳定。因此,这一时期处于我国高校公共体育课程研究的成熟阶段。

2. 文献期刊分布

由表1-26可知,关于高校公共体育课程的584篇论文分为:学术期刊418篇,占71.58%;硕士论文62篇,占10.62%;国内会议26篇,占4.45%;国际会议6篇,占1.03%;中文图书3篇,占0.51%;报纸1篇,占0.17%;特色期刊68篇,占11.64%。

---

〔1〕 参见《教育部关于印发〈高等学校体育工作基本标准〉的通知》,载中华人民共和国教育部网2014年6月12日,http://www.moe.gov.cn/srcsite/A17/moe_938/s3273/201406/t20140612_171180.html? ivk_sa=1024320u。

〔2〕 参见《学校体育工作条例》,载国家体育总局网2017年3月1日,https://www.sport.org.cn/search/system/xzfg/2018/1107/403185.html。

表 1 – 26　高校公共体育课程论文分布统计

分类	学术期刊	学位论文	会议		图书	报纸	特色期刊	合计
		硕士	国内会议	国际会议	中文图书			
数量	418	62	26	6	3	1	68	584
百分比(%)	71.58	10.62	4.45	1.03	0.51	0.17	11.64	100.00

本书统计了 2003—2022 年关于高校公共体育课程的学术期刊,并记录在表中,用以制作我国高校公共体育课程研究文献的期刊统计表,得出表 1 – 27。

表 1 – 27　高校公共体育课程论文期刊分布统计

序号	期刊分布	数量	百分比(%)
1	当代体育科技	71	16.99
2	文体用品与科技	26	6.22
3	体育科技	15	3.59
4	体育世界(学术版)	14	3.35
5	体育科技文献通报	11	2.63
6	运动精品	7	1.67
7	运动	7	1.67
8	青少年体育	6	1.44
9	中国成人教育	6	1.44
10	哈尔滨体育学院学报	6	1.44
11	教育理论与实践(核心)	5	1.20
12	体育研究与教育	5	1.20
13	浙江体育科学	5	1.20
14	赤峰学院学报(自然科学版)	5	1.20
15	搏击(武术科学)	5	1.20

续表

序号	期刊分布	数量	百分比(%)
16	武术研究	4	0.96
17	北京体育大学学报(核心)	4	0.96
18	科技资讯	4	0.96
19	科技视界	4	0.96
20	内江科技	4	0.96
21	成都体育学院学报(核心)	4	0.96
22	才智	4	0.96
23	湖北体育科技	3	0.72
24	现代交际	3	0.72
25	长春师范大学学报	3	0.72
26	南京体育学院学报(自然科学版)	3	0.72
27	四川体育科学	3	0.72
28	辽宁体育科技	3	0.72
29	中国冶金教育	2	0.48
30	教育观察	2	0.48
31	大学	2	0.48
32	亚太教育	2	0.48
33	冰雪运动	2	0.48
34	金陵科技学院学报(社会科学版)	2	0.48
35	陕西教育(高教版)	2	0.48
36	现代职业教育	2	0.48
37	教育教学论坛	2	0.48
38	云南大学学报(自然科学版)(核心)	2	0.48
39	国际公关	2	0.48
40	花炮科技与市场	2	0.48
41	创新创业理论研究与实践	2	0.48

续表

序号	期刊分布	数量	百分比(%)
42	科技风	2	0.48
43	佳木斯职业学院学报	2	0.48
44	福建茶叶	2	0.48
45	当代教育科学(核心)	2	0.48
46	广州体育学院学报(核心)	2	0.48
47	西南师范大学学报(自然科学版)(核心)	2	0.48
48	安顺学院学报	2	0.48
49	科学大众(科学教育)	2	0.48
50	长春教育学院学报	2	0.48
51	南昌师范学院学报	2	0.48
52	内蒙古师范大学学报(教育科学版)	2	0.48
53	福建体育科技	2	0.48
54	吉林体育学院学报	2	0.48
55	安徽体育科技	2	0.48
56	体育科学研究	2	0.48
57	郑州航空工业管理学院学报(社会科学版)	2	0.48
58	首都体育学院学报(核心)	2	0.48
59	武汉体育学院学报(核心)	2	0.48
60	林产工业(核心)	1	0.24
61	体育文化导刊(核心)	1	0.24
62	其他	114	27.27
	合计	418	100.00

从表1-27可以发现,我国关于高校公共体育课程研究的418篇学术期刊主要分布在61个刊物上,其中《当代体育科技》中有71篇,占16.99%,居于首位;《文体用品与科技》中有26篇,占6.22%,居于第二位;《体育科技》中有15篇,占3.59%,居于第三位。整体来讲,各期刊分

布较不均衡，载文量至多可达 71 篇，最少只有 1 篇，由此可以看出论文来源的分布不均，论文选稿的标准和论文主题的选择各有偏好。以上结果表明，20 余年来，关于高校公共体育课程的研究论文主要集中于《当代体育科技》上，体现出明显的集中性。同时这说明了我国在高校公共体育课程研究上开展了大量的工作，提升了有关高校公共体育课程领域的研究水平。

布拉德福发现，某一领域的研究论文在不同刊物上的分布是有规律的，且大多数论文发表在少数几本刊物上。按照布拉德福定律的描述，如果将期刊按照刊某一学科主题论文的数量以递减顺序排列，就可以把这些期刊分为专门面对该学科的核心区、相关区、非相关区（边缘区）。利用情报学家埃格黑的布拉德福核心区数量计算法，即 $r_0 = 2\ln(e^E \times Y)$，r_0 为核心数量，E 为欧拉系数，E = 0.5772，Y 为最大载文量期刊的载文量。[1] 因此 $r_0 = 2\ln(e^{0.5772} \times 71) \approx 10$，即处于核心区域的期刊有 10 种分别为《当代体育科技》《文体用品与科技》《体育科技》《体育世界（学术版）》《体育科技文献通报》《运动精品》《运动》《青少年体育》《中国成人教育》《哈尔滨体育学院学报》。核心区的 10 种期刊占被统计期刊数的 16.39%，而收录的文献占总文献的 40.43%。由此可知，高校公共体育课程在这 10 种期刊中的分布密度较高，学术期刊在数据库中表现出“集中—分散”的数量分布情况。

3. 文献期刊类型

经统计 2003—2022 年关于高校公共体育课程的期刊类型，学术期刊共 418 篇，期刊类别分为体育类和非体育类，期刊级别分为核心期刊和一般期刊；关于高校公共体育课程的研究论文，共 584 篇，经统计每篇文献有无基金项目，得出表 1 – 28。

---

〔1〕 参见蒋蓉：《基于 CiteSpace 的对外汉语教学法研究 20 年文献计量分析》，南京师范大学 2021 年硕士学位论文，第 20 页。

表 1 – 28 高校公共体育课程期刊类型统计

分类	期刊类别		期刊级别		基金项目	
	体育类	非体育类	核心期刊	一般期刊	有	无
数量	223	195	27	391	373	211
合计	418		418		584	
百分比(%)	53.35	46.65	6.46	93.54	63.87	36.13

由表 1 – 28 可知,在 418 篇学术期刊中,体育类共 223 篇,占53.35%;非体育类共 195 篇,占 46.65%。随着时代的发展,人们越来越认识到体育健康对于人类的重要性,越来越多的非专业体育人士对体育类的项目进行研究。不过,非专业体育人士在没有受过体育专业理论和技术学习的情形下进行研究,他们的研究结果缺少专业性,不够权威。

我国高校公共体育课程相关文献分别在"教育理论与实践""北京体育大学学报""成都体育学院学报""云南大学学报(自然科学版)""当代教育科学""广州体育学院学报""西南师范大学学报(自然科学版)""武汉体育学院学报""首都体育学院学报""林产工业""体育文化导刊"11 个刊物上发表。其中,核心期刊上有 27 篇,占 6.46%,一般期刊上有 391 篇,占 93.54%,可见核心期刊与一般期刊的载文量差距悬殊。为了确保学术质量和权威性,核心期刊正逐渐采取更为审慎的审稿策略。在这样的背景下,它们越来越倾向于接受那些已经得到课题资助或基金支持的文章。这些期刊认识到,通过认可有研究资金支持的研究成果,可以提高发表内容的可靠性与学术价值,从而吸引更多研究者的投稿。

我国高校公共体育课程论文有基金项目支持的有 373 篇,占 63.87%;没有基金项目支持的有 211 篇,占 36.13%。作者的学术水平和能力越高,申请基金的支持越容易。在高校公共体育课程的研究中有一半以上的论文有基金的支持,说明我国在高校公共体育课程方面研究的学者水平普遍较高,也能使研究的结果有更广泛的影响。

4. 文献研究方法

关于高校公共体育课程研究的584篇科研论文中，仅有152篇标注了研究方法(见表1－29)。

表1－29 高校公共体育课程研究方法运用情况统计

序号	研究方法	运用次数	所占百分比(%)
1	文献资料法	137	22.35
2	问卷调查法	121	19.74
3	专家访谈法	118	19.25
4	数理统计法	112	18.27
5	逻辑分析法	47	7.67
6	实验法	12	1.96
7	实地考察法	8	1.31
8	学生访谈法	7	1.14
9	教学实验法	7	1.14
10	个案研究法	6	0.98
11	归纳演绎法	6	0.98
12	比较分析法	5	0.82
13	观察法	5	0.82
14	访问调查法	5	0.82
15	电话调查法	4	0.65
16	案例分析法	3	0.49
17	历史研究法	2	0.33
18	录像观察法	2	0.33
19	特尔菲法	2	0.33
20	实证研究法	1	0.16
21	网络调查法	1	0.16
22	扎根理论研究法	1	0.16
23	测量法	1	0.16
	合计	613	100.00

从表1-29可以看出,在标注了研究方法的152篇论文中,共运用613次研究方法。其中,文献资料法运用最多,共137次,占总数的22.35%;问卷调查法居次位,共121次,占19.74%;专家访谈法运用118次,占19.25%;数理统计法运用112次,占18.27%。由表1-29可知有23种不同的研究方法,这表明我国学者在高校公共体育课程的研究中广泛运用了不同的研究方法。科学研究方式的多元化,使高校公共体育课程研究向更深层次、更高层次发展。因此,高校公共体育课程研究人员应当扩大自己的知识结构,进行更多的跨学科研究,提高对电脑等科学仪器的使用效率,以适应体育学科逐步创新发展的需要。

2003—2019年中国知网数据库中关于高校公共体育课程的584篇文献在研究方法的使用上差距大的原因有:文献资料法是对历史研究结果的记载,而我们极大部分是在历史研究结果的经验上来研究我们所需要的内容,文献资料法是所有文献研究的基础,所以文献资料法的运用次数最多;其次是问卷调查法和访谈法,许多论文的研究需要大量的数据作为论文写作的支撑,而问卷调查法和访谈法是获取数据最快和最便捷的两种方法;数理统计法也是论文写作中使用的高频方法,它主要是对所收集到的数据和论文资料进行整理和统计,然后对得到的数据和资料通过逻辑分析法来进行文章内容整体思路的把控,来保证整篇论文的合理与严谨。

(二)基于中国知网的我国高校公共体育课程研究文献的引文与被引情况分析

1. 文献引文情况

论文引用的参考文献的数量我们称为引文量,期刊附有引文论文的文献篇数与载文篇数的比例,称为引文率。对引文指标的统计,有助于了解期刊信息,反映出文献质量及文献所含的信息量。[1] 引用具有权威性和可靠性文章的研究结果和研究数据,可以增强自己文章的可信度;引用他人的研究结果可以帮助研究者重复研究已经有人研究过的内容。但是在引用他人论文前需要注意:要避免抄袭他人论文;引用时要注明论文的出处;合理使用他人论文,不要过度依赖他人的观点而缺少自己的见解。因此,引文量的大小,可以反映出学者的研究态度以及对于研究内容文献的掌握程度。

由表 1 – 30 可知,2003—2022 年我国高校公共体育课程论文,在中国知网上引文篇数为 493 篇,有引率为 84.42%;共有引文 5920 篇,引文率为 8.33%。根据表 1 – 30 可以看出,2003—2022 年我国高校公共体育课程基本都会引用文章,说明在我国高校公共体育课程论文的研究中相关文章的可行度较高,对于其他论文借鉴性和参考性较高,所以文献的积累越多,涉及的范围越广,才能够便于论文的研究。

表 1 – 30 高校公共体育课程论文引文量统计

年份	论文篇数	有引文篇数	有引率(%)	引文量	引文率(%)
2003	9	7	77.78	75	9.33
2004	6	5	83.33	17	29.41
2005	8	7	87.50	32	21.88
2006	12	7	58.33	158	4.43
2007	13	12	92.31	152	7.89
2008	14	13	92.86	295	4.41
2009	22	22	100.00	560	3.93
2010	20	20	100.00	291	6.87
2011	20	19	95.00	161	11.80
2012	33	32	96.97	234	13.68

〔1〕 参见罗式胜:《文献计量学概论》,中山大学出版社 1994 年版,第 102 页。

续表

年份	论文篇数	有引文篇数	有引率(%)	引文量	引文率(%)
2013	24	23	95.83	267	8.61
2014	40	26	65.00	290	8.97
2015	51	38	74.51	426	8.92
2016	23	22	95.65	137	16.06
2017	29	24	82.76	246	9.76
2018	33	29	87.88	221	13.12
2019	54	48	88.89	356	13.48
2020	54	46	85.19	477	9.64
2021	62	51	82.26	630	8.10
2022	57	42	73.68	895	4.69
合计	584	493	84.42	5920	8.33

2. 文献被引情况

统计关于高校公共体育课程的584篇文献的被引频次、每年的最多被引文章,得出表1-31。

表1-31 高校公共体育课程论文被引量统计

年份	论文篇数	总被引频次	最多被引篇名	被引频次
2003	9	135	美国加州圣荷塞州立大学体育课程设置与实施对我国高校体育教学改革的启示	31
2004	6	58	我国普通高校公共体育课程的创新性分析	25
2005	8	163	高校公共体育课程发展趋势探析	84
2006	12	88	江苏省普通高校公共体育课程设置现状及对策的研究	19
2007	13	118	体育课程改革背景下普通高校公共体育课选用教学方法的现状研究	30

续表

年份	论文篇数	总被引频次	最多被引篇名	被引频次
2008	14	102	东北三省普通高校冬季公共体育课程现状及对策研究	36
2009	22	182	高校课内外一体化网球俱乐部课程模式探索——大学体育网球选项课的研究与实践	21
			普通高校大学体育课程实施学分制改革的思考	21
2010	20	157	论高校公共体育课程改革的异化	20
2011	20	96	河南省普通高校公共体育课程设置现状及改革对策研究	28
2012	33	134	“阳光体育运动”背景下高校公共体育课程体系的研究	28
2013	24	98	高校协同创新战略背景下的大学体育课程教学资源共享研究	21
2014	40	275	普通高校公共体育课程教学指导思想探索与思考	141
2015	51	248	慕课视野下高校公共体育课程教学改革的难题及初步构想	36
2016	23	110	高校公共体育教学质量下降成因及对策	44
2017	29	204	普通高校公共体育课程与思政教育融合探析	70
2018	33	139	渗透“三生教育”理念的高校公共体育课程架构探析	29
2019	54	262	高校公共体育课程思政的融入机理与实践路径研究	48
2020	54	218	山西省高校公共体育课程教学改革研究	19
2021	62	348	高校公共体育课程思政的价值意蕴、目标指向及实践路径	300
2022	57	125	高校公共体育课程思政的现实困境及突破路径	29
合计	584	3260		1080

从表 1 - 31 可以看出,关于高校公共体育课程的 584 篇文献共计被引 3260 次,结合载文时间分布的 4 个阶段,进行论文的被引量分析,具体情况如下:

2003—2006 年,为我国高校公共体育课程研究的起步阶段,从文献被引用的次数来看,比较有代表性的研究成果是福建师范大学的林立和吴燕丹于 2005 年发表在《武汉体育学院学报》上的《高校公共体育课程发展趋势探析》,北京体育大学的张锐等人于 2003 年发表在《中国学校体育》上的《美国加州圣荷塞州立大学体育课程设置与实施对我国高校体育教学改革的启示》以及山东理工大学的归明等人于 2003 年发表在《北京体育大学学报》上的《对高校体育教学改革资源合理化配置的初步探讨——山东理工大学体育课程教学改革实践研究》,3 篇文章分别被引用了 84 次、31 次和 29 次。这 3 篇代表性的文章主要关注我国高校公共体育课程教学改革中教学资源的合理利用问题,并明确指出我国高校公共体育课程在发展中所面临的困难和对策,为以后的文章奠定了理论基础。

2007—2013 年,为我国高校公共体育课程研究的发展阶段,从文献被引用的次数来看,比较有代表性的研究成果是苏州大学的庄艳华于 2007 年发表的学位论文《体育课程改革背景下普通高校公共体育课选用教学方法的现状研究》,黑龙江科技学院的甄子会于 2008 年发表在《冰雪运动》上的《东北三省普通高校冬季公共体育课程现状及对策研究》以及山东大学的高卫民于 2012 年发表的学位论文《"阳光体育运动"背景下高校公共体育课程体系的研究》,3 篇文章分别被引用 30 次、36 次和 28 次。这 3 篇文章主要写了开展高校公共体育课程就要提高体育教学质量,完善体育课程内容、课程体系。相对于第一阶段的研究成果和内容,该阶段的研究范围更加广泛。

2014—2016 年,为我国高校公共体育课程研究的壮大阶段,从文献被引用的次数来看,比较有代表性的研究成果是国家体育总局的谢燕歌等人于 2014 年发表在《北京体育大学学报》上的《普通高校公共体育课程教学指导思想探索与思考》，安徽工业大学的任璐于 2015 年发表在《当代体育科技》上的《慕课视野下高校公共体育课程教学改革的难题及初步构想》以及重庆邮电大学的彭仁兰等人于 2016 年发表在《西南师范大学学报（自然科学版）》上的《高校公共体育教学质量下降成因及对策》，3 篇文章分别被引用 141 次、36 次和 44 次。这 3 篇文章具有代表性的文章主要关注的范围相较于前两阶段的研究更加广泛，而且它们在深入挖掘研究内容方面也展现出了更加严谨和细致的学术态度。

2017—2022 年，为我国高校公共体育课程研究的成熟阶段，从文献被引用的次数来看，比较有代表性的研究成果是上海理工大学的朱晓菱于 2017 年发表在《内江科技》上的《普通高校公共体育课程与思政教育融合探析》、西南林业大学的黄佺等人于 2018 年发表在《体育文化导刊》上的《渗透“三生教育”理念的高校公共体育课程架构探析》、浙江国际海运职业技术学院的包海丽于 2019 年发表在《浙江体育科学》上的《高校公共体育课程思政的融入机理与实践路径研究》以及东北师范大学的常益等人于 2021 年发表在《北京体育大学学报》上的《高校公共体育课程思政的价值意蕴、目标指向及实践路径》，4 篇文章被引用 70 次、29 次、48 次和 300 次。这 4 篇文章主要对中国大学公共体育课中如何融入思想政治进行了探讨。这表明，与前 3 个阶段相比，这段时期的我国大学公共体育课程更注重对学生的思想品德教育，所以更多的学者开始把研究的焦点放在思政融合上。

（三）基于中国知网的我国高校公共体育课程研究文献的作者发文情况分析

1. 发文数量

在本研究中，我们对 584 篇学术论文的作者进行分析，其中包括了 547 位第一作者。不同发文量的作者数量分布情况详见表 1－32。

表1-32　高校公共体育课程论文作者发文数量统计

发文数量	作者人数	总发文量	占发文量百分比(%)
1	519	519	88.87
2	20	40	6.85
3	7	21	3.60
4	1	4	0.68
合计	547	584	100.00

按照洛特卡法则，撰写 n 篇论文的人大约是撰写 1 篇论文的人的 $1/n^2$，例如，撰写 2 篇论文的人大约是撰写 1 篇论文的人的 1/4，而撰写一篇论文的人大约有 60%。[1] 由表 1-32 的统计结果可知，547 位作者中，有 88.87% 的作者发表了 1 篇论文，这比洛特卡法则的平均水平高了大约 29%。这表明，目前我国大学公共体育课教学科研队伍的整体素质还不够高。

2. 发文机构

对高校公共体育课程研究论文作者发文机构的地域分布进行分析，不仅能让我们对已出版的科研论文作者的地域分布有一个较为清晰的认识，还能更好地理解和把握各院校在大学公共体育课程研究方面的区别与特点，以此来指导有关部门制订科学、合理的科研人员研究计划，推动大学公共体育课程科学内容的均衡发展。本书只统计第一作者的所属机构，统计结果见表 1-33、图 1-41。

表1-33　高校公共体育课程论文作者发文机构区域分布统计

地区	华南	华北	华东	华中	西南	西北	东北
发文数量	56	86	151	127	74	24	66
占总数百分比(%)	9.59	14.73	25.86	21.75	12.67	4.11	11.30

〔1〕 参见王宗德：《文献计量学教程》，南开大学出版社 1990 年版，第 93 页。

从统计的584篇研究文献来看,我国高校公共体育课程研究论文作者所属的机构分布广泛,涵盖了我国30多个省份和直辖市。其中华东地区发表了151篇,占25.86%,居于首位;华中地区发表了127篇,占21.75%,居于第二位;华北、西南、东北和华南地区分别发表了86篇、74篇、66篇和56篇,占比分别为14.73%、12.67%、11.30%和9.59%;西北地区发表了24篇,占比4.11%,居于末位。研究机构主要集中分布在我国的华东地区和华中地区,西北地区的科研实力相对较弱,这与西部大环境总体比较落后,经济发展比较缓慢,图书情报和相关人才相对匮乏,有关高校公共体育课程问题尚未引起各个高校和科研院所重视有关。

由图1-41可知,华中的吉首大学和华东的福建师范大学都发表了8篇相关论文,居于首位;华东的苏州大学和华中的河南大学都发表了7篇,居于第二位;华中的郑州大学、西北的新疆师范大学和华东的集美大学都发表了6篇,居于第三位;华东的上海体育大学、华北的北京体育大学和华中的湖南科技学院都发表了5篇,居于第四位。其中,值得注意的是西北的新疆师范大学。在整个西北地区共发表了24篇文章的情况下,新疆师范大学就占了其中的6篇,说明新疆师范大学对高校公共体育课程的研究不会因为环境的劣势而忽略,相反会更加重视对高校公共体育课程的研究。

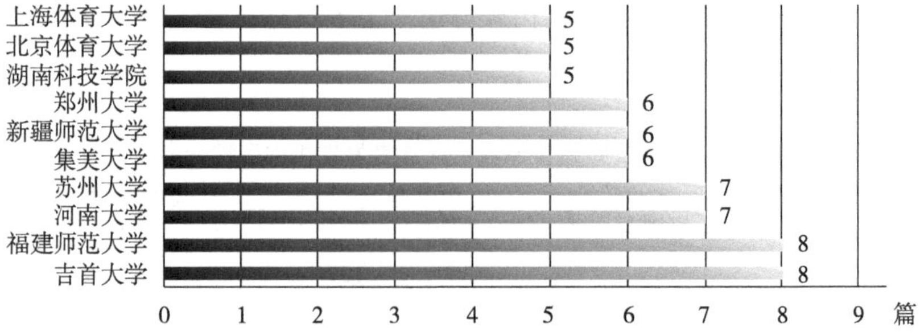

图1-41 高校公共体育课程论文主要发文机构

3. 合作情况

合著率是指合著论文在论文篇数中所占比率,合著度越高说明合作智能发挥得越充分。[1] 合作研究的论文一般比独立完成的论文被更多地引用。[2] 在科研的广阔天地里,当众多学者携手合作时,他们通过集思广益、各展所长所共同撰写出的文章将呈现出优秀的深度与广度。这种团队协作不仅能够拓宽研究视野,而且能确保知识体系的全面性。每个成员的独特见解和专业技能都得到了充分的尊重和运用,从而使研究的角度更为新颖,方法更为科学和合理,有助于推动学术领域向前发展。这样的成果无疑是多学科交叉融合的结晶,代表着最前沿的研究趋势,为未来的学术探索奠定坚实的基础。

在我国高校公共体育课程领域内,作者合著的论文数量见表 1 – 34。其中,独著 360 篇,独著率为 61.64%;合著 224 篇,合著率为 38.36%,3 人及以上合著率只有 14.22%。从这一点上,我们可以看到,目前我国大学公共体育专业的研究人员大都各自开展科研工作,彼此之间缺乏协作。作者合著的比例与研究的深度、广度有关,因此,从以上数据可以看出有关专家对我国高校公共体育课程的独立研究能力。

表 1 – 34 高校公共体育课程论文是否合作情况统计

作者人数	文献量	百分比(%)
1	360	61.64
2	141	24.14
3	59	10.10
4	14	2.40
5	9	1.54
6	1	0.17
合计	584	100.00

[1] 参见张晓敏、程务本:《〈中国临床药学杂志〉刊载量、作者及文献源分析》,载《中国临床药学杂志》2002 年第 4 期。

[2] 参见邱均平编著:《文献计量学》,科学技术文献出版社 1988 年版,第 78 页。

(四)基于中国知网的我国高校公共体育课程研究文献的研究热点分析

通过对2003—2022年高校公共体育课程研究内容的分析,可以看出高校公共体育课程的研究领域比较广泛,研究者关注的角度各不相同。研究热点分为8个聚类,为课程改革、思政融合、课程体系、网络教学、运动项目、课程教学模式、课程设置以及其他,见表1-35、图1-42。

表1-35 高校公共体育课程论文研究热点统计

年份	课程改革	思政融合	课程体系	网络教学	运动项目	课程教学模式	课程设置	其他	合计
2003	2		2		1	3	1		9
2004	3			1			1	1	6
2005	2		2		1	1		2	8
2006	4		2				2	4	12
2007	6		1	1	1	1	1	2	13
2008	3	1			1	3		6	14
2009	7	1			4	5	3	2	22
2010	7	5	1		2	1	2	2	20
2011	2	2	1		4	5	1	5	20
2012	10	1	1		3	5	8	5	33
2013	7	4	2		5	4	1	1	24
2014	10	8	1		5	5	8	3	40
2015	13	5	4		12	4	4	9	51
2016	5	4	3		3	5	2	1	23
2017	4	9	3			4	3	6	29
2018	6	7			2	4	5	9	33
2019	7	18	5	3	6	5	3	7	54

续表

年份	课程改革	思政融合	课程体系	网络教学	运动项目	课程教学模式	课程设置	其他	合计
2020	12	15	3		5	8	4	7	54
2021	7	19	2	8	9	7	5	5	62
2022	2	32	1	9	7	3	1	2	57
合计	119	131	34	22	71	73	55	79	584
百分比(%)	20.38	22.43	5.82	3.77	12.16	12.50	9.42	13.53	100.00

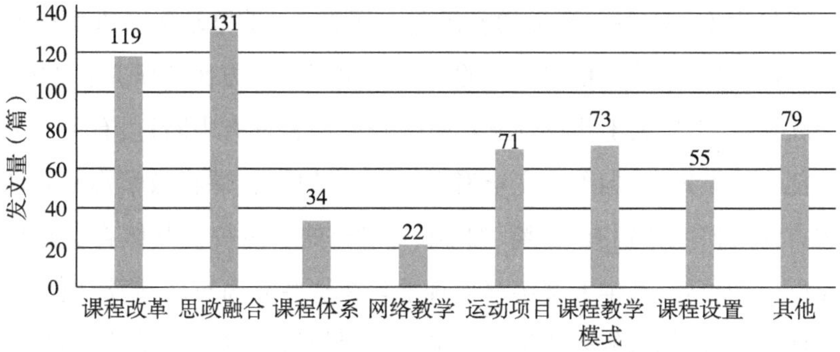

图 1－42　高校公共体育课程论文文献聚类统计

根据表 1－35 的数据统计可知，在关于我国高校公共体育课程研究的 584 篇文献中，在课程改革方面，有 119 篇，占 20.38%；在思政融合方面，有 131 篇，占 22.43%。高校要抓住新时期教育发展的机遇，对教学资源进行整合，对教育方法进行创新，对体育教学进行探讨和改进，让大学生们既喜欢运动，又能提高整体素质和竞技水平。

在高校公共体育课程与思政融合方面，从 2008 年开始就逐渐有研究者进行了此方向的研究，但不是学者们研究的主要方向，这种趋势一直延续到了 2019 年。2020 年 10 月中共中央办公厅、国务院办公厅发布的《关于全面加强和改进新时代学校体育工作的意见》和《关于全面加强和改进新时代学校美育工作的意见》明确提出学校体育是落实“立德树人”的根本任务，提高学生综合素质的一项重要举措。自 2020 年开始，高校公共体育课程与思政融合成为研究者们研究的一个热点方向，高校公共体育课程通过与思政的融合使学生在体育运动中获得身体健康的同时，培养了学生良好的思想道德品质。

2019 年后由于疫情的发生，全国各个高校面临线下停课，开始使用线上的方式教学。这使高校公共体育课程的部分研究方向转至网络教学，研究者们在疫情结束以后发现线上教学也不失为一种方法，可以让学生重复观看视频，学习正确的动作，比起线下的一次性教学更能激发学生的主动学习热情。

根据表 1－35 每个聚类的发展趋势可知，关于思政融合方面的研究有 131 篇，且一直处于稳定增长的状态。课程改革方面的研究有 119 篇，在 2003—2022 年关于课程改革方面的研究一直没有中断过，有关研究文献可能会逐渐减少，但不会完全消失。在运动项目、课程教学模式和课程设置方面的研究分别有 71 篇、73 篇、55 篇，处于高校公共体育课程研究热点的中间位置，基本上每年都会有学者在这些方面有所涉及，但不会过度关注。此外，越来越多的学校会采用慕课的形式进行教学，网络教学将成为学者们对高校公共体育课程研究的方向。

（五）小结

1. 高校公共体育课程研究热度逐渐上升，学者们对高校公共体育课程日益关注和重视。我国高校公共体育课程研究正处于一个欣欣向荣的状态，在 2021 年年发表文献量达到了历史的最高点。期刊分布不均匀，高校公共体育课程的研究在中国知网学术期刊中存在一定的期刊集中现象，有 10 种期刊处于载文核心区。

2. 研究方法的运用丰富多样，高校公共体育课程的研究方法有 20 多种，其中文献资料法、问卷调查法、专家访谈法和数理统计法使用频次居多。科研方法的多样化有助于高校公共体育课程科研的不断深化升华，能够顺应学科的创新发展。

3. 2003—2022 年,我国高校公共体育课程研究论文基本都会引用其他文章。从被引情况来看,我国高校公共体育课程的研究内容越来越广泛,研究的质量也越来越高,能够被更多的人引用。

4. 第一作者发文量少,据统计,关于高校公共体育课程的研究文献的第一作者的发文量最多为 4 篇。作者合著率小,在我国关于高校公共体育课程研究的论文中,仅一人独著的文献数量占了总体的一半以上,说明我国学者们独立研究我国高校公共体育课程的能力较强,从侧面证明我国高校公共体育课程的研究难度较低。发文机构主要在华东和华中地区,西北地区的发文量较少,这与我国经济发展有关。西部地区的大环境和经济落后,使研究的方法较为落后,导致产出的文献较少。

5. 研究内容涵盖面广,高校公共体育课程的研究内容涉及高校体育课程的现状分析、高校公共体育课程的改革状况、高校公共体育课程与思政融合等多个方面,呈现出多样化和综合化的特点。高校公共体育课程与思政融合领域持续拓展,从 2008 年开始,2019—2022 年相关研究呈明显上升趋势。学者的进一步深入研究与探索,在新课程的改革与创新基础上为高校公共体育课程与思政融合的可持续发展带来新的发现,最终服务于我国高校公共体育课程的教学,达到育人的效果。2019 年,由于疫情的突发,高校开始使用线上的方式教学,这使高校公共体育课程的部分研究方向转至网络教学。网络教学可以让学生重复观看视频,学习正确的动作,比起线下的一次性教学更能激发学生的主动学习热情。

第二章　重庆市普通高校公共体育课程建设现状研究

一、被调查对象选取及数据来源

（一）被调查对象选取

本研究采用抽样调查策略，聚焦重庆市 13 所普通高校的公共体育课程建设，选取了公共体育部门的教师群体以及大一至大三的在校学生作为调研对象。

（二）数据来源

为了满足本书的研究需求，综合参考了现有文献的问卷设计思路后，并在多位专家的悉心指导下，严格遵循问卷设计的原则和技巧，精心编制了针对重庆市普通高校公共体育课程建设的“教师版”与“学生版”两套调查问卷。

利用“问卷星”在线问卷平台，经过专家评定效度，得到专家的意见以后，向所选取的 13 所高校中的部分教师和学生发放问卷。为保证问卷填写的真实性和有效性，问卷根据随机抽样原理，采用不重复抽样发放。如表 2－1 所示，学生问卷总计发放 238 份，成功回收 238 份；如表 2－2 所示，教师问卷总计发放 93 份，成功回收 93 份。回收率达 100%，有效率为 100%。

表 2－1　学生问卷信度系数

样本量	系数(克隆巴赫系数)
238	0.808

表 2－2　教师问卷信度系数

样本量	系数(克隆巴赫系数)
93	0.813

为了确保本研究的目的与所得结果高度一致,采用了专家评定法来验证两份问卷的效度。为此,特别邀请了重庆市高校公共体育课程的8位专家,对问卷的内容进行了详尽的评估,以检验合理性和有效性。经过专家们的认真评审,得到了以下结果(见表2－3、表2－4)。

表 2－3　“重庆市普通高校公共体育课程建设现状情况调查问卷(教师)”效度专家认定表

内容	合理	基本合理	不合理
专家人数	6	2	0

表 2－4　“重庆市普通高校公共体育课程建设现状情况调查问卷(学生)”效度专家认定表

内容	合理	基本合理	不合理
专家人数	6	2	0

二、重庆市普通高校公共体育课程建设现状分析

(一)师资力量

据统计,目前重庆市普通高校共71所,其中包含29所本科类高校、42所专科类院校。为确保研究的科学性,本书选取了13所高校进行了调研,其中包括11所本科类高校以及2所专科类院校,基本覆盖重庆市普通高校的所有类型(见图2－1)。

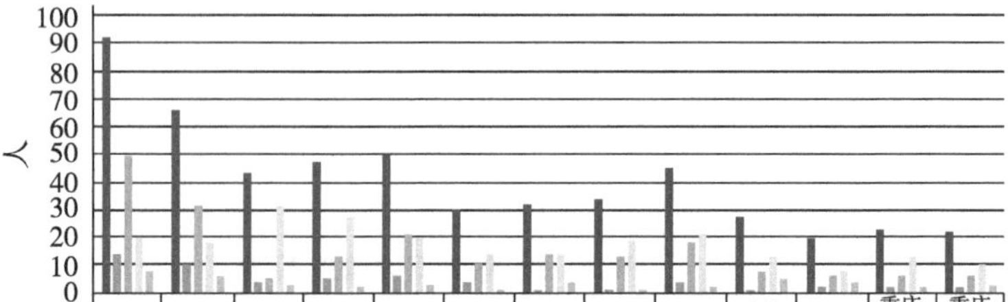

	西南大学	重庆大学	重庆邮电大学	重庆工商大学	重庆师范大学	重庆第二师范学院	重庆交通大学	重庆理工大学	西南政法大学	重庆对外经贸学院	重庆移通学院	重庆电子工程职业学院	重庆工业职业技术学院
■公共体育老师总数	91	66	43	47	50	30	33	34	45	27	20	23	22
■教授	14	11	4	5	6	4	1	1	4	1	2	2	2
■副教授	49	31	5	13	21	11	14	13	18	8	6	6	6
讲师	20	18	31	27	20	14	14	19	21	13	8	13	11
■助教	8	6	3	2	3	1	4	1	2	5	4	2	3

图 2－1　重庆市普通高校公共体育课程教师基本情况

如图2－1所示，对已抽样的13所普通高校的体育教师人数和职称进行了调查研究，在所调查的13所普通高校中，公共体育教师的师资储备情况存在一定的差距，专职体育教师的储备人数从20—91人不等。其中，西南大学公共体育教师人数最多为91人，重庆移通学院公共体育教师人数最少为20人，其余的11所高校专职公共体育教师人数分别为：重庆大学66人、重庆邮电大学43人、重庆工商大学47人、重庆师范大学50人、重庆第二师范学院30人、重庆交通大学33人、重庆理工大学34人、西南政法大学45人、重庆对外经贸学院27人、重庆电子工程职业学院23人、重庆工业职业技术学院22人。根据图2－1中包含的数据，可以直观地发现重庆市普通高校公共体育课程教师人数储备依旧存在参差不齐的情况。从图2－1中各高校公共体育教师数量以及职称情况不难发现，公共体育课程教师的总数和各高校拥有的教授、副教授职称的教师数量，学校是否是“双一流”建设高校以及学校性质之间存在一定关联。如图2－1所示，西南大学和重庆大学公共体育教师的总数以及拥有教授、副教授职称的教师总数最多，而公办本科院校公共体育教师的总数以及拥有教授、副教授职称的教师总数，相比民办本科院校也存在一定的差距。

如图 2 – 2 所示，在针对各高校公共体育课程师资力量的调查中，我们统计了 531 位教师的职位分布情况。其中，担任教授职位的教师共有 57 人，占比达到 11%；担任副教授职位的公共体育教师人数为 201 人，占比为 38%。担任讲师职位的教师人数最多，共有 229 人，占据了调查总数的 43%。此外，还有 44 位助教，占比为 8%。由此可见，目前重庆市普通高校公共体育课程教师职位以讲师居多，而教授级别的教师还比较欠缺，只占总教师人数的 11%。

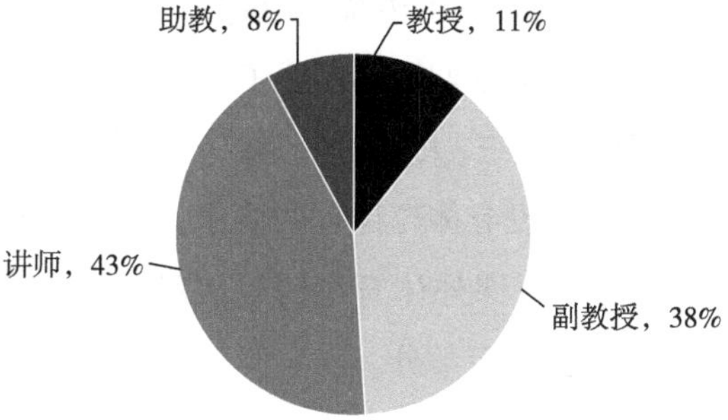

图 2 – 2　重庆市普通高校公共体育教师职称情况

（二）课程设置

2014 年教育部出台《高等学校体育工作基本标准》，这是对全日制普通高等学校体育工作的基本要求，是衡量高等学校体育工作的重要依据。《高等学校体育工作基本标准》严格规定了体育课程设置，对本科学生应开设不少于 144 学时的体育必修课，每周安排体育课不少于 2 学时，每学时不少于 45 分钟。

通过调研发现，13 所高校中公共体育课程总学时达到《高等学校体育工作基本标准》要求的仅 4 所高校，分别为西南大学、重庆第二师范学院、重庆邮电大学和重庆理工大学，而其他 9 所院校均未达到 144 学时的要求（见表 2 – 5）。其中重庆第二师范学院和重庆邮电大学开课次数为 18 周/学期，2 学时/周，4 学期累计达 144 学时。西南大学体育课程设置为 6 学期,32 学时/学期,课程总学时达 192 学时。重庆理工大学则通过“课内 + 课外”的形式,在课内学时是 32 学时/学期的基础上,将校内开展的体育类相关赛事活动按 4 学时/学期计入课程总学时,即 $32\times4+4\times4=144$ 学时。由此可见,在贯彻落实教育部相关文件精神方面各高校还存在一定差距,并且受学校教学周次统一安排的影响,大部分高校无法满足 18 周的教学周次,只有少数高校通过多元化途径实现“一、二年级本科学生开设不少于 144 学时”的高校体育课程设置要求。此外,调研结果中有 2 所高校的公共体育课程设置突破了传统,尝试并逐步实现大学体育贯穿 4 年全程化。如西南大学根据学期不同设置了 A、B、C、D、E、F 6 类课程,其中 E、F 均为 0.5 学分,供大三、大四学生选修。重庆邮电大学一、二年级开设体育课,三、四年级虽没有体育课程的要求,但 5—7 学期延续了课外体育锻炼要求,学生需进行课外体育锻炼达到秋季 36 次/学期,春季 45 次/学期,任务完成方可获相应学分。

表 2-5 重庆市普通高校公共体育课程设置情况

学校名称	开设学期	开课周次	课内学时	总学时	课外锻炼
西南大学	1—6	16	32	192	“步道乐跑”每学期不少于 20 次,每次男生不少于 2 公里,女生不少于 1.6 公里
重庆交通大学	1—4	16	32	128	“乐健 App”每学期跑步不少于 50 公里
重庆工商大学	1—4	16	32	128	“步道乐跑”每学期不少于 30 次,每次不少于 2 公里
重庆理工大学	1—4	16	32	128	“步道乐跑”每学期不少于 55 次,每次不少于 2 公里
西南政法大学	1—4	17	34	136	“步道乐跑”每学期不少于 45 次,每次跑步不少于 2 公里

续表

学校名称	开设学期	开课周次	课内学时	总学时	课外锻炼
重庆大学	1—4	16	32	128	“乐跑”每学期跑步次数不少于35次，每次不少于2公里
重庆第二师范学院	1—4	18	36	144	“健康二师”每月8次，每次2公里
重庆邮电大学	1—4	18	36	144	“阳光体育”达到秋季36次/学期，春季45次/学期，其中跑步次数不少于学期锻炼次数的2/3，每次跑步不低于2公里
重庆师范大学	1—4	16	32	128	设有“奔跑吧青春”活动积分，每班团每周提交一次如集中跑步、篮球培训等活动材料
重庆移通学院	1—4	16	32	128	无
重庆对外经贸学院	1—4	16	32	128	无
重庆电子工程职业学院	1—2	18	36	72	“步道乐跑”每学期不少于50次，每次男生不少于2.5公里，女生不少于2公里
重庆工业职业技术学院	1—2	18	36	72	无

从表2-5可以看出，调研高校除重庆移通学院、重庆对外经贸学院和重庆工业职业技术学院外，其他10所高校均已施行课外体育锻炼，说明各高校充分认识到在1次/周的公共体育课程基础上，强化课外体育锻炼，通过课内外一体化学校体育教学模式，才能有效促进大学生体质健康水平的提升。在课外体育锻炼的内容和形式上，大部分高校使用运动App或小程序进行跑步锻炼打卡，结合学校实际对学生跑步锻炼里程、次数等提出具体要求及标准。重庆邮电大学则采用了小程序和人脸识别相结合的方式，在场地设施允许的情况下增加“其他类”锻炼打卡，为满足学生多元化体育锻炼需求，丰富打卡形式提供了借鉴参考。综上，课外体育

锻炼作为加强学校体育工作,提高大学生体质健康水平的主要举措,已成为高校公共体育课程的重要组成部分,希望通过进一步的推进使之真正成为有效促进学生体质健康水平提升的重要途径和手段。

如表2-6所示,13所高校所开设的课程的选课形式有所不同。在第一学年,绝大部分高校采用了学生自主选择课程的形式,但是也有2所本科高校和2所专科院校依旧采用统一公共体育课程,导致学生失去了自主选择课程项目的权利,在一定程度上影响了学生上公共体育课程时的积极性。到了大二学年,除了两所专科院校没有开展公共体育课程以外,其他的11所高校都采用学生自主选课的形式,这样的选课机制可以充分尊重学生的学习意愿和兴趣,有助于促进学生的个性化发展,从根本上激发学生对公共体育课程的积极性,达到公共体育课程锻炼身体的目的。在大三学年,调查的13所高校中只有5所高校开设了公共体育课程。其中,西南大学和重庆邮电大学两所高校对学生有该学年公共体育课程的学分要求,所采用的选课形式是让学生自主选择所感兴趣的体育项目;另外3所在大三学年开设了公共体育课程的高校分别为重庆交通大学、重庆工商大学以及重庆师范大学,这3所大学在学生大三学年的公共体育课程上没有固定的学分要求,只是开设有公共体育课程供学生自主选修,以满足学生对体育锻炼和专业体育技能提升的需求。此外,在所调查研究的13所高校中,公共体育课程开设了游泳这一项目的高校只有8所,因为游泳项目受天气、场地、专业教师等诸多影响因素的制约。当前,重庆市近半数的高校尚未开设特色的运动项目。以清华大学为例,该校体育课程贯穿本科4年,并明确规定学生需掌握游泳技能,否则将影响毕业资格。学生在课堂之外,亦能自由练习,以达到体育标准。为切实提升学生的运动量并培养学生体育习惯,可考虑适当增加体育课的周课时或学习时长,从而满足学生的多样化需求,进而促进更多学生积极投身于体育活动中。通过将此次调查的13所高校与清华大学这样的国内顶尖高校进行对比,重庆市普通高校公共体育课程建设还存在明显不足。

表 2－6　重庆市普通高校公共体育课程开课性质

选课时间	大一选课		大二选课		大三选课		开设游泳课	
选课形式	自主	统一	自主	统一	自主	统一	是	否
西南大学	√		√		√		√	
重庆大学	√		√				√	
重庆交通大学		√	√		√		√	
重庆工商大学	√		√		√		√	
重庆理工大学	√		√					√
西南政法大学	√		√					√
重庆第二师范学院	√		√				√	
重庆邮电大学	√		√		√		√	
重庆师范大学	√		√		√		√	
重庆移通学院	√		√				√	
重庆对外经贸学院		√	√					√
重庆电子工程职业学院		√						√
重庆工业职业技术学院		√						√

（三）课程内容

通过对所研究的 13 所高校进行调查得到图 2－3，由此可知，目前各高校在公共体育课程方面开设的体育项目数量如下：西南大学 22 个、重庆大学 16 个、重庆交通大学 18 个、重庆理工大学 13 个、重庆工商大学 13 个、西南政法大学 19 个、重庆第二师范学院 17 个、重庆邮电大学 13 个、重庆师范大学 11 个、重庆移通学院 10 个、重庆对外经贸学院 15 个、重庆电子工程职业学院 11 个、重庆工业职业技术学院 11 个。由此得知西南大学和西南政法大学对公共体育课程开设的体育项目最多，其次是重庆交通大学、重庆第二师范学院以及重庆大学，另外 8 所高校所开设的体育项目都小于或等于 15 个。参照 2014 年教育部《高等学校体育工作基本标准》，其中明确规定了“高校公共体育课程应深入推进课程改革，合理安排教学内容，开设不少于15门的体育项目"的标准。所调查的13所高校开设的体育课程项目数量反映出，重庆市目前还有大部分高校未达到教育部规定的公共体育课程开设体育项目数量的标准。

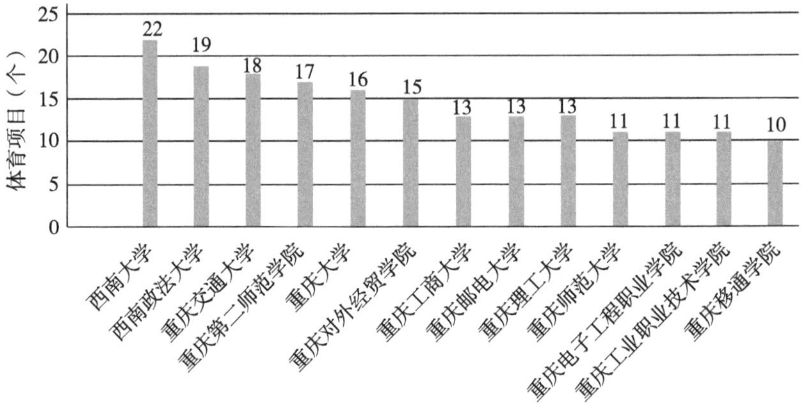

图2－3　重庆市普通高校公共体育课项目开设情况

同时，除学生比较熟知的项目外，通过调查，个别学校还开设有具有特色（民族特色、地区特色、学校特色）的体育项目，见表2－7。

表2－7　重庆市普通高校公共体育课特色项目开设情况

学校	特色、民族项目				
西南大学	野外生存	国际标准交谊舞			
西南政法大学	搏击	毽球			
重庆理工大学	定向越野	无线电测向	皮艇	攀岩	钓鱼
重庆交通大学	舞龙舞狮				
重庆第二师范学院	轮滑	中华射艺	少儿飞盘	排舞	
重庆邮电大学	中华射艺	定向越野	花式跳绳		

由表2－7的数据可见，这些体育项目在传统体育领域中相对冷门，如舞龙舞狮和中华射艺，它们均源自深厚的民族、民间传统，具有悠久的历史背景。然而，当这些项目被归类为体育项目时，它们展现出了新颖的

一面。鉴于这些具有特色的体育项目学生在日常生活中鲜有参与机会，因此能够较为轻松地引发学生的学习兴趣，激发他们的好奇心和积极性。但是如表2－7所示，开设这些具有特色的体育项目的高校只有6所，未能在各大高校普及。

（四）课程考核

本书对13所普通高校公共体育课程考核情况进行调查，如图2－4、图2－5所示：

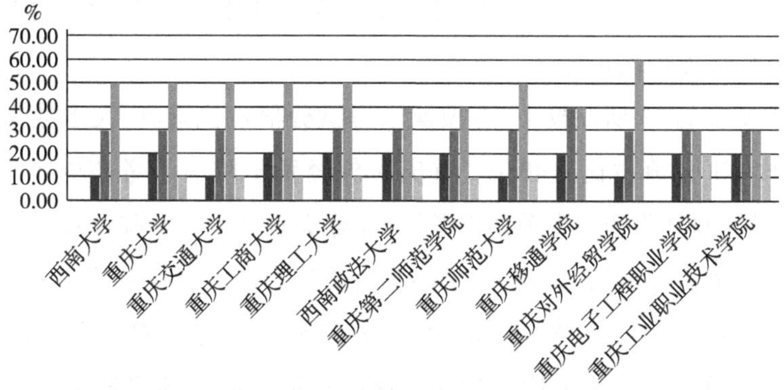

图2－4 重庆市普通高校公共体育课程考核内容及构成比例

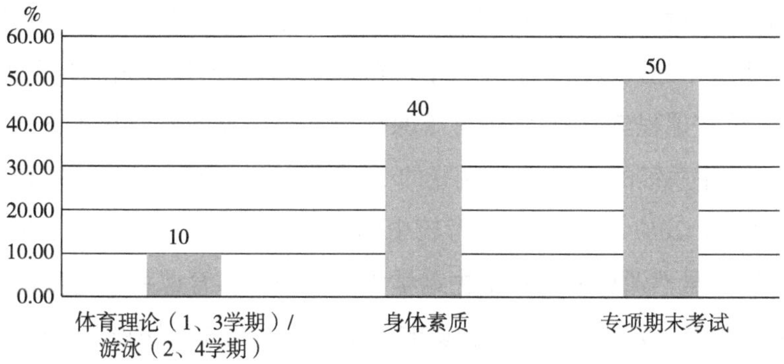

图2－5 重庆邮电大学公共体育课程考核内容及构成比例

针对重庆市普通高校公共体育课程考核设置，考核评价采用百分制，有10所高校考核内容为4项，分别为：考勤+身体素质+专项期末考试+课外锻炼打卡。另外，还有重庆移通学院、重庆对外经贸学院、重庆邮电大学3所高校的考核内容为3项。重庆移通学院和重庆对外经贸学院2所高校的考核内容相比其他10所高校，并未将课外锻炼打卡纳入考核，考核内容为：考勤+身体素质+专项期末考试。其中重庆邮电大学的考核设置最为特殊，实行倒扣分制。如图2-5所示，重庆邮电大学公共体育课程对学生设置了不同时间段的不同考核内容，第1、3学期考核内容为：体育理论+身体素质+专项期末考试，第2、4学期考核内容为：游泳+身体素质+专项期末考试。

被调查的13所高校中，专项期末考试分值占比最高，大多数高校专项期末考试分值占比≥40%。重庆对外经贸学院由于考核内容只有3项：考勤+身体素质+专项期末考核，故重庆对外经贸学院设置的专项期末考试分值占比最高，达到了60%；另外2所专科类院校专项期末考试分值占比最低为30%。身体素质考核分值占比第二，13所高校中有12所高校身体素质考核分值占比≥30%。重庆移通学院身体素质分值占比最高，达到了40%，唯一一所身体素质考核分值占比低于30%的学校是重庆理工大学，分值占比为20%。日常课程考勤分值占比在调查的13所高校中都没有超过20%，从其中有8所高校课程考勤分值占比为20%可以分析出，重庆市绝大多数普通高校对于学生的课程参与度还是非常重视的。在公共体育课程建设中，学生对于课程的参与度高低是公共体育课程建设和评价中关键的一环，但是调查的13所高校中还有5所高校的课程考勤占比低于20%，只占百分制考核中的10%或者0%。笔者从学生角度出发认为，虽然课程考勤不是决定学生对于公共体育课程参与度的关键性因素，但是一定程度上依旧会影响学生对于公共体育课程的重视程度。对于课外锻炼要求，调查的13所高校中有11所高校将课外锻炼纳入了公共体育课程考核的内容，并且在公共体育课程考核中占有10%—20%的分值。大多数高校以课外跑步的形式对学生进行要求和评价,其中重庆师范大学对于学生课外锻炼考核的方式最为特殊,要求学生以班团的形式每周开展团体运动项目,并且按时提交课外团体锻炼的照片与新闻稿,课外锻炼成绩考核也是以此为证。重庆师范大学的课外锻炼考核形式非常新颖,在要求班团进行课外锻炼的同时相当于进行了一次小规模的班团团建,不仅使学生得到体育锻炼,也在无形中增强了班团成员的凝聚力,符合当代国家要求培养学生全面发展的指导理念,这样的课程考核创新方式值得提倡。

(五)课程评价

体育教学评价在整个体育课程实施过程中占据举足轻重的地位,它是确保高校体育教学顺利推进,达成教学目标的关键环节。在公共体育课程体系建设中,教学评价发挥着不可忽视的作用。这一评价不仅是衡量教师教学效果和学生学习成效的重要标准,而且有助于及时察觉教学中的不足,从而采取有效措施进行改进,进一步完善整个体育教学体系的各个环节。

1. 学生评价

根据表 2 - 8 可知,学生对公共体育课程场地设置、开设项目、课程设置以及教学水平的满意度不足,4 个问题中认为非常满意的人数占比分别为 5.46%、15.13%、12.18% 以及 10.92%。

表 2 - 8　重庆市普通高校在校学生的公共体育课程评价(%)

评价内容	非常满意	比较满意	基本满意	不满意
体育场地设施满意度	5.46	9.24	43.28	42.02
体育项目开设满意度	15.13	0	0	84.87
体育课程设置满意度	12.18	11.76	37.82	38.24
体育教学水平满意度	10.92	41.60	38.66	8.82

从体育场地设施满意度分析：认为所在学校公共体育场地设施非常完善的人数占5.46%，认为比较完善的人数占9.24%，认为基本完善的人数占43.28%，认为不完善的人数占42.02%。由此可以看出，认为所在学校公共体育场地设施基本完善的人数最多，占总人数的43.28%，认为不完善的人数排第二，占总人数的42.02%。由此得出目前重庆市普通高校公共体育场地设施的建设情况不容乐观，大部分高校公共体育场地设施的基础建设不能满足所有学生的体育需求。

从公共体育课程开设项目满意度分析：认为能满足自身体育需求的人数占比为15.13%，而认为不能满足自身体育需求的人数占比为84.87%。由表2-8可知，超过80%的学生认为学校所开设的体育项目不能满足自身的体育需求。在前文课程内容调查中，13所高校中有一半以上的高校体育课程项目开设未达到15个，大部分高校所开设的体育项目还局限在传统体育项目，课程项目的开设没有根据学生的需求做到与时俱进。在当前的体育课程设计中，新兴项目和民族元素的融入显得相对不足，这在一定程度上削弱了学生对体育锻炼的参与热情。因此，学生对于体育课程所涵盖的项目种类普遍持有较低的满意度。为了提升学生的体育参与度和满意度，我们有必要在课程内容上增加更多新颖且富有民族文化特色的项目。

从公共体育课程设置满意度分析：学生对公共体育课程开设学期、课程学时学分的设置也存在较大的争议，认为学校公共体育课程设置非常合理的人数占比为12.18%，认为比较合理的人数占比为11.76%，认为基本合理的人数占比为37.82%，认为不合理的人数占比为38.24%。其中认为不合理的人数占比高达38.24%，由此可知，目前学生对于学校设定的公共体育课程设置满意度很低，1/3以上的学生对课程的设置表示不满意。

从公共体育课程教学满意度分析：对公共体育课程教学非常满意的人数占比为10.92%，比较满意的人数占比为41.6%，基本满意的人数占比为38.66%，不满意的人数占比为8.82%。由表2-8可知，学生对公共体育课程教学非常满意的人数占比不高，只占总人数的10.92%，而对公共体育课程教学较为满意和基本满意的人数最多，人数占比相加高达80.26%。由学生对公共体育课程教学的评价情况得出，学生对公共体育课程教学的总体满意度不高，目前重庆市普通高校公共体育课程教学还有很大的上升空间，同时可以从侧面分析出重庆市普通高校公共体育课程教师的教学水平还有待提高。

2. 教师评价

教师，作为教育领域中的关键角色，被认为是课程的建设者和开发者。他们不仅仅是知识的传递者，更是教育的引领者和创新者。在课程建设过程中，教师扮演着重要的角色，本书通过针对重庆市13所普通高校中93名公共体育课程教师对教学过程中是否使用自编教材，学校是否开设线上体育理论课程，学校是否组建体育项目教师团队，公共体育课程建设的重要性，公共体育课程对学生养成良好锻炼习惯的重要性，教师的综合素质是否影响公共体育课程的建设，所在学校现有的公共体育场地设施是否完善以及学校对公共体育课程建设的重视程度的评价进行问卷调查，并对问卷调查的最终数据总结分析得出以下内容：

公共体育课程教师在教学过程中使用自编教材的学校占比为50.54%，开设线上课程的学校占比为30.11%，组建课程项目团队的学校占比为50.54%。由此可以分析出，目前重庆市普通高校公共体育课程教学资源尚不完善，自编教材的使用率和课程项目教师小组的组建覆盖率只占所有普通高校的一半左右，而线上课程的开设情况更不容乐观，只有1/3左右的高校已开设。

根据问卷调查设定的以下问题：公共体育课程的重要性，公共体育课程对学生养成良好锻炼习惯的重要性，教师的综合素质是否对公共体育课程的建设有影响，所在学校现有的公共体育场地设施是否完善以及学校对公共体育课程建设的重视程度的所得数据得知，有88.17%的体育教师认为公共体育课程的建设非常重要,还有 88.17% 的教师认为教师的综合素质对公共体育课程的建设和对学生养成良好的锻炼习惯有重大影响。但从目前重庆市普通高校公共体育课程的场地设施建设情况和学校重视程度上来看,只有 11.83% 的体育教师认为所在学校的体育场地设施非常完善,同时也只有 11.83% 的体育教师认为所在学校对公共体育课程的建设非常重视。

由以上针对重庆市普通高校公共体育课程的建设、体育教师对公共课程建设的重要性的数据评估,以及针对公共体育课程对学生的影响的深入分析,可以明确感受到公共体育课程建设的紧迫性和必要性。这一数据不仅彰显了公共体育课程在学生全面发展中的关键作用,还明确了强化公共体育课程教师队伍建设的重要性。进一步审视目前重庆市普通高校在公共体育场地设施方面的配置以及学校对公共体育课程建设的投入程度不难发现,认为学校体育场地设施非常完善和所在学校对公共体育课程建设非常重视的教师人数只占 11.83% 。由此可以反映出体育教师对公共体育课程建设的重视程度和学校公共体育课程的建设现状不成正比,表明重庆市普通高校公共体育课程建设还存在诸多的不足。

综上所述,大部分教师认同公共体育课程的重要性,并认为教师的综合素质对公共体育课程建设有影响,同时公共体育课程建设对学生养成良好锻炼习惯有帮助。然而,学校在体育场馆设施的投入和学校的重视程度等与教师教学的需求呈现不对等情况。

三、重庆市普通高校公共体育课程建设影响因素分析

(一)政策响应程度

重庆市普通高校在《全国普通高等学校体育课程教学指导纲要》的指导下,在长期的发展过程中虽然有了一定的进步,但本书在师资力量、课程设置、课程内容、课程考核、课程评价等方面的深入调研显示,各高校公共体育课程建设水平仍存在一定的差异。面对新时期普通高校公共体育

课程要求，重庆市各个高校公共体育课程建设还需要进一步加强对政策的响应和落实程度，提高公共体育课程建设的质量和效果。

(二)教学资源配置

从高校体育场馆设施完善情况来看，大部分高校学校经费不足和学校规模受限，导致公共体育课程场地设施建设不全面，难以满足学生对体育锻炼的需求。另外，公共体育课程的在线课程资源和体育理论教学资源建设覆盖率不足，只有少数高校开设了在线体育理论课。

(三)课程设置情况

重庆市普通高校对公共体育课程的重视程度不足，造成设定的开课周期时长不足，绝大多数高校仅限于 2—4 学期，难以有效培养学生终生锻炼的习惯。同时，大部分高校在课程学时学分设置上不满足《高等学校体育工作基本标准》规定的 144 学时的要求。另外，在设置选课形式上，部分高校还采用统一课程的形式，限制了学生对课程项目选择的主观能动性。根据调研结果，重庆市普通高校公共体育课程设置不够合理。

(四)课程内容创新

目前重庆市公共体育课程教师人力资源不足，体育教师需要教学多个体育项目课程，在任务量增加的情况下教学质量肯定会随之下降。教师参与教研交流的机会不多，教师团队中缺少博士高学历教师。新兴体育项目和民族体育项目的教师严重缺乏，导致公共体育课程开设的体育项目数量不足，且开设的体育项目过于局限，新兴体育项目和民族体育项目的开设没有得到普及。如游泳、射艺、攀岩、舞龙舞狮等，尽管这些体育项目属于小众范畴，但恰恰是这种独特性，使它们在激发学生的学习兴趣和热情方面具备显著优势。这些项目因新颖性和挑战性，展现出巨大的发展潜力，并在学生中收获了极高的评价。然而，值得注意的是，如游泳和轮滑等需要特定场地的项目,由于学校场地设施的限制,难以得到广泛开设。在我们的调查中,仅有8所高校提供了游泳课程,且这些课程仅在夏季的5—6月进行,课时安排也相对较少。这种情况凸显了学校在场地设施建设方面的不足,以及进一步扩展和丰富体育课程内容的必要性。

(五)课程考核占比

学校对公共体育课程建设的重视程度不足,导致课程考核仅局限于考勤、身体素质、专项期末考试和课外锻炼4部分。在调查的13所高校中,部分高校课程考勤考核分值占比和课外锻炼考核分值占比都比较低,其中有8所高校的课外锻炼考核分值占比仅为10%,还有2所民办高校并没有将课外锻炼纳入考核。这反映了高校对学生课外锻炼的要求较低,对学生课外体育锻炼不够重视,难以有效实现培养学生终身锻炼的习惯。

四、小结

公共体育课程作为高等教育的重要组成部分,不仅能够提高学生的体质,还能为全面塑造学生素质,弘扬社会主义核心价值观提供关键平台。在本书研究中,笔者得出的主要结论如下:

1. 重庆市普通高校在学校规模、公共体育场地以及器材设施方面存在相对不足的情况。这种短缺不仅限制了学生参与体育运动的频率和机会,同时制约了部分体育项目的开设,从而影响了大学体育项目的多样性和丰富性。当前,体育场馆和器材设施的状况仅能满足基本的体育教学需求,尚需进一步改善以支持学生更广泛的体育参与和多样化的体育项目发展。

2. 重庆市普通高校在公共体育课程设置上,存在一系列待优化的问题。首先,多数高校课时学分分配偏少,未能充分满足学生的学习需求。其次,课程类型显得较为单一,缺乏多样性,无法全面覆盖学生的体育兴趣和需求。再次,学生课外体育锻炼的形式较少,且部分学生缺乏参与课外体育锻炼的自觉意识。最后,部分高校在课程选课设置上仍过于传统,限制了学生选课的主观性和灵活性,不利于学生个性化发展。这些问题亟待解决,以提升公共体育课程的质量和效果。

3. 重庆市普通高校在公共体育建设的内容规划上,目前主要还是围绕传统体育项目,新兴及特色项目的普及度明显不足,这在一定程度上限制了学生体育兴趣的全面满足。总体来看,当前提供的体育项目仅能基本满足学生的基础需求。同时,各高校在体育理论课程的设置上亦不尽如人意,这在一定程度上削弱了体育理论知识对学生的影响。因此,有必要对公共体育课程内容进行进一步优化和丰富。

4. 重庆市普通高校在公共体育课程的考核评价机制上显得较为单一和传统,过于侧重结果性的评价,而忽视了对学生阶段性成长和过程性发展的考量。当前的评价体系主要聚焦于运动技术的达标情况,未能充分考虑学生的个体差异和进步幅度,这在一定程度上可能对部分学生的心理造成负面影响。此外,从学生课外锻炼的考核占比来看,多数高校在课外锻炼的形式和途径上设置地不够全面,这也间接反映了学校对公共体育课程建设的重视度不足,导致公共体育课程建设进展缓慢。因此,有必要对公共体育课程的考核评价体系进行全面优化,以更好地促进学生的全面发展。

5. 重庆市普通高校在公共体育教师队伍的建设上显得较为薄弱,主要体现在教师数量相对不足,导致教师承担的教学工作量偏大,进而影响了教学质量的提升。从学历结构来看,虽然多数教师具备硕士或本科学历,但拥有博士学历等高层次教育背景的教师比例偏低。在职称方面,尽管讲师和副教授占多数,显示出相对合理的职称结构,但专业的新兴体育项目教师却极为匮乏,这一现状极大地制约了新兴体育项目在校园内的普及与发展。因此,加强公共体育教师队伍的建设,特别是引进和培养具备高学历和专业技能的新兴体育项目教师,是当前重庆市普通高校亟待解决的问题。

第三章　重庆市高职院校公共体育课程教学质量现实诊断

一、被调查对象选取及数据来源

（一）被调查对象选取

笔者以重庆市高职院校公共体育课程教学质量为研究对象，以重庆工商职业学院、重庆电子工程职业学院、重庆工程职业技术学院、重庆航天职业技术学院、重庆旅游职业学院等15所高职院校公共体育课程的教师和在籍学生为被调查对象。

（二）数据来源

笔者在高职院校样本的选择上，首先通过资料的查询与收集，筛选了30所体育教学背景较全面的院校；鉴于高职院校办学形式的多样性以及分布情况，并且考虑到取样的代表性，故在全市30所高职院校中抽取具有代表性的15所公办或民办高职院校作为样本。此次调研共计发放教师问卷79份，回收79份，回收率100%，剔除6份无效问卷后，问卷有效率92.4%；发放学生问卷1100份，回收1100份，回收率100%，剔除130份无效问卷后，问卷有效率88.2%。

1. 问卷的信度检验

本书通过 spass 软件对问卷数据进行分析，其中一般采用克隆巴赫 α 系数来衡量问卷信度，如表 3－1、表 3－2 所示，该指标系数越高，则问卷的可靠性越高，越具有稳定性。

表 3－1　学生问卷克隆巴赫信度分析

问题	校正项总计相关性（CITC）	项已删除的 α 系数	克隆巴赫 α 系数
您认为教师上课的积极性如何？	0.910	0.866	
您认为教师在授课的过程中关注学生吗？	0.671	0.885	
您认为教师的教学能否激起您的学习兴趣？	0.609	0.889	
您认为教师知识的重难点表达准确吗？	0.587	0.891	
您认为教师讲解的内容是否能完全理解？	0.562	0.892	
您认为教师的教学方式是否单一？	0.614	0.889	0.897
您认为您的教师授课专业水平如何？	0.668	0.886	
您觉得学校的公共体育课程对您是否有吸引？	0.593	0.890	
您对学校管理程序了解程度如何？	0.641	0.887	
您认为教师的教学对您运动技能的学习有帮助吗？	0.568	0.892	

表 3－2　教师问卷克隆巴赫信度分析

问题	校正项总计相关性（CITC）	项已删除的 α 系数	克隆巴赫 α 系数
您认为学生上课的学习主动性情况如何？	0.960	0.890	
您觉得您能够积极引导学生，提供个性化的指导和反馈吗？	0.778	0.910	
您认为学生对该课程的兴趣程度如何？	0.641	0.923	0.924
您认为学校为学生提供参与体育活动的机会如何？	0.649	0.923	
您认为学生通过课程学习后去参与体育活动的积极性高吗？	0.637	0.920	

由表3－1和表3－2数据可知，从相关性来说，教师和学生问卷CITC均高于0.3，说明各项之间相关性较高。学生问卷克隆巴赫α系数为0.897，教师问卷克隆巴赫α系数为0.924，均高于0.8，说明该问卷数据的可靠性较高。

2. 问卷的效度检验

如表3－3所示，为保证问卷的质量，本书邀请了校内校外共5位相关方面的专家对问卷的内容效度进行评价和指导，并基于专家要求进行了进一步修改。问卷合格率达到80%，说明“重庆市高职院校公共体育课程教学质量调查问卷”内容效度达到要求，可进行发放。

表3－3 内容效度检验专家名单

序号	姓名	单位	职称
1	高老师	安徽师范大学	副教授
2	徐老师	西南大学	副教授
3	汪老师	武汉体育学院	副教授
4	胡老师	南京体育学院	教授
5	仰老师	重庆邮电大学	教授

从结构效度来看，如表3－4所示该问卷KMO（检验统计量）值为0.889，显著性值为0，说明该问卷结构效度较高。

表3－4 KMO和巴特利特的检验

	项目	数值
KMO值		0.889
巴特利特球形度检验	近似卡方	488.429
	自由度	66
	显著性	0.000

二、学校视角下重庆市高职院校公共体育课程教学质量现状分析

(一)公共体育课程设置现状

高职院校的公共体育课程是推进学生身心健康发展的重要部分,该课程的科学设置,促进高职院校全面落实立德树人任务,也是国家培养身体健康高素质人才的保障,并且课程设置状况直接关系到学生的学习体验和效果。通过调查高职院校公共体育课程的设置情况,以探讨该课程是否满足学生需求。

课程设置主要包括课程结构、课程内容和课程计划,是教育的核心环节,涉及学生的学习成果和未来发展。本书主要从课程种类、课程课时、考核情况以及课程比例情况来展现当前高职院校公共体育课程设置情况。

1. 公共体育课程种类情况

2014 年教育部印发的《高等学校体育工作基本标准》明确提出为深入推进课程改革,合理安排教学内容,高校开设不少于 15 门体育项目,其中还规定对部分身体异常和病、残、弱及个别高龄等属特殊群体的学生,开设以康复、保健为主的体育课程。[1] 这就要求学校充分了解学生兴趣,有机统一新兴项目和传统项目以及地方特色项目的开设,并对它们进行充分改造与利用。

如图 3－1 所示,在体育课程种类方面,重庆市高职院校设置了足球、篮球、羽毛球等多种运动项目的体育课程供学生选择。但从 15 所高职院校的课程配置来看,对三大球和三小球此类传统项目所有院校均有开设,而对飞碟、健美操、游泳等项目,开设学校较少。究其原因,可能传统三大球与三小球类课程趣味性高,便于授课,所以更受各类高职院校喜爱;而

---

〔1〕 参见《教育部关于印发〈高等学校体育工作基本标准〉的通知》,载中华人民共和国教育部网 2014 年 6 月 12 日,http://www.moe.gov.cn/srcsite/A17/moe_938/s3273/201406/t20140612_171180.htm。

其他项目的体育课程可能由于课程资源的问题,部分院校无法开展此类项目,因而难以满足学生需要。

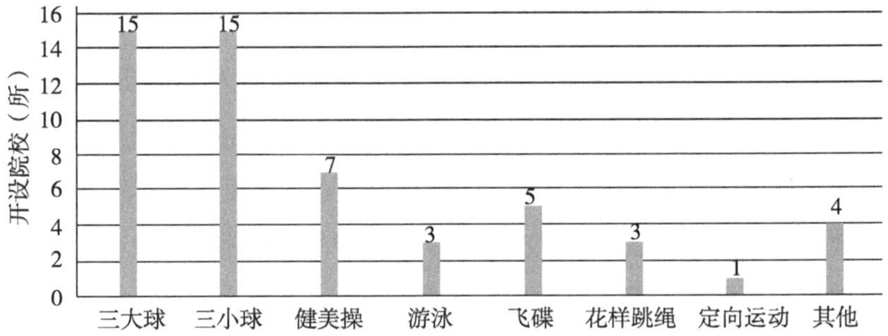

图 3－1　学校开设公共体育课程种类情况

由此可知,大部分高职院校在运动课程种类上所体现出来的多样性不够,远远没达到《高等学校体育工作基本标准》的要求,高职院校在公共体育课程种类上有待增加。

2. 公共体育课程课时及考核情况

《高等学校体育工作基本标准》明确指出,必须为一、二年级本科学生开设不少于 144 学时(专科生不少于 108 学时)的体育必修课,每周安排体育课不少于 2 学时,每学时不少于 45 分钟。通过调查,重庆市高职院校公共体育课程每学期课时安排均为约 10—18 次课,每次课进行一节 1.5小时的体育课程安排,基本满足学生在校的日常需求。在体育成绩评定方式方面,高职院校采用了技能考核、体能测试、平时表现等综合评定的方式,确保了评定的公平性和公正性,得到了学生的广泛认可和支持。

3. 课程实践与理论比例情况

体育理论课也是公共体育课程中必不可少的一部分,理论课可以提升学生对体育的热度与兴趣,加深或改变学生对体育的认识。因此,在体育实践教学中,要适当向学生普及与体育相关的理论知识以供学生学习。从表 3－5 的数据可以看出,有 12.32% 的教师在一节课中给学生的课程实践学习时间占比为50%,13.70%的教师给学生的课程实践学习时间占比为60%,27.40%的教师给学生的课程实践学习时间占比为70%,有35.62%的教师在一节课中给学生的课程实践学习时间高达80%或90%,甚至有10.96%的教师将整节课完全放任给学生课程实践学习。

表3-5　学生课程实践学习占比情况

名称	选项	频数(人)	百分比(%)
您在上课时,学生课程实践学习时间一般占一节课程总时间的比例	50%	9	12.32
	60%	10	13.70
	70%	20	27.40
	80%	14	19.18
	90%	12	16.44
	100%	8	10.96
合计		73	100.00

由此可知,学生课程实践学习时间情况比较复杂,本书认为学生课程实践学习时间比例情况可能与学生对理论知识的认知不足或教师教学方法不当有关。因此,在理论教学与实践教学比例方面,虽然实践教学较受欢迎,但理论教学也必不可少,高职院校应适当调整理论与实践教学的比例,加强理论教学的趣味性和实用性,以提高学生的学习兴趣和效果。

(二)公共体育课程教学资源现状

教学资源是体育课程高效实施的重要保障,也是进行一切教学活动的物质基础,它包括人力、财力、物力等有利于体育教学的各种财富。下文对高职院校体育场地设施、校园体育活动的开展、师资力量以及教师科研情况进行分析。

1. 场地设施及体育活动开展情况

如表3-6所示,从15所高职院校的三大球、三小球以及田径场的场地设施来看,学校基本能满足在校生的日常锻炼和教学的需要。但从多样性来看，大部分学校可能由于财力或校园占地面积等原因，除以上场地设施外，健身房、游泳馆等场馆较少，为此高职院校可适当增加教学设施以提高教学质量。

表 3－6　教学资源情况

教学场地	三大球场地	三小球场地	田径场	游泳馆	操场	健身房
学校数量	15	15	15	3	7	3

课外体育活动是对公共体育课程教学效果的另一种反馈形式，同时是对教学目标的一种实践。如图 3－2 所示，高职院校定期组织各类课外体育活动，如各种球类比赛、运动会等，以丰富学生的课余生活，并且这些活动得到了丰富的体育器材、场地和经费支持，使学生能够积极参与体育运动并取得良好的运动成绩。

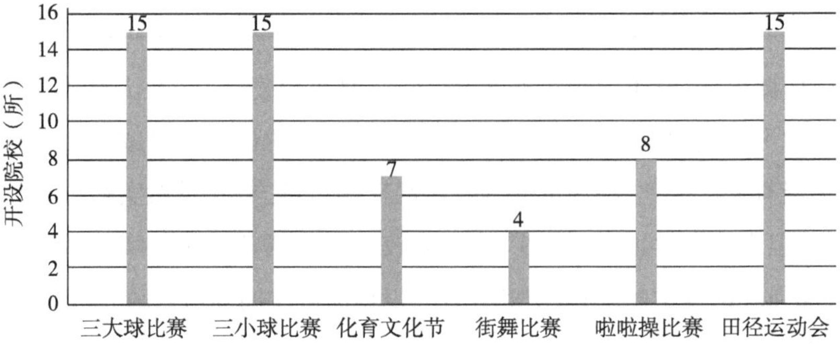

图 3－2　学校体育活动开展情况

2. 师资学历与职称情况

由图 3－3 可以看出，在学历结构上，教师队伍结构单一，主要是由硕士研究生组成。其中，本科学历的教师 12 人，硕士研究生学历的教师 59 人，博士研究生学历的教师 2 人。虽然大部分教师拥有硕士研究生学历，但严重缺乏博士研究生学历的教师，在教学科研方面缺乏带头人，从而使教师整体的科研水平提升较慢，反映了高职院校在师资队伍学历建设上有待提高。师资队伍学历滞后的原因可能主要是各高职院校初期并没对入编教师有学历的硬性要求，而在后期又对教师在进修和再学习上没有足够的重视。

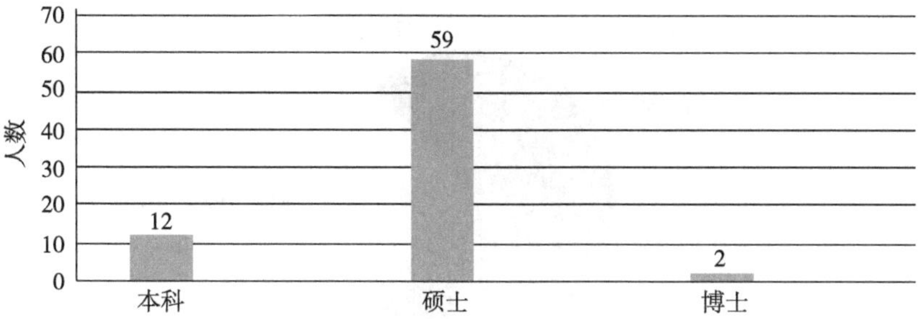

图 3－3　高职院校师资学历情况调查

职称可以衡量一名体育教师学术与专业水平的高低。从教师职称来看，如图 3－4 所示，助教与讲师数量居多，而教授只有 5 人，副教授有 13 人。由此可知，高职院校高水平的学术带头人较少，原因可能与学校为满足教学需要，引进年轻教师较多有关。年轻教师对教育事业饱含热情，容易与学生建立良好的师生关系，可以给学生带来更好的教学体验，但是这些教师在教学以及科研方面经验较少，需要加大对他们的培养。

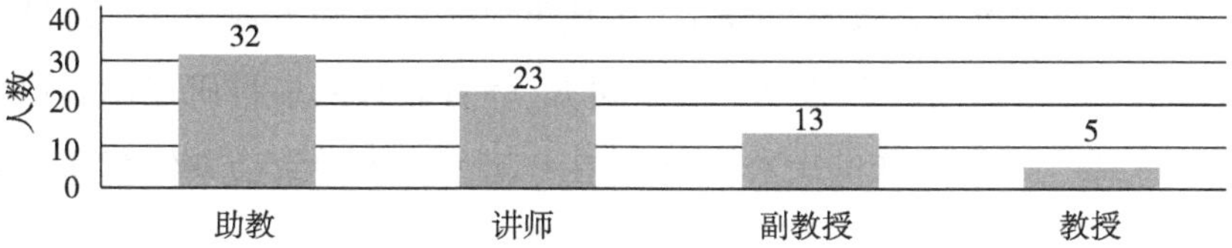

图 3－4　高职院校教师职称结构

3. 教师参加培训与进修情况

从培训与进修角度来看，这些院校的教师非常重视专业素质的培训和进修。如图 3－5 所示，一直参加培训与进修的教师占比 36%；经常参加培训与进修的教师占比 27%；偶尔参加培训与进修的教师占比 25%；没有参加培训与进修的教师占比 12%。由此可知，每年有近 90% 的教师参与各种形式的培训，这有助于他们提升教学水平，更新教学理念，并保持与体育教育领域的最新动态同步,将理论和实践结合运用到教学中,不断提高教学水平。

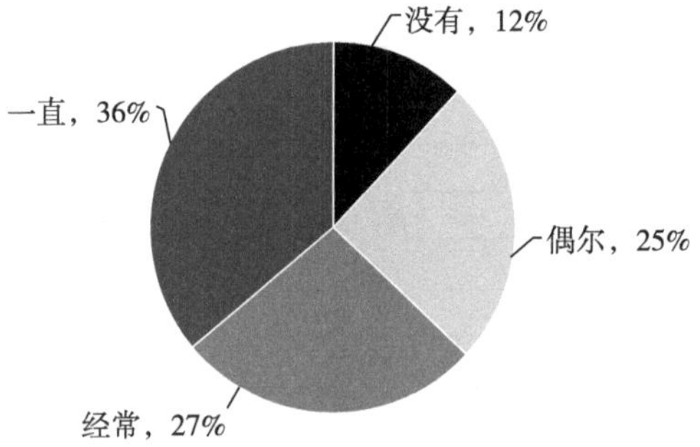

图 3－5　教师参加培训与进修情况

4. 教师科研情况

体育教师的科研能力同样是关乎教学质量的系列指标之一,教师可以通过在科研工作中汲取的经验与知识来促进教学,以教学实践带动科研,从而推进公共体育教学改革,进而提高公共体育课程教学的质量。

从图 3－6 的调查结果可得出,一直从事科研的教师人数为 10 人;经常从事科研的教师人数为 25 人;偶尔从事科研的教师人数为 21 人;没有从事科研的教师人数为 17 人。由此可知,体育教师从事科研工作的积极性不高,参与科研工作的次数较少,这在一定程度上导致公共体育课程的教学质量受到影响。

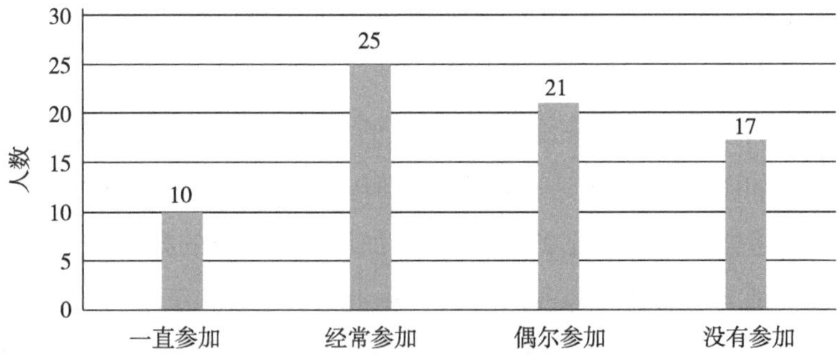

图 3－6　教师从事科研情况

(三)公共体育课程教学管理现状

在关于重庆市高职院校公共体育课程教学质量现状的调查中,教学管理是一个重要的评估方面,这涉及学生参与教学管理以及教学相关部门的配合情况等多个层面。学生作为教学管理的参与要素之一,对学校管理程序的了解程度,是否参与到学校教学管理环节等都会对教学管理的质量产生重要影响。

表3-7数据显示,在学生了解教学管理程序方面,学生对学校管理程序了解较少。4.95%的学生选择不了解学校体育教学管理程序,21.13%的学生选择不太了解学校体育教学管理程序。但从学校教学评估体系来看,学生每学期都有机会参与教学评估,这为学生提供了直接反馈教学质量的渠道。由此可见,部分学生并不认为参与教学评估就是参与教学管理,也间接表明学生参与学校教学管理的形式较少。

表3-7　学生对体育教学程序了解程度情况

名称	选项	频数(人)	百分比(%)
学校体育教学管理程序了解程度	不了解	48	4.95
	不太了解	205	21.13
	一般	366	37.73
	较了解	273	28.14
	很了解	78	8.04
合计		970	100.00

关于体育教学相关部门的配合情况如表3-8所示,调查发现有28.77%的教师认为关于体育课程的运作有关部门存在脱节的情况,31.51%的教师认为并不存在脱节,而剩余的39.73%的教师认为自己不清楚。这表明教务部门在课程安排与运作上的工作所得评价较低,使教学改革与优化难以快速高效运用到实处,因此各校的教学管理等方面还需要进一步加强。

表3－8 教师对学校体育教学程序了解程度情况

名称	选项	频数(人)	百分比(%)
学校各部门关于体育课程的运作相互脱节的现象	有	21	28.77
	无	23	31.51
	不清楚	29	39.73
合计		73	100.00

三、学生评价视角下重庆市高职院校公共体育课程教学质量现状分析

基于学生评价视角，从以下三个方面对重庆市高职院校公共体育课程教学质量进行调查：一是公共体育课程目标情况；二是公共体育课程教师教学态度情况；三是公共体育课程教师专业能力情况。

（一）公共体育课程目标情况

在关于重庆市高职院校公共体育课程教学质量现状的调查中，学生对课程目标的理解与认知情况，对学生积极参与并达成公共体育课程教学目标具有重要意义，同时是教学质量一个重要的考察点。

表3－9数据显示，仅有5.77%的学生深入理解公共体育课程的教学目标和课程目标，表明该部分学生知道应该在学习这门课程时达到什么效果，并了解课程旨在培养哪些能力和素质。8.97%的学生表示了解公共体育课程教学目标和课程目标，这将有助于他们在学习过程中更好地明确方向，提高学习效果。然而，33.61%的学生表示对于课程目标有所了解，但不清楚具体的教学目标，说明教师于授课过程中在对学生进行教学目标的传达时出现了问题而导致部分学生不了解教学目标，这将不利于学生的学习。27.53%的学生表示对课程目标和教学目标都缺乏明确的认识和了解，由此可知该类学生只是被动地参与公共体育课程学习，没有意识到体育课程对个人发展的重要性。24.12%的学生表示对教学目标有了解，但对课程目标不了解。

表 3－9　学生对课程目标与教学目标理解情况

学生编号	频数(人)	百分比(%)
了解教学目标和课程目标	87	8.97
了解教学目标,但不清楚课程目标	234	24.12
了解课程目标,但不清楚教学目标	326	33.61
教学目标和课程目标均不了解	267	27.53
对两者都有深入的理解和认识	56	5.77
合计	970	100.00

由表 3－9 可知,绝大部分学生在课程目标与教学目标的认知上都较为模糊,这将会造成学生和教师在教学过程中对有关问题的认识存在一定的偏差,导致学生在学习过程中难以把握重点和方向,这将不利于公共体育课程取得良好的教学效果。此问题可能与各高职院校对学生进行培养目标与教学目标的讲解与宣传力度不够有关。

(二)公共体育课程教师教学态度情况

教师教学态度是影响教学质量的重要因素之一,积极的教学态度促进学生更好地学习。对于教学态度主要从教师上课积极性和教师对学生的关注度两个方面的指标来进行调查分析,本书通过对学生的问卷调查,从中分析得出以下数据(见图 3－7)。

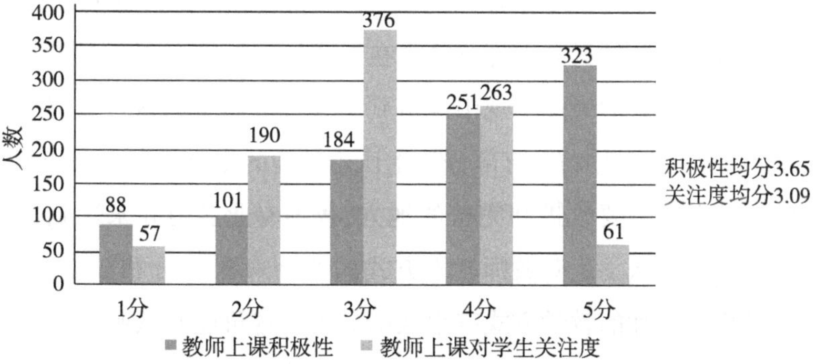

图 3－7　教师教学态度情况

由图 3 -7 可知,在学生对教师上课积极性的评价打分中,大部分学生打分在最高分 5 分,平均分为 3.65,由此可知,学生对教师上课的积极性评价较高。但在教师对学生关注度上,学生普遍给教师打 3 分,并且平均分为 3.09,由此可知在教师对学生关注度上,学生的满意度相对来说不是很高,说明部分学生认为自己在课程中并未得到教师应有的关注。

(三)公共体育课程教师专业能力情况

对于教师专业能力主要从教师的专业技术水平、教学重难点表述和教学方式情况三个方面进行分析,由学生这三个方面对教师的专业能力进行评估,以下为学生对教师评估情况的分析数据(见图 3 -8)。

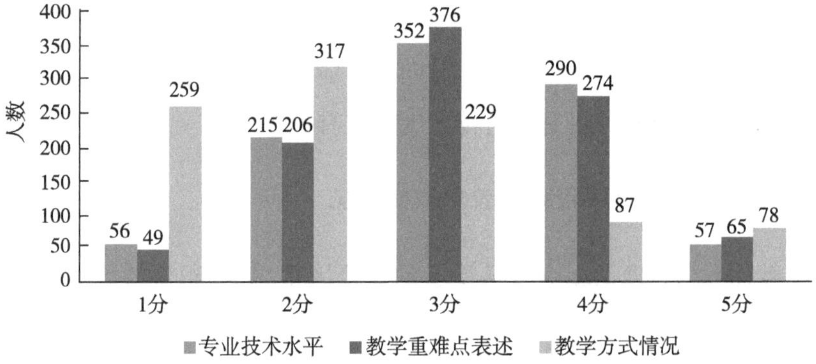

图 3 -8 教师专业能力情况

由图 3 -8 所知,从学生评价角度来看,教师教学的专业技术水平和教学重难点的表达的得分大部分集中在 3 分与 4 分,说明教师的专业技术水平与教学重难点的表达中规中矩得到了大部分学生的认可。但从得分在 1 分和 2 分的情况来看,有部分学生认为教师的专业技术水平和教学重难点的表达存在需要改进和完善的地方,教师专业能力并未达到学生对教师的期望值。从学生对教师教学方式的评分来看,1 分和 2 分居多,由此可知学生对教师的教学方式有很大的异议。这可能与教师千篇一律的教学计划有关,无法满足学生的个性化需求,使学生觉得教学方式缺乏新鲜感。由上文可知,在专业技能方面教师还有一定的提升空间,需要教师进一步改善与研究。

四、教师评价视角下重庆市高职院校公共体育课程教学质量现状分析

教师是公共体育课程的主导者,也是影响课程教学质量的决定性因素,因此基于教师评价视角对本书进行研究是非常有必要的。在教师评价视角下,本书将从以下三个方面着手去分析:第一,教师对公共体育课程目标的了解情况;第二,从教师对学生态度的认知,评价课程对于学生的吸引度;第三,从教师对学生行为的认知,评价学生的学习投入度与积极性情况。

(一)教师对公共体育课程目标了解情况

课程目标是体现高职院校本质与特色的重要方面。课程目标对培养对象提出相应的要求,是人才培养的顶层设计,为人才培养提供方向。因此,教师对课程目标的了解情况影响着人才培养的质量。

如表 3－10 所示,在被调查的教师队伍中,知晓公共体育课程目标的教师的比例可达到95.89%,只有4.11%的教师表明自己不清楚公共体育课程目标。部分教师对于教学目标的理解也存在偏差,使教学内容与实际需求脱节。由此可见,绝大部分教师能对所教学生进行精确的培养,这对学校教学工作的开展有很好的促进与推动作用,同时为教学质量的提升提供了保障。

表 3－10　教师对课程目标知晓情况

名称	选项	频数(人)	百分比(%)
学校公共体育课程目标	是	70	95.89
	否	3	4.11
合计		73	100.00

（二）学生对公共体育课程兴趣程度情况

兴趣是最好的老师，也是推动学生学习最有效的动力，是学生快速准确完成教师所布置任务的重要条件之一，进而使教学质量能够得到明显提升。本研究站在教师角度深入调查了重庆市高职院校学生对公共体育课程的兴趣程度，以教师对学生上课过程中学生的行为作为评价准则（见表3-11）。

表3-11　学生对公共体育课程感兴趣程度

名称	样本量	最小值	最大值	平均值	标准差	中位数
公共体育课程的兴趣程度	73	1.000	5.000	3.178	1.005	3.000

如表3-11所示，学生对公共体育课程比较感兴趣，但从平均兴趣程度数值来看，学生的兴趣程度不高，公共体育课程的设置以及学生的个人兴趣等因素可能会对兴趣程度产生影响。

（三）学生对公共体育课程的学习投入度情况

课堂教学是学生学与教师教的双边活动过程，但在这个过程中，学生是学习的主体，同时是体育动作技能学习的最重要部分。课堂的教学质量不仅要求教师的教学能力与教学态度，更需要重视的是学生对公共体育课程的投入情况。本书通过调查学生在公共体育课程中的学习主动性和课后参与体育活动的积极性情况，分析学生学习投入度（见表3-12）。

表3-12　学生学习投入度情况

名称	样本量	最小值	最大值	平均值	标准差	中位数
学生上课的学习主动性情况	73	1.000	5.000	3.726	1.283	4.000
学生课后参与体育活动的积极性	73	1.000	5.000	3.051	1.009	3.000

由表3-12可知，学生在上课过程中主动学习情况的平均分值为3.726，表明学生在课堂上表现的投入度较高；但课后积极参与活动的平

均值为3.051,说明学生参加体育活动的积极性较差。由上课学习主动性和课后参与活动积极性的均值对比可见,学生可能并不是因为喜欢体育课程而在课堂上主动学习,而是迫于学分以及绩点等学习压力而学习。

五、小结

1. 课程目标与教学目标方面。学生对教学目标和课程目标不清楚的人数较多,极少部分教师对课程目标认识不清,这说明高职院校在课程目标和教学目标的传达和落实上,还有待进一步加强。

2. 教学资源与课程设置方面。体育设施建设滞后,缺失各类场馆,公共体育课程种类数量相对较少;并且在理论教学与实践教学比例方面,实践教学部分占据主要地位,忽视了公共体育课程的理论教学。因此,高职院校在理论教学与实践教学比例方面仍有待改进和完善。

3. 教学管理方面。学生不了解教学管理程序,无法为教学管理存在的不足提供建议,并且各部门之间对于公共体育课程的运作与协调配合能力较弱。

4. 师资队伍与教师专业能力。教师多数为硕士研究生学历,本科学历较少,没有博士研究生,师资结构单一,并且教师从事科研积极性不高,教学方式不受学生喜欢,这在一定程度上影响了教学质量。

5. 学生投入度方面。学生在公共体育课堂上学习主动性较高,但实际参与课后体育活动积极性不高。

第四章　重庆市普通高校公共体育课堂教学质量现实诊断

一、重庆市普通高校公共体育课堂教学质量被调查对象基本情况

（一）被调查对象选取及数据来源

1. 被调查对象选取

本研究以重庆市普通高校公共体育课堂教学质量为研究对象，选取重庆市内高校如重庆大学、西南大学、重庆邮电大学等，以 14 所本科高校的 301 名公共体育教师（见图 4－1）和 22 所本科高校的 3308 名非体育专业学生（见图 4－2）为被调查对象，进行调查问卷的发放与回收。

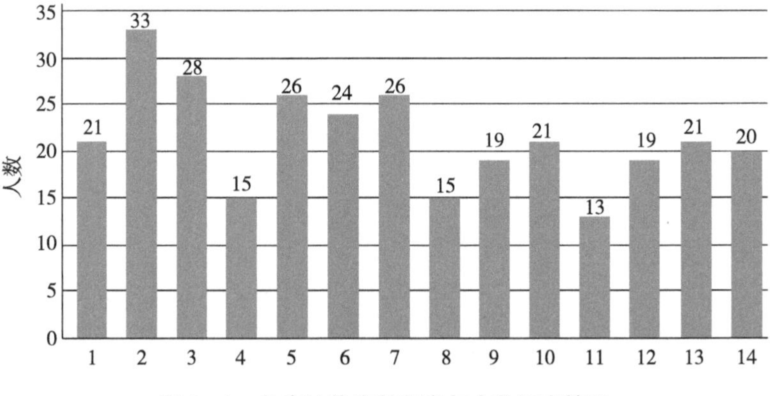

图 4－1　各高校体育教师参与人数调查情况

由于图表布局大小问题，现以数字代替学校名称。依次排序为：1——重庆邮电大学，2——西南大学，3——重庆大学，4——重庆医科大学，5——重庆师范大学，6——重庆理工大学，7——重庆交通大学，8——四川外国语大学，9——重庆文理学院，10——重庆三峡学院，11——重庆第二师范学院，12——重庆城市科技学院，13——重庆人文科技学院，14——重庆移通学院。

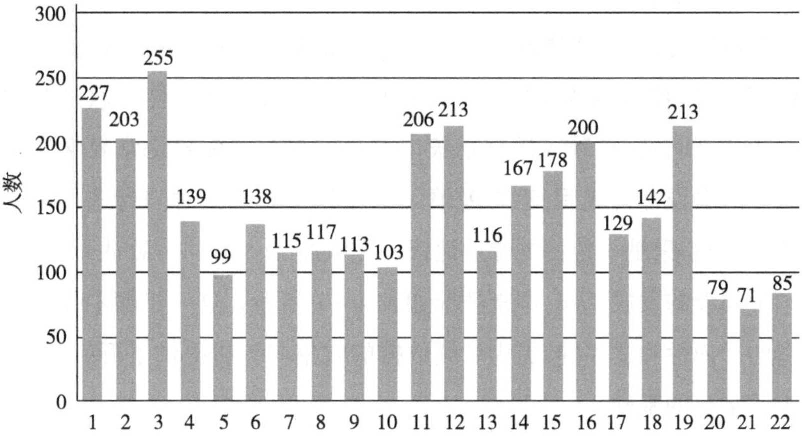

图 4－2　各高校学生参与人数调查情况

由于图表布局大小问题，现以数字代替学校名称。依次排序为：1——重庆大学，2——西南大学，3——重庆邮电大学，4——重庆医科大学，5——西南政法大学，6——重庆师范大学，7——重庆文理学院，8——重庆三峡学院，9——重庆人文科技学院，10——重庆工商大学，11——重庆交通大学，12——重庆第二师范学院，13——重庆城市科技学院，14——四川外国语大学，15——重庆移通学院，16——重庆科技大学，17——长江师范学院，18——四川美术学院，19——重庆理工大学，20——重庆机电职业技术大学，21——重庆对外经贸学院，22——重庆工程学院。

2. 数据来源

为深入了解重庆市普通高校公共体育课堂教学质量的真实状况，本书制定了两份调查问卷。一是"重庆市普通高校公共体育课堂教学质量体育教师调查问卷"，专为公共体育教师定制，旨在揭示教师在公共体育课堂中的实际教学情况和面临的挑战。二是"重庆市普通高校公共体育课堂教学质量学生调查问卷”，从学生角度出发，收集他们对公共体育课堂的直观感受与观点。此次调查对重庆市14所本科高校公共体育教师以及22所本科高校公共体育课程学生采用网上发放调查问卷的方式进行，其中各高校回收问卷具体数量（调查人数）见图4－1、图4－2。

（1）效度检验

在研究过程中，严格遵循体育科研方法和社会学问卷设计的规范，力求研究的精确性和实效性。为此，本书精心设计了针对体育教师和学生的两套调查问卷，以深入探究重庆市普通高校公共体育课堂教学质量的现状。问卷设计完成后，笔者邀请了相关领域的专家对问卷进行了效度评估，并虚心采纳了他们的专业建议。在获得专家们的一致认可后，正式启动了问卷的发放工作，调查情况如表4－1所示。这一步骤不仅确保了问卷的严谨性和适用性，更为后续数据的收集与分析提供了可靠的支撑，奠定了坚实的基础。

表4－1 专家构成情况

专家职称	人数	%
教授	3	33.33
副教授	6	66.67

为确保问卷的可行性和标准化，首先进行了详尽的逻辑有效性分析。在此过程中，采用了5级评分方法，范围从“非常完善”到“非常不完善”，对问卷的基本结构和内容进行了仔细和全面的评估。同时，邀请了9位专家对问卷初稿进行审查，并根据他们的专业意见和建议，对问卷进行了多次精细的修改和完善。经过专家们的评审和笔者的精心修订后，问卷的有效性检验和评价如表4－2所示，表明问卷的结构设计已达到标准化要求，并且兼具科学性和合理性。因此，这份问卷完全能够胜任此次调查的核心任务，为我们深入揭示重庆市普通高校公共体育课堂教学质量提供坚实而可靠的数据支持。

表 4-2　问卷效度检验统计

	非常完善		完善		基本完善		不完善		非常不完善	
	人数	%	人数	%	人数	%	人数	%	人数	%
问卷结构	1	11.11	3	33.33	5	55.56	0	0	0	0
问卷设计	2	22.22	4	44.44	3	33.33	0	0	0	0
整体设计	1	11.11	6	66.67	2	22.22	0	0	0	0

(2)信度检验

信度是衡量测量结果稳定性的重要标准,常用克隆巴赫 α 系数来评估。当该系数超过 0.7 时,问卷被认为具有较高的信度,意味着测量结果可靠且一致,适合进行后续分析;若低于 0.7,则需对问卷或样本量进行相应调整,以保证研究结果的准确性。

本书采用 SPSS 27 软件对问卷信度进行了计算,结果显示体育教师问卷的克隆巴赫 α 系数为 0.861,而学生问卷更是高达 0.915,均远超 0.7 的标准,表明本研究使用的调查问卷信度良好。此外,表 4-3 和表 4-4 中的数据也进一步证实了这一结论,为后续深入分析提供了可靠的数据基础。

表 4-3　重庆市普通高校公共体育课堂教学质量体育教师量表信度分析摘要

分量表题	项数	克隆巴赫 α 系数
T1	6	0.744
T2	2	0.910
T3	6	0.819
T4	3	0.823
T5	4	0.700

注:T1、T2、T3、T4 和 T5 分别代表专业背景与科研能力、教学方法与教学内容、执教能力与职业热情、教学目标与效果、教学管理的现实诊断情况。

表4－4　重庆市普通高校公共体育课堂教学质量学生量表信度分析摘要

分量表题	项数	克隆巴赫 α 系数
T1	4	0.851
T2	3	0.897
T3	3	0.931
T4	2	0.779
T5	7	0.808

注：T1、T2、T3、T4 和 T5 分别代表运动认知与兴趣、学生课堂学习态度、学生课堂学习效果、第二课堂体育锻炼情况、教学管理的现实诊断情况。

（二）被调查人口的统计学特征分析

1. 体育教师的人口统计学特征分析

从性别分布来看（见图4－3），男性教师占多数，比例达67.1%，而女性教师则占32.9%，显示出体育教师队伍在性别构成上有所倾向。在学历层次方面（见表4－5），大部分教师具备硕士研究生学历，占比高达76.7%，这显示了体育教师队伍整体的高学历水平。相比之下，博士研究生学历的教师占比较小，仅为4.3%，表明高学历人才在体育教师队伍中尚属稀缺。在年龄结构上（见表4－6），中年教师（41—50岁）为主体，占比达41.5%，他们在教学经验和管理能力方面拥有一定优势。年轻教师（30岁以下）的占比相对较少，为13.3%，这可能意味着年轻教师的培养和发展还需进一步加强。从教龄分布来看（见图4－4），教龄在11—20年的教师占比较大，为45.0%；教龄超过30年的教师占比较小，为8.2%；其余教龄段的教师分布相对均衡，这体现了体育教师队伍教龄结构的多样性。在职称结构上（见表4－7），讲师职称的教师数量最多，占比达到59.5%，成为体育教师队伍的中坚力量；正高级职称的教师较少，仅占4.7%；副高级职称和助教职称的教师分别占比23.6%和12.3%。这一职称结构反映了体育教师队伍在专业发展上的不同阶段和层次。

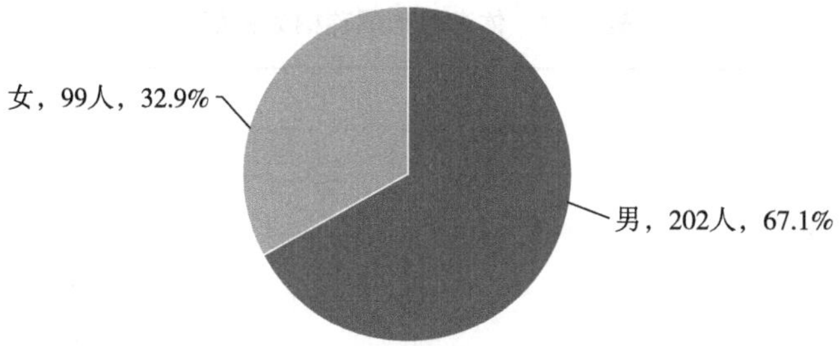

图 4－3　体育教师人口性别构成比例

表 4－5　被调查对象学历分布特征

学历	N	%
博士研究生	13	4.3
硕士研究生	231	76.7
本科	57	18.9

注：N＝301 人；%＝100。

表 4－6　被调查对象年龄分布特征

年龄段	N	%
30 岁以下	40	13.3
31—40 岁	105	34.9
41—50 岁	125	41.5
51 岁以上	31	10.3

注：N＝301 人；%＝100。

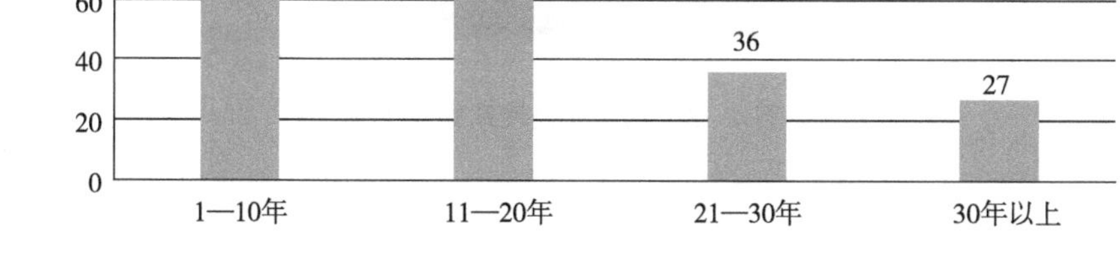

图 4－4　教师教龄构成分布

表 4－7 体育教师职称构成特征

职称	N	%
教授	14	4.7
副教授	71	23.6
讲师	179	59.5
助教	37	12.3

注:N=301 人;% =100。

2. 学生的人口统计学特征分析

此次被调查学生总数为 3308 人,在性别分布方面(见图 4－5),男女比例呈现出相对均衡的状态,其中男性学生占比 54.1%,女性学生占比 45.9%。在年级分布上(见表 4－8),2023 级占比达到 56.7%,有 1877 人;其次占比较大是 2022 级为 32.7%,有 1083 人;其余则为 2021 级、2020 级,年级构成以 2023 级为主。在所学专业分布上(见图 4－6),占比最多的是教育学专业,为 32.2%,有 1065 人;历史学占比较少为 0.1%,有 4 人,被调查对象中专业分布以教育学为主。在体育课程项目分布上(见表 4－9),占比最多的是小球类,为 40.1%,有 1326 人;其次是大球类,占比为 23.4%,有 773 人;游泳占比最少,为 1.5%,有 48 人;其他体育课项目分布相对较为平均。

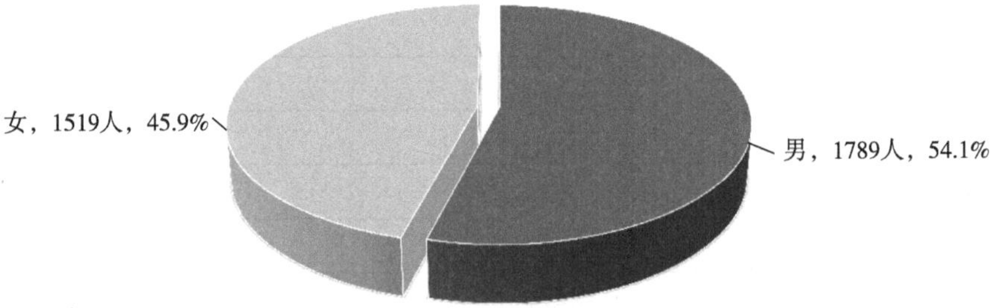

图 4－5 学生人口性别构成比例

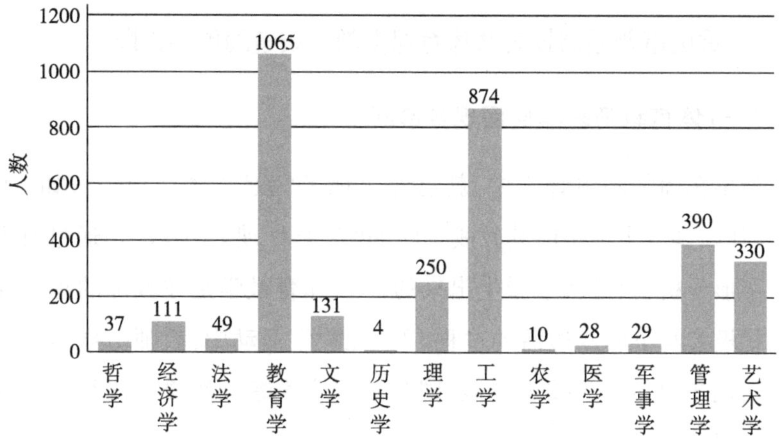

图4-6 学生所学专业构成分布

表4-8 学生所在年级分布特征

年级段	N	%
2020级	185	5.6
2021级	163	4.9
2022级	1083	32.7
2023级	1877	56.7

注:N=3308人;%=100。

表4-9 学生所学体育课项目分布特征

体育项目	N	%
大球类(篮球、足球、排球等)	773	23.4
小球类(乒乓球、羽毛球、网球、垒球等)	1326	40.1
健体类(瑜伽、健美操、体育舞蹈、啦啦操等)	427	12.9
武术类(健身气功、太极拳、跆拳道等)	347	10.5
游泳	48	1.5
其他	387	11.7

注:N=3308人;%=100。

二、重庆市普通高校公共体育课堂教学质量的现实诊断

(一)体育教师教学层面现实诊断

最早在商朝的甲骨文中,就已经出现了“教”“学”二字,教如“丁酉卜,其呼以多方小子小臣其教戒”,学如“壬子卜,弗酒小求”。通过对甲骨文的字形分析,教是从学派生出来的。[1] 体育教学是在教师的指导和学生的积极参与下的双边活动过程。[2] 在教学活动中,教师引导学生学习科学文化知识与运动技术技能,同时注重培养综合素质。这些活动不仅传授知识技能,还锻炼学生能力,为学生未来发展打下坚实基础,培养学生成为社会的栋梁。体育教学由教师和学生共同参与的任务是向学生传授体育知识、技术与技能,有效地发展学生身体,增强学生体质,培养学生道德意志品质。[3] 体育教师的教学重点集中在体育课堂上,这是学校体育教育得以实施的关键阵地,也是达成全面教育目标的核心环节。本书将体育教师教学层面主要分为专业背景与科研能力、教学方法与教学内容、职业态度与教学热情、教学目标与教学效果四个方面,从这四个方面的现实状况加以分析。

1. 专业背景与科研能力

高校体育教师提升各自教学技能及科研能力是维系共同体协同深度学习的纽带,体育教师学习共同体作为教师共同体的一部分,其特征在于高校体育教师的专业背景,即自身特征更为鲜明。[4] 在高校师资队伍建设中,专业背景是基础,它影响课堂教学质量和高校发展。体育教师的学

---

〔1〕 参见陈旭远主编:《课程与教学论》,东北师范大学出版社2002年版,第65页。

〔2〕 参见董翠香、胡晓波、茹秀英:《中国基础教育体育课程改革对体育教学改革的启示》,载《北京体育大学学报》2003年第3期。

〔3〕 参见韩英、曹子英:《高职体育对学生身心素质作用实效分析与对策研究——以西南地区高职学生调查分析为例》,载《牡丹江大学学报》2023年第8期。

〔4〕 参见何超、汤卫东:《高校体育教师学习共同体构建路径研究》,载《体育与科学》2024年第2期。

历、知识、经验、创新和科研能力对课堂教学有不同程度的影响。要提升课堂教学质量,必须重视并优化这些能力。总而言之,教师教研能力是高等学校教师队伍建设必须具备的基础要求,也是教学质量的基本保障,它包括学科专业水平、科研能力、创新能力、教学经验等方面。体育教师师资结构可以在一定程度上反映一所大学公共体育教学和科研的水平及发展潜力,甚至影响师资队伍的稳定性和继承性。

据调查数据(见表4－10),被调查的重庆市普通高校体育教师中,98.3%的体育教师认为学校有新教师岗前培训和教师在职培训制度,同时调查显示所有体育教师均有教师资格证并且参加过教师岗前培训,为师资力量的储备提供了相应的保障。其中,92%以上的体育教师认为所授课程与所学专业一致,掌握该专业前沿知识,有行业、企业工作经历以及拥有相关职业证书。这说明大部分体育教师具备良好的专业知识储备,且不断勤奋学习更新和优化知识结构,树立现代体育教学观,能够将体育学科知识与教学结合起来。总体上看,重庆市普通高校公共体育教师的专业知识背景较为扎实。

表4－10　体育教师职业态度与教学热情调查

题目/选项	有		没有	
	N	%	N	%
参加新教师岗前培训制度	296	98.3	5	1.7
拥有相关教师资格证或相关职业证书	301	100.0	0	0
具有一定行业、企业工作经历	283	94.0	18	6.0
掌握该专业前沿知识	288	95.7	13	4.3
所授课程与所学专业一致	291	96.7	10	3.3

注:N＝301;%＝100。

从图4－7发现,科研课题承担2项及以上的体育教师仅有48.2%,还有30.9%只参与过1项科研课题研究,仍有20.9%的体育教师从来没有参与过科研课题研究,说明重庆市普通高校公共体育教师的科研能力和水平还有待加强。

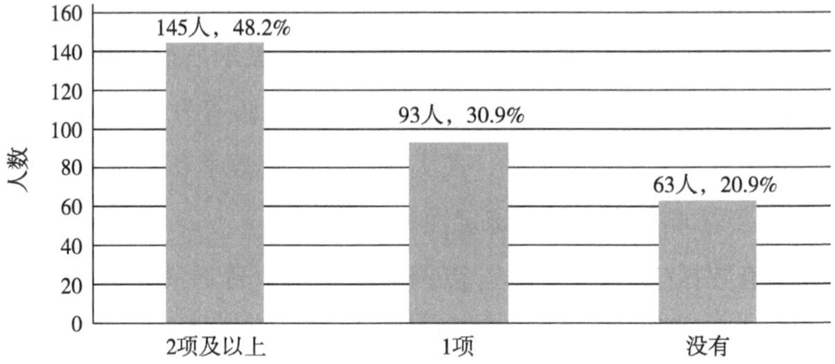

图4－7 教师承担校级及以上科研课题构成分布

卡方分析(见表4－11)显示,本书探究了不同院校、不同性别和不同职称教师在“专业背景与科研能力”上的差异。其中,“行业、企业工作经历”的影响($P<0.05$ 为显著),在国家部属与地方部属上呈现出非常明显的差异性($P=0.012$),在公办本科与民办本科上呈现出非常明显的差异性($P=0.001$);“承担校级及以上科研课题”,在国家部属与地方部属上呈现出差异性($P=0.041$),在公办本科与民办本科上呈现出非常明显的差异性($P=0.001$)。地方本科院校的大部分青年教师是直接由学生变教师,没有实际工作经历,再加上地方本科院校经费少,进修交流的学习机会比较少,因此地方本科院校的教师流动性大,教学热情低迷,教育理念旧,教学方法单一落后,如此则很难承担培养应用型人才的重任。[1] 事实上,自身办学优势不明显,缺乏优质资源的高校一般都是地方高校,在专业背景、科研能力、经费支持等办学资源上与教育部直属高校存在很大的差距。国家部属院校和公办本科的教师在行业、企业相关经历上更加丰富,同时更加注重培养科研能力,更加重视科研成果的转化和应用。由于地方高校的科研能力有限,社会资源脱节以及自我创新动力不足,不同隶

〔1〕 参见刘秀玲:《转型发展期地方本科院校应用型英语人才培养模式的思考》,载《经济研究导刊》2017年第21期。

属和属性的地方高校在科研实力上呈现出显著的差异。然而,在对比不同院校、性别和职称时,这些方面并未展现出明显的差异性。

表4－11　不同院校、不同性别、不同职称教师在专业背景与科研能力方面的卡方分析

选项/组别	数据	国家部属与地方部属	公办本科与民办本科	性别	高级职称与中低级职称
参加新教师岗前培训制度	X^2	2.629	1.579	1.693	4.578
	P	0.269	0.454	0.193	0.599
具有一定行业、企业工作经历	X^2	6.329	16.219	2.710	4.868
	P	0.012 *	0.001 **	0.100	0.182
掌握该专业前沿知识	X^2	3.453	2.922	0.028	4.836
	P	0.063	0.087	0.868	0.184
所授课程与所学专业一致	X^2	2.629	2.610	0.039	3.332
	P	0.132	0.106	0.843	0.343
承担校级及以上科研课题	X^2	6.385	14.148	2.961	9.406
	P	0.041 *	0.001 **	0.228	0.152

注:* 表示 $P<0.05$ 具有显著性差异,** 表示 $P<0.01$ 具有非常明显的差异性。

2.教学方法与教学内容

教学方法是教师在教学过程中,为实现知识的传授及信息的传递所采用的相应手段或方法。[1] 在教学过程中,教师作为主导者,综合考虑教学目的、任务要求、自身的教学能力、学校及周边环境的物质条件、可利用的教学时间以及预期的教学效果等因素,以制定并实施具体的教学方法和手段。这种综合考虑和选择旨在确保教学过程的高效性和针对性,以满足学生的学习需求,促进他们的全面发展。体育学科有自身的特点,体育教学内容是实现体育教学目标的重要条件,也是教师和学生开展体育

[1] 参见高延军:《新时代高校体育教学方法的创新研究》,载《当代体育科技》2019年第20期。

教学活动的重要依据，它直接影响最终的学习效果，直接关系到人才培养的质量。

从表 4－12 中可以看出，重庆市普通高校体育教师大多数采用语言与示范法的教学方法，占比达 91.4%；其次是完整与分解法和游戏与比赛法，分别占比为 83.7% 和 77.7%；多媒体教学法和其他教学方法占比仅有 52.8% 和 20.6%。这说明在公共体育教学过程中，大部分体育教师采用的仍是传统体育教学方法。体育教师在上公共体育课时针对普通专业学生的教学形式还是比较陈旧。[1] 该调查反映，这是传统教学思想所导致的，在高校体育教学中，学生应为核心，不仅接受知识，更应实践技能，塑造锻炼习惯。当前，教师主导过度，学生主观能动性未得到足够重视。教学手段较为传统，缺乏创新，未充分关注学生差异，抑制了学生的主动性和创造性。应重新审视教师角色，关注学生主体性，激发学生学习热情，促进学生全面发展。

表 4－12　体育教师教学方法调查

题目/选项		采用		未采用	
		N	%	N	%
公共体育课中采用哪些教学方法	语言与示范法	275	91.4	26	8.6
	完整与分解法	252	83.7	49	16.3
	游戏与比赛法	234	77.7	67	22.3
	重复与变换法	196	65.1	105	34.9
	合作式教学法	214	71.1	87	28.9
	多媒体教学法	159	52.8	142	47.2
	其他	62	20.6	239	79.4

[1] 参见沈辉、郭威、张欣：《“健康中国”背景下高校公共体育课程改革研究》，载《金陵科技学院学报（社会科学版）》2020 年第 3 期。

经过对公共体育课综合课与单一课的配置进行深入调查,数据显示(见图4-8),尽管有53.5%的体育教师对公共体育课内容的配置给予了“非常合理”的高度评价,但不容忽视的是,仍有46.5%的教师的评价为“比较合理”、“一般”或“不太合理”。由此可见,在公共体育课内容配置上,仍有部分教师只是单一地遵循,一成不变地采用相同的教学内容,以完成任务,致使不能满足学生的体育需求。这反映出在课程内容配置上存在一定的优化空间与需求。

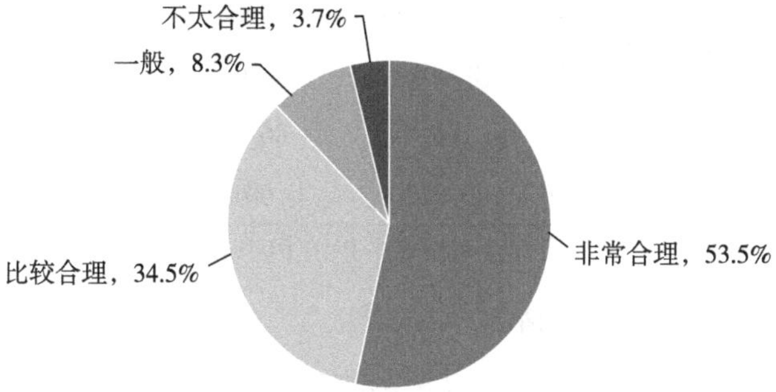

图4-8 体育综合课和单一课配置比例

由卡方分析检验结果(见表4-13)可以看出,被调查的重庆市普通高校体育教师在国家与地方部属院校间,在“综合课和单一课的配置(P=0.001)”“公共体育课所采用的教学方法(P=0.012)”方面呈现出明显的性别差异。国家部属院校,在综合课和单一课配置上更为合理;地方部属院校在公共体育课课程配置上过于单一化,更多的是完成公共体育课教学课时任务。通常国家部属院校更注重学生“德智体美劳”全面发展,在公共体育教学器材配置上要优于地方部属院校,教师所采用的教学方法与教学内容必然受到外部教学环境影响,进而导致在公共体育课所采用的教学方法上呈现出差异性。在“公共体育所采用的教学方法(P=0.001)”方面,民办本科与公办本科、高级职称和中低级职称也具有明显的差异性。重庆市民办本科公共体育教学方法以语言与示范法为主,教学方法普遍局限化。高级职称教师在教学过程中采用的教学方法种类明显多于中低级职称教师。由于高级职称教师拥有丰富的教学经验，接触过各类公共体育学生群体，对于课堂教学方法与内容的掌控程度较高，所以与中低级职称教师群体呈现出差异性。

表 4 – 13　不同院校、不同性别、不同职称教师在教学方法和教学内容意识方面的卡方分析

选项/组别	数据	国家部属与地方部属	公办本科与民办本科	性别	高级职称与中低级职称
综合课和单一课的配置	X^2	29.425	4.823	1.215	8.958
	P	0.001 **	0.185	0.749	0.441
公共体育课所采用的教学方法	X^2	100.448	86.102	41.325	157.947
	P	0.012 *	0.001 **	0.214	0.001 **

注：* 表示 P < 0.05 具有显著性差异，** 表示 P < 0.01 具有非常明显的差异性。

3. 职业态度与教学热情

高校体育教师的教学态度也是影响工作热情和效率的重要因素，部分体育教师的职业态度不是很理想，由于在学术上不够专心，急功近利，容易出现学术不端和道德失范等现象。[1] 在普通高校公共体育课的教学中，尽管教学目标较为宽泛，但体育教师必须保持高度的责任感和严谨的教学态度。当前，学生因外界氛围的影响，对体育课的兴趣和积极性普遍不高，同时学生身体素质的下滑凸显了问题的严重性。为此，体育教师需展现出更高的教学热情和专业性，引导学生重新评估体育课的价值，激发学生参与热情。通过此举，纠正学生将体育课视为单纯的“放松课”的片面观念，使他们深刻理解体育锻炼对身心健康的益处，并主动投入其中，以实现个人综合素质的全面发展。

据调查数据（见表 4 – 14），在被调查的重庆市普通高校体育教师中，大多数的体育教师认为自己在教学热情和职业态度方面是非常符合和比

[1] 参见张燕、宋迪涛、李林：《高校教师的“素质—技能—态度—行为”对大学体育的影响研究》，载《体育世界（学术版）》2019 年第 6 期。

较符合的，说明大部分的高校体育教师遵循“立德树人”指导思想，具有较高的职业道德水平和职业素养，同时具有较强的责任心和敬业精神，能够主动为学生的体育学习提供帮助，营造良好的体育学习氛围和良好的师生人际关系，并能够将体育课堂教学与课外工作较好地结合起来。这说明总体上重庆市普通高校体育教师的教学热情高涨，职业态度严谨，普遍展现出较高的专业素养。然而，也有极少数教师（约3.5%）自评为表现一般，2%的体育教师认为自己在教学热情和职业态度方面做得不太符合和非常不符合。这一数据表明，在肯定整体教育水平的同时，不能忽视对部分教师在教学热情和职业态度上的引导和提升。

表4-14　体育教师职业态度与教学热情调查

题目/选项	非常符合		比较符合		一般		不太符合		非常不符合	
	N	%	N	%	N	%	N	%	N	%
师德高尚，治学严谨	231	76.7	63	20.9	5	1.7	2	0.7	0	0
为人师表，富有较强的责任心和敬业精神	243	80.7	54	17.9	1	0.3	3	1.1	0	0
尊重学生，善于听取学生意见和建议	237	78.7	60	19.9	1	0.3	3	1.1	0	0
课堂气氛和谐，师生关系融洽	196	65.1	88	29.2	8	2.7	4	1.3	5	1.7
无论课内还是课外都欢迎学生寻求帮助或提问	180	59.8	69	22.9	34	11.3	18	6.0	0	0
鼓励学生提出问题并给予适宜的解答	206	68.4	80	26.6	14	4.7	1	0.3	0	0

注：N=301；%=100。

通过卡方分析检验(见表4－15),发现在国家部属与地方部属方面,“为人师表,富有较强的责任心和敬业精神($P=0.002$)”“尊重学生,善于听取学生意见和建议($P=0.007$)”“无论课内还是课外都欢迎学生寻求帮助或提问($P=0.001$)”“鼓励学生提出问题并给予适宜的解答($P=0.001$)”存在非常明显的差异性($P<0.01$)。教师不仅是体育知识与技能的传播者,更是大学生对于公共体育课堂情绪的引导者。他们凭借坚定的职业态度和热情,为大学生打造了一个积极向上的学习环境。他们的每一个教学行为都如细雨滋润,深深影响着学生的成长,并激发学生的求知欲和活力。但在国家部属与地方部属上,地方部属院校的公共体育教师教学热情低于国家部属院校,造成这种差异的原因为以下方面:一是重庆市国家部属院校公共体育教学师生比普遍高于地方院校,进而教师能以更充沛饱满的教学热情帮助学生答疑解惑,及时沟通交流;二是在教师应聘过程中,通常国家部属院校对教师的职业素养要求较高;三是国家部属院校的教学氛围较好,学生的课堂积极性高,进而也会影响教师对教学的职业态度。不同院校、不同性别、不同职称教师在职业态度和教学热情的其他方面并没有呈现出显著性差异。

表4－15 不同院校、不同性别、不同职称教师在职业态度和教学热情方面的卡方分析

选项/组别	数据	国家部属与地方部属	公办本科与民办本科	性别	高级职称与中低级职称
师德高尚,治学严谨	X^2	2.894	2.026	4.857	8.462
	P	0.408	0.567	0.183	0.488
为人师表,富有较强的责任心和敬业精神	X^2	14.784	1.126	2.061	2.938
	P	0.002**	0.771	0.560	0.967
尊重学生,善于听取学生意见和建议	X^2	12.266	2.094	2.081	8.989
	P	0.007**	0.553	0.556	0.438

续表

选项/组别	数据	国家部属与地方部属	公办本科与民办本科	性别	高级职称与中低级职称
课堂气氛和谐,师生关系融洽	X^2	5.028	5.770	2.066	7.940
	P	0.170	0.159	0.599	0.540
无论课内还是课外都欢迎学生寻求帮助或提问	X^2	19.881	5.720	9.823	8.312
	P	0.001 **	0.126	0.020	0.503
鼓励学生提出问题并给予适宜的解答	X^2	31.054	5.864	1.653	11.672
	P	0.001 **	0.118	0.648	0.232

注：** 表示 $P<0.01$ 具有非常明显的差异性。

4. 教学目标与教学效果

在“健康中国”的战略背景下,教学目标明确,符合应用型人才培养要求是教学有效的重要保障,而先进科学的课程教学目标是提升体育课教学质量的关键。“健康中国”战略对学校体育方面提出了目标要求,提出要普及健康教育,加大宣传健康知识,施行青少年体育活动促进计划,培育青少年体育爱好,基本实现青少年熟练掌握 1 项以上体育运动技能,确保学生校内每天体育活动时间不少于 1 小时。[1] 体育课作为师生面对面互动的实操课,教师的作用至关重要。要提高教学效果,我们需要结合教学目标,对教学效果进行具体分析,并参考调查问卷数据来改进。

由图 4-9 可知,被调查对象重庆市普通高校公共体育教师认为教学目标非常或比较明确且非常或比较符合应用型人才培养要求的分别占比 55.8%、33.9%,而认为一般和不太符合的占比 10.3%,说明绝大部分重庆市普通高校公共体育教学目标明确且符合应用型人才培养要求,但仍有部分教师认为教学目标不太明确且不太符合应用型人才培养要求。从表 4-16 可知,参见公共体育课堂教学过程的学生的课程参与度、到课

〔1〕 参见黄晓磊:《“健康中国”背景下北京市普通高校公共体育课教学研究——以首都师范大学为例》,首都体育学院 2022 硕士学位论文,第 11 页。

率、参与课堂积极性、课堂秩序明显提高的占比为63.7%，学习能力、学习态度、掌握的学习方法、解决问题能力明显提高的占比为60.1%。但仍然有35.6%的教师认为学生在公共体育课中相应能力的提高不明显，4.3%的学生没有得到实质性的提高，因此对于公共体育课堂教学质量效果有待进一步提高。

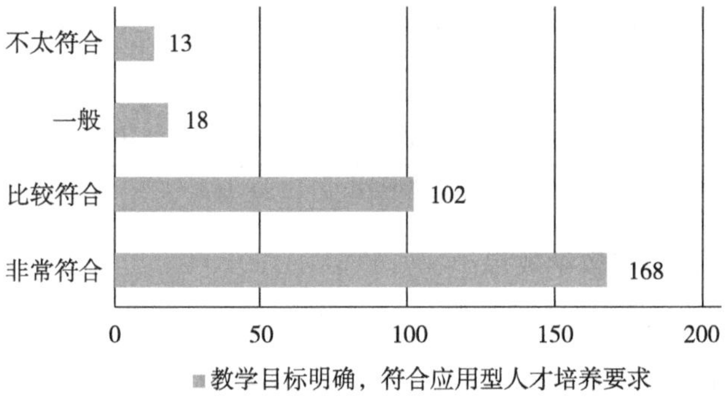

图4－9 教师认为教学目标明确且符合应用型人才培养要求情况分布

表4－16 体育教师教学效果调查

题目/选项	明显提高		有所提高		没有提高	
	N	%	N	%	N	%
公共体育课堂教学参与度、到课率、参与课堂积极性、课堂秩序	192	63.7	101	33.6	8	2.7
学生学习能力、学习态度有所提升，能够掌握学习方法，学会学习、解决问题	181	60.1	107	35.6	13	4.3

注：N＝301；%＝100。

表4－17卡方分析检验表明，“公共体育课堂教学参与度、到课率、参与课堂积极性、课堂秩序有所提高（P＝0.012）”“学生学习能力、学习态度有所提升，能够掌握学习方法，学会学习、解决问题（P＝0.041）”在国家部属与地方部属方面有显著性差异；“公共体育课堂教学参与度、到课率、

参与课堂积极性、课堂秩序有所提高（P＝0.001）”“学生学习能力、学习态度有所提升，能够掌握学习方法，学会学习、解决问题（P＝0.001）”在公办本科与民办本科方面有非常明显的差异性。在生源质量高低、学生自律性强弱、管理制度完善与否等方面，国家部属院校与地方部属院校存在一定的差距，因此部分地方部属院校大学生存在学风不理想，学习目的不明确，学习态度不端正，学习方法不科学等问题，进而导致教学效果存在差异性，尤其在公办本科与民办本科之间更为显著。

表4－17　不同院校、不同性别、不同职称教师在教学目标和教学效果方面的卡方分析

选项/组别	数据	国家部属与地方部属	公办本科与民办本科	性别	高级职称与中低级职称
教学目标明确、符合应用型人才培养要求	X^2	2.629	1.579	1.693	4.578
	P	0.269	0.454	0.193	0.599
公共体育课堂教学参与度、到课率、参与课堂积极性、课堂秩序有所提高	X^2	6.329	16.219	2.710	4.868
	P	0.012 *	0.001 **	0.100	0.182
学生学习能力、学习态度有所提升，能够掌握学习方法，学会学习、解决问题	X^2	6.385	14.148	2.961	9.406
	P	0.041 *	0.001 **	0.228	0.152

注：* 表示 $P<0.05$ 具有显著性差异，** 表示 $P<0.01$ 具有非常明显的差异性。

（二）学生学习层面现实诊断

学生作为体育教学不可或缺的元素，是体育教学过程中的主体。[1] 学生对公共体育课的积极性、主动性、自觉性对教学质量具有十分重要的影响。因此，体育教学的核心目标不仅仅局限于教授基本的运动知识和

〔1〕参见王兵：《中小学体育教学中师生互动的特征研究》，载《当代体育科技》2014年第24期。

技能,更重要的是使学生深入理解和应用这些知识,点燃对体育的热爱,从而培养自身持久且有益的体育习惯。此外,学生也要着重提升自己的创新思维和团队协作能力,同时确保体质得到均衡发展,进而实现身心健康的全面提升。就普通课堂而言,对学生的能力培养更多地停留在对知识的学习层面。[1] 本书将公共体育学生学习层面主要分为运动认知与兴趣、学生学习态度、学生课堂学习效果以及第二课堂体育锻炼情况四个方面,从这四个方面的现实状况加以分析。

1. 运动认知与兴趣

体育运动认知能力是指学生在参与体育运动的过程中能够认识到体育锻炼对自身形体、素质、技能等方面起到的促进作用,这种认知能力是学生参与体育运动的最基本体现。[2] 学生对体育运动认识的深浅,直接影响对待体育课程的学习态度。在"应试教育"的影响下,一些急功近利的家长和教师,过分追求学生的学业成绩而忽视了学生的身体健康。对身体健康的需求,触发运动认知的觉醒,越来越多学生深刻意识到体育运动对身体健康的重要性。兴趣是学习最好的老师,有了兴趣之后学生才会全身心地投入,参与的主动性才会增高,进而可以收获良好的教学成效。因此,学生对体育的认知和兴趣对于他们的学习体验至关重要。

如表 4－18 所示,只有 44.1% 的学生对所学公共体育课非常感兴趣,但学生对于体育运动对身体健康重要的认知度相对较高,占比为81.8%;同时认为"课程设计精巧,注重激发学习兴趣"非常符合的,占比为61.9%;认为"课堂具有吸引力,响应度高,课堂气氛活跃"非常符合的,占比为 61.8%。由此可见,学生对公共体育课感兴趣的程度并不一致,超过一半的学生对公共体育课程感兴趣的程度为比较符合,说明在重庆市普通高校的公共体育教学中,存在一个不容忽视的现象:部分学生对于体育

---

〔1〕 参见左方圆:《高校专业课教师课程思政教学能力探究》,载《公关世界》2024 年第 8 期。

〔2〕 参见任广桂:《核心素养视野下的高职院校体育教学改革研究》,载《黑龙江科学》2022 年第 3 期。

课的兴趣度和积极性偏低。尽管体育强国理念持续深入人心，已使大学生对体育运动的价值有了更深的认识，但仍有部分学生未能充分展现出对公共体育课的热情、主动性和浓厚兴趣。这种现象无疑对提升高校公共体育教学质量构成了显著的阻碍。因此，需要深入探究背后的原因，并寻求切实有效的解决策略，以激发学生的体育兴趣，提升他们的学习参与度，进而推动公共体育教学的整体质量迈上新台阶。

表 4－18 学生运动认知与兴趣调查

题目/选项	非常符合		比较符合		一般		不太符合		非常不符合	
	N	%	N	%	N	%	N	%	N	%
对所学公共体育感兴趣	1458	44.1	1118	33.8	610	18.4	69	2.1	53	1.6
体育运动对身体健康重要	2705	81.8	415	12.5	171	5.2	10	0.3	7	0.2
课程设计精巧，注重激发学习兴趣	2047	61.9	818	24.7	393	11.9	33	1	17	0.5
课堂具有吸引力，响应度高，课堂气氛活跃	2042	61.8	870	26.3	358	10.8	24	0.7	14	0.4

注：N＝3308；%＝100。

通过卡方分析（见表 4－19）检验不同院校、不同性别、不同年级学生在运动认知与兴趣方面是否存在差异性（$p<0.05$）发现，“对所学公共体育感兴趣（$P=0.001$）”在性别方面存在非常明显的差异性。由于受到性别角色的影响，在一定程度上增加了体育教学活动的难度，而学生的体育感兴趣程度又具有一定的差异。[1] 从社会性别理论的视角出发，对重庆市普通高校公共体育课程中学生的感兴趣程度进行性别差异分析，研究

〔1〕 参见赵欠杰、王丹、肖孟龙：《社会性别视域下广东省高校大学生体育生活方式特征的性别角色差异化分析》，载《文体用品与科技》2021 年第 16 期。

揭示：导致公共体育课程兴趣程度在性别上呈现出显著差异的主要因素可归结为三点。首先，学生自身对性别的固有刻板印象，这可能影响他们对体育课程的期待和参与度。其次，教师的性别角色认同，即教师可能无意识地在教学活动中体现出对性别差异的偏见，进一步影响学生的学习兴趣。最后，学校教学大纲在制定过程中可能忽视性别因素，未能充分考虑不同性别学生在体育课程中的需求和兴趣点。这些因素共同作用，导致了公共体育课程兴趣在性别上的显著差异。“体育运动对身体健康重要（$P=0.003$）”在年级上存在明显差异性；随着年级的递增，学生对体育运动有益于健康的认识越发深刻，认同程度相对较高。“课堂具有吸引力，响应度高，课堂气氛活跃（$P=0.003$）”在公办本科与民办本科方面存在明显差异性。其他选项/组别在不同院校、不同性别、不同年级学生在运动认知与兴趣方面未发现存在差异性。

表 4－19　不同院校、不同性别、不同年级学生在运动认知与兴趣方面的卡方分析

选项/组别	数据	公办本科与民办本科	性别	年级
对所学公共体育感兴趣	X^2	1.781	77.325	10.686
	P	0.776	0.001 **	0.556
体育运动对身体健康重要	X^2	1.680	9.355	30.131
	P	0.794	0.053	0.003 **
课程设计精巧，注重激发学习兴趣	X^2	8.159	5.886	19.074
	P	0.086	0.208	0.087
课堂具有吸引力，响应度高，课堂气氛活跃	X^2	15.886	5.617	25.913
	P	0.003 **	0.230	0.011

注：** 表示 $P<0.01$ 具有非常明显的差异性。

2. 学生学习态度

公共体育课堂教学质量提升离不开体育教师的设计、组织与安排，更离不开学生的勤奋和配合。其中体育课堂表现主要包括学生的学习态度是否积极，是否能够积极回答问题，是否能够表现出足够的意志力等。[1] 在探讨公共体育课堂的教学规程时，必须强调学生的核心地位。学生的学习态度、行为表现和课堂参与度对提升体育教学质量具有至关重要的作用。具体而言，学生对教学作息时间的遵守程度、课堂互动的积极性，以及他们与教师之间的默契配合，都是决定体育教学质量提升的关键因素。

调查（见表4-20）发现，被调查学生中只有46.2%的人总是对所学公共体育课程难点或感兴趣问题愿意深入探讨，总是制订科学的体育学习计划并能够严格执行的，占比为37.8%，而有时、偶尔、没有对所学公共体育课程难点或感兴趣问题愿意深入探讨的，占比为20.9%。这说明大部分学生在公共体育课程学习过程中的自觉性并不高。与之相比，“遵守教学作息时间，按时上课，不迟到、不早退、不旷课”能够总是做到的学生，占比高达80.6%。进而反映，学生的学习态度不仅需要学校管理条例的规范，更需要学生自身提高认真程度，从而提高公共体育课堂教学质量。

表4-20　学生学习态度调查

题目/选项	总是		经常		有时		偶尔		没有	
	N	%	N	%	N	%	N	%	N	%
对所学公共体育课程难点或感兴趣问题愿意深入探讨	1528	46.2	1090	33.0	592	17.9	79	2.4	19	0.6

[1] 参见王阳：《“激励与发展”为导向的体育课成绩标准化评价方法改革研究与实践》，载《中国标准化》2024年第4期。

续表

题目/选项	总是		经常		有时		偶尔		没有	
	N	%	N	%	N	%	N	%	N	%
制订科学的体育学习计划并严格执行	1252	37.8	780	23.6	795	24.0	300	9.1	181	5.5
遵守教学作息时间，按时上课，不迟到、不早退、不旷课	2665	80.6	262	7.9	151	4.6	44	1.3	186	5.6

注：N = 3308；% = 100。

通过卡方分析（见表4－21）检验发现，“制订科学的体育学习计划并严格执行（P＝0.001）”在性别上有非常明显的差异性。男性和女性在生理构造上存在明显不同，生理期是女性特有的现象，女性经期时可能会有一些生理反应，如腹部胀痛、背部酸痛、头痛、疲劳以及情绪起伏等。女大学生在面临生理期的特殊挑战时，她们的身体常会出现各种不适反应。这些不适感叠加在日常学习及生活的压力之上，容易在体育课堂上引发她们对身体练习的消极态度，诸如烦躁、抵触和抑郁等情绪逐渐显现。这种消极情绪不仅削弱了她们经期参与体育锻炼的意愿，更直接影响了她们在体育课程中的实际参与度。未积极参与的女大学生无疑会对整个体育课堂氛围带来一定的负面影响，进而影响公共体育教学的整体质量。因此，我们需要特别关注这一特殊时期的女大学生，为她们创造更为舒适和包容的体育学习环境。“遵守教学作息时间，按时上课，不迟到、不早退、不旷课（P＝0.029）”在年级上存在显著性差异；学生的消极行为在公共体育教学中可能削弱教师的教学动力，进而影响课堂教学质量。因此，为了保障教学质量，需要关注并改善学生的行为态度，同时激发教师的教学热情。

表 4－21　不同院校、不同性别、不同年级学生在学习态度方面的卡方分析

选项/组别	数据	公办本科与民办本科	性别	年级
对所学公共体育课程难点或感兴趣问题愿意深入探讨	X^2	2.625	9.098	15.185
	P	0.622	0.334	0.231
制订科学的体育学习计划并严格执行	X^2	0.928	47.225	17.272
	P	0.921	0.001 **	0.140
遵守教学作息时间，按时上课，不迟到、不早退、不旷课	X^2	6.872	4.935	26.969
	P	0.230	0.895	0.029 **

注：** 表示 $P < 0.01$ 具有非常明显的差异性。

3. 学生课堂学习效果

课堂教学是教学工作的中心环节，教师通过制定科学、规范的课程考核办法，对学生的技术和理论课程的学习效果采取过程性和终结性考核，促使学生不仅动作技能达标，而且具备良好的理论联系实际能力与应用指导能力。[1] 在公共体育课堂教学中，学习效果主要由学生对运动技能的掌握程度、学生对公共体育课的满意程度以及学生对所学体育项目的知识运用程度体现。经过教师的用心授课，学生不仅能熟练掌握基础运动技能，更能产生对体育的热爱，培养持久锻炼的习惯，从而树立终身体育锻炼的坚定意识。

表 4－22 数据显示，通过公共体育课堂教学，学生认为“专业知识、专业技能”明显提高的占比为 55%，说明通过公共体育课堂的学习，学生在知识与技能方面有明显提升，学习效果较好；而认为“自主学习意识、终身体育意识”“文化素养、思想道德”明显提高的占比分别为 56.7%、56.4%，反映了公共体育课堂教学在对学生意识培养和素养提高层面还有待改善；还有部分学生表示没有提高，甚至有所下降。因此，在公共体

〔1〕 参见张强、王欣艳、李正燕等：《审核评估视角下地方高校体育专业教学质量保障体系构建与应用》，载《沧州师范学院学报》2024 年第 1 期。

育课堂教学过程中,应多方面考虑各种影响因素,使学生的各方面能力得到综合的提高。

表 4－22 学生课堂学习效果调查

题目/选项	明显提高		有所提高		没有提高		下降了	
	N	%	N	%	N	%	N	%
自主学习意识、终身体育意识	1874	56.7	1297	39.2	115	3.5	22	0.7
文化素养、思想道德	1865	56.4	1290	39.0	128	3.9	25	0.8
专业知识、专业技能	1819	55.0	1346	40.7	116	3.5	27	0.8

注:N＝3308;%＝100。

根据卡方分析(见表 4－23)检验,“自主学习意识、终身体育意识(P＝0.011)”“专业知识、专业技能(P＝0.024)”在性别上有显著性差异。根据福柯理论,性别气质是通过话语建构的,比如关于女性身体美的话语不仅规定了细腰、丰乳、肥臀的身体形态,同时规定了女性柔软与谦和的身体姿态及行为。[1] 在体育运动过程中,女生会更多注重身体形态,而男生对强力的肌肉与自由意识及控制欲望更高,这显然与男生对体育运动的“更快、更高、更强”的精神追求高度一致,进而使在男女性别方面存在差异性。在年级方面“文化素养、思想道德(P＝0.026)”存在显著差异性,随着公共体育课学习年限的增长,学生的文化素养、思想道德明显提升,从而说明体育课堂教学质量对学生的思想品质提升具有积极意义。不同院校、不同性别、不同年级学生的学习效果在其他方面并没有呈现显著性差异。

[1] 参见王慧:《福柯话语理论视域下的性别话语转向》,载《文艺评论》2015 年第 3 期。

表4-23　不同院校、不同性别、不同年级学生在学习效果方面的卡方分析

选项/组别	数据	公办本科与民办本科	性别	年级
自主学习意识、终身体育意识	X^2	3.407	16.664	13.594
	P	0.333	0.011 **	0.138
文化素养、思想道德	X^2	3.428	7.613	18.907
	P	0.330	0.268	0.026 **
专业知识、专业技能	X^2	4.451	14.546	15.564
	P	0.217	0.024 **	0.077

注：** 表示 $P<0.01$ 具有非常明显的差异性。

4. 第二课堂体育锻炼情况

学生体质健康的下滑与缺乏体育锻炼密切相关，公共体育课作为大学生接触体育锻炼的主要渠道，旨在提升大学生体质健康水平。部分学校积极倡导学生在第二课堂也要积极参与体育锻炼，还将课外体育打卡次数纳入公共体育课堂教学过程考核，进而增强学生体质，巩固公共体育课堂教学质量。高校课外体育活动是指学生利用课余时间参与的，以锻炼身体，愉悦身心为目的的体育活动。[1] 由于高校公共体育课课时的有限性，单纯的课堂学习很难做到“使其精”，仅仅依靠体育课上的练习不能达到国家在学校体育教育方面培养学生的要求，要想提高课堂教学质量，第二课堂的练习也是必不可少的。

图4-10显示，利用第二课堂总是或经常进行体育锻炼的学生的占比为67.8%，还有32.2%的学生并未养成经常参与体育锻炼的习惯。产生这些现象的原因在于，学生的体育意识与兴趣未能完全建立，自主锻炼积极性不高，大部分学生只限于在课堂上参与体育运动，未能延伸至第二课堂。因此为使大学生主动进行体育锻炼，高校公共体育教学应在大学

〔1〕 参见郁俊、周君来：《课内外一体化体育俱乐部新教学模式的可行性研究——以浙江工业大学为例》，载《吉林体育学院学报》2010年第6期。

生的健康意识培养上下大功夫，加强校园体育文化建设，保证现有的体育场地设施与器材能够充分为学生体育锻炼所使用。

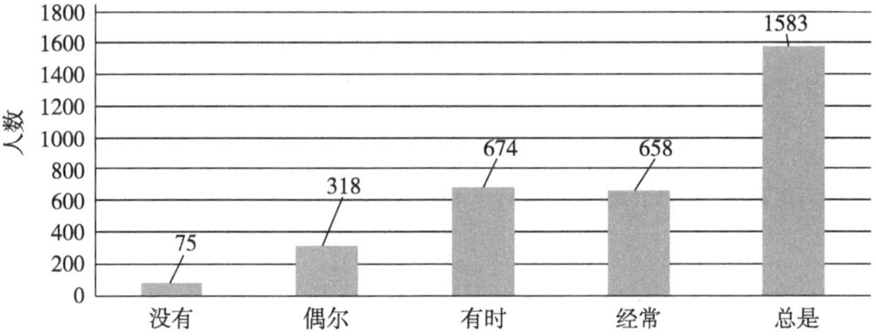

图 4－10　利用第二课堂体育锻炼的情况

通过卡方分析（见表 4－24）检验不同院校、不同性别、不同年级学生在第二课堂锻炼情况上是否存在差异性（$P<0.05$）发现，在性别上，“利用第二课堂体育锻炼情况（$P=0.001$）”，具有非常明显的差异性。性别差异在生理、心理和人际关系方面都具有重大影响，这会影响个体在第二课堂体育锻炼中的表现和应对方式。普遍认为男生会相对喜欢激烈、对抗性的运动项目，锻炼积极性、频率、时间和强度会高于女生。这有以下两个原因：一是男性天生力量上有优势，较之于多数文静女生会更凸显活力，而面对场地器材资源的不足，大多数女生会选择退出不参与。二是生理之差，女生每个月的特殊生理现象，使女生难以像男生那样有计划和有规律地进行锻炼；再者有些女生在生理期因体质特殊表现虚弱，进而对体育锻炼会更具有恐惧感，若自主锻炼方式不当，反而会对身体造成不良影响。因此，学生参与第二课堂体育锻炼情况在性别上具有非常明显的差异性，而在其他方面并未发现存在明显的差异性。

表 4 – 24　学生参与第二课堂体育锻炼情况的卡方分析

选项/组别	数据	公办本科与民办本科	性别	年级
利用第二课堂体育锻炼情况	X^2	0.781	82.517	13.555
	P	0.941	0.001 **	0.330

注：** 表示 $P<0.01$ 具有非常明显的差异性。

(三)教学管理层面现实诊断

高校体育教学管理指学校根据自身的实际情况，通过制定规章制度，实施计划方案，采用组织、协调等方式对各项教学活动进行规划，从而不断提高教学效果。[1] 随着素质教育改革的深入，教学管理在课程体系中的重要性日益突出，加强教学管理需要制定规范的管理制度，制定明确的教学管理政策和规范，只有这样才能确保教学内容的科学性和教学质量的稳定性。因此，高校应通过提高对公共体育教学的重视度，完善教学场地与硬件设施，建立课堂考核与评价制度来构建完善的公共体育教学管理体系，高效推进公共体育课程改革。为了全面培养学生的综合素质，需要进一步增强学生的理想信念、道德品质，同时注重知识储备的丰富、运动技能的提升，以及身体和心理素质的锻造。高校公共体育教学管理旨在确保体育课程的教学质量，为体育教学提供有效指导，推动体育教学发展。为了保障教学质量，必须做好体育管理工作。

1. 学校对公共体育的重视程度

公共体育教学质量的提升与发展离不开学校的支持，其中学校领导的体育观念和体育意识决定了相关公共体育课程改革和具体措施的落实。如果校方不重视，那么体育教师就不会特别重视，学生自然而然更不

[1] 参见郁俊、周君来：《课内外一体化体育俱乐部新教学模式的可行性研究——以浙江工业大学为例》，载《吉林体育学院学报》2010 年第 6 期。

会重视,这些恶性的结果在源头处就有迹可循。[1] 如果学校领导重视体育工作,就会在体育上投入大量的资金和师资,同时还会改善体育教学的物资设施。

经过对教师和学生的调研数据分析发现(见表4-25),54.8%的教师和66.2%的学生均持有观点,即学校对体育教学质量给予了高度的重视。31.9%的教师和12.4%的学生认为学校对体育教学质量持有较为重视的态度。然而,也有9.0%的教师和12.5%的学生认为学校对体育教学质量的重视程度属于一般水平。值得关注的是,仍有4.3%的教师和8.6%的学生表示学校对体育教学质量的重视程度不够,甚至0.3%的学生认为学校对此非常不重视。综上所述,学校若对体育教学给予足够重视,会相应增加资金投入,推动公共体育课程的发展,为学生提供更优质的体育学习环境。这不仅有助于学生身心健康发展,还能提升他们的体育运动技能,对他们的全面发展具有重要意义。另外,如表4-26所示,认为学校有公共体育课堂教学质量保障的组织机构教师的占比为86.8%,说明这些学校可能设立了专门负责体育课堂教学质量保障的组织或部门,有明确的责任人和制度来确保教学质量;认为学校没有公共体育课堂教学质量保障的组织机构教师的占比为6.6%,可能意味着在这些学校中,对公共体育课堂教学质量的保障可能较为松散,没有明确的责任方或制度来确保教学质量;不清楚学校是否有公共体育课堂教学质量保障的组织机构教师的占比为6.6%,这可能是因为他们对学校的组织结构或相关政策了解不够,或者学校的组织结构和相关政策不够明确和透明。

---

[1] 参见卓霖:《大健康背景下精准运动促进大学生身心健康发展策略》,载《文体用品与科技》2022年第9期。

表 4－25　学校对体育教学质量的重视程度

全校上下对教学质量的重视程度	非常重视		比较重视		一般		不太重视		非常不重视	
	N	%	N	%	N	%	N	%	N	%
教师	165	54.8	96	31.9	27	9.0	13	4.3	0	0
学生	2189	66.2	411	12.4	412	12.5	286	8.6	10	0.3

注：教师 N＝301，%＝100；学生 N＝3308，%＝100。

表 4－26　基于教师的公共体育课堂教学质量保障的组织机构调查

题目/选项	有		不清楚		没有	
	N	%	N	%	N	%
学校是否有公共体育课堂教学质量保障的组织机构	261	86.8	20	6.6	20	6.6

注：N＝301；%＝100。

根据表 4－27 卡方检验得出，基于教师调查的“学校公共体育课堂教学质量保障的组织机构设置情况（P＝0.019）”，在国家部属与地方部属上具有显著性差异。产生这些差异性可能是由于国家部属高校通常拥有更丰富的资源和更高的管理水平，这可能导致它们在公共体育课堂教学质量保障的组织机构设置上更加完善。相比之下，地方部属高校可能由于资源限制或管理差异，在这方面存在不足。通过表 4－28 卡方检验可知，基于学生的“学校对体育教学质量的重视程度（P＝0.001）”，在国家部属与地方部属、公办本科与民办本科上存在非常明显的差异性。国家部属高校和地方部属高校之间对公共体育的重视程度存在非常明显的差异，可能反映了不同层级高校在公共体育资源配置、课程设置、师资力量等方面的不同。公办本科高校和民办本科高校之间对公共体育的重视程度也存在非常明显的差异，这可能与两类高校在办学理念、经费来源、管理方式等方面的不同有关。

表4－27　基于教师调查的学校对公共体育的重视程度的卡方分析

选项/组别	数据	国家部属与地方部属	公办本科与民办本科
学校对体育教学质量的重视程度	X^2	2.089	1.068
	P	0.352	0.586
学校公共体育课堂教学质量保障的组织机构设置情况	X^2	7.954	3.477
	P	0.019 **	0.176

注：** 表示 $P<0.01$ 具有非常明显的差异性。

表4－28　基于学生调查的学校对公共体育的重视程度的卡方分析

选项/组别	数据	国家部属与地方部属	公办本科与民办本科
学校对体育教学质量的重视程度	X^2	48.303	150.285
	P	0.001 **	0.001 **

注：** 表示 $P<0.01$ 具有非常明显的差异性。

2.教学场地与硬件设施

体育教学场地和硬件设施作为高校公共体育教学工作的基石，对于保障体育教学顺利进行至关重要。倘若缺乏完善的场地和设施，不仅会扰乱正常的高校体育教学秩序，更会严重削弱学生参与课外体育锻炼的热情与积极性。从高等教育规模结构来看，我国普通高校数量、学生人均教育经费及专任教师数量逐年增加，尤其是高等教育投入的不断增加为高校发展提供了稳定的经费保障。但因隶属关系不同，高校分为国家部属、地方部属高校，不同隶属关系高校生均教育经费差距较大，出现了不同地区的高校或者同一地区不同类别的高校所获得的生均教育经费均不同的情况。[1]

〔1〕参见孙淑军、许晓辉：《高等教育结构与经济发展的耦合机理及协调性研究》，载《辽宁师范大学学报（社会科学版）》2024年第2期。

通过分析表4-29的数据发现，学校体育场地与硬件设施与公共体育教学的适配性存在显著问题。具体来说，仅有46.5%的学生和35.6%的教师认为当前资源足以支撑公共体育教学的正常进行；另有30.8%的学生和38.2%的教师认为当前资源基本符合需求；但不容忽视的是，仍有12.9%的教师和9.5%的学生认为当前设施无法满足教学需求。这一适配性问题不仅给体育教师的教学工作带来了挑战，也影响了学生参与体育活动的积极性。显然，学校在体育器材的配备上仍有不足，未能全面满足学生多样化的体育需求。特别值得关注的是，实地调查显示，球类运动场地设施的完善程度相对较高，而其他体育课程的设施则相对滞后。为了提升公共体育教学的质量，学校应深入了解公共体育课对器材设施的具体需求，并据此加大在体育设施建设上的投入，合理扩充设施数量，同时优化现有场地的规划和使用。这样的举措将为体育教师和学生提供一个更好的教学和运动环境，进而促进高校公共体育课的顺利开展，并有助于提升整体体育教学质量。

表4-29 学校体育教学场地与硬件设施满足程度

运动场地设施（包括硬件和软件），能否满足体育课堂教学	非常满足		基本满足		一般		不太满足		非常不满足	
	N	%	N	%	N	%	N	%	N	%
教师	107	35.6	115	38.2	40	13.3	26	8.6	13	4.3
学生	1537	46.5	1018	30.8	437	13.2	265	8.0	51	1.5

注：教师N=301，%=100；学生N=3308，%=100。

如表4-30所示，从教师角度来看，“学校体育教学场地与硬件设施满足度（P=0.001）”，在国家部属与地方部属、公办本科与民办本科上表现出非常明显的差异性。这一结果远低于通常设定的显著性水平（$P<0.05$），因此这种差异在统计上是高度显著的。国家部属高校与地方部属高校之间在体育教学场地与硬件设施满足度上的差异，可能源于资源分

配、政策支持和经费投入的不同。国家部属高校往往能够获得更多的资源和资金来完善体育设施和场地。公办本科高校与民办本科高校之间也存在类似的差异。公办本科高校由于政府资金的支持，往往能提供更好的体育场地和设施；民办本科高校可能因为资金来源的限制，在体育设施和场地建设上显得相对不足。如表4－31所示，从学生视角观察，可以认为在设定的显著性水平下，“学校体育教学场地与硬件设施满足度”在不同组别国家部属与地方部属、公办本科与民办本科高校之间存在非常明显的差异。国家部属与地方部属高校，可能涉及资金、政策、历史遗留问题等多方面的差异。国家部属高校可能由于政策倾斜或更高的预算，在体育教学场地与硬件设施上更为完善。公办本科与民办本科高校，同样涉及资金来源、管理模式、学校定位等方面的差异。公办本科高校可能拥有更稳定的资金来源和更多的政策支持，而民办本科高校则可能受到资金、市场等多方面因素的限制。

表4－30　基于教师调查的学校体育教学场地与硬件设施满足度的卡方分析

选项/组别	数据	国家部属与地方部属	公办本科与民办本科
学校体育教学场地与硬件设施满足度	X^2	94.786	39.231
	P	0.001 **	0.001 **

注：** 表示 $P<0.01$ 具有非常明显的差异性。

表4－31　基于学生调查的学校体育教学场地与硬件设施满足度的卡方分析

选项/组别	数据	国家部属与地方部属	公办本科与民办本科
学校体育教学场地与硬件设施满足度	X^2	23.046	13.470
	P	0.001 **	0.009 **

注：** 表示 $P<0.01$ 具有非常明显的差异性。

3. 课堂考核与评价制度

课堂考核作为一种评价学生学习成效和教师教学质量的手段，根本目的并非实现高校体育教学的终极目标,而是作为一种衡量教学质量的参照物,以及推动学生积极参与课外体育锻炼,培养终身锻炼意识的桥梁。体育教学评价改革是教育改革的重要组成部分,是促进教学质量提高的重要举措,而教学质量提高是高等教育可持续发展的根本保证。[1] 评价的核心目的在于通过激发学生的学习积极性,促进学习进程,及时反映体育教学的实际状况,检验教学效果,进而帮助教师调整教学策略,提升教学质量,同时促进学生的身心健康,更好地实现"强身"育人的双重目标。

由图 4－11 可知,在校师生对学校是否有系统化的学评教制度的知晓情况存在差异。认为学校有学评教制度的教师占比为 89.7%,认为学校有学评教制度的学生占比为 78.0%,该方面教师与学生的知晓比例差为11.7%;不清楚学校是否有学评教制度的教师占比为 5.3%,不清楚学校是否有学评教制度的学生占比为 16.1%,比例差为 10.8%;认为学校没有学评教制度的教师与学生的比例差不大。产生差别的原因可能是,学校在传达学评教制度时,在学生层面上辅导在说明其作用和重要性上的重视度不够,导致学生不清楚学评教制度对课堂教学质量提升的意义。从图 4－12 可以看出,66.9% 的学生认为体育课堂教学过程的考核标准比较合理;31.8% 的学生认为考核标准过高;1.3% 的学生认为考核标准太低,不能够体现自身现有的运动水平。总体来看,重庆市普通高校公共体育课堂考核标准较为合理,但仍有部分学生认为考核标准太高。多半学生希望体育教师注重个体差异,能够根据不同水平制定不同标准对学生进行评价,表明体育教师对学生的考核标准没有考虑到学生自身存在的个体差异和特殊性。

---

〔1〕 参见董之宇、马凯、李亚伦:《普通高校公选篮球课程教学评价改革研究》,载《当代体育科技》2022 年第 31 期。

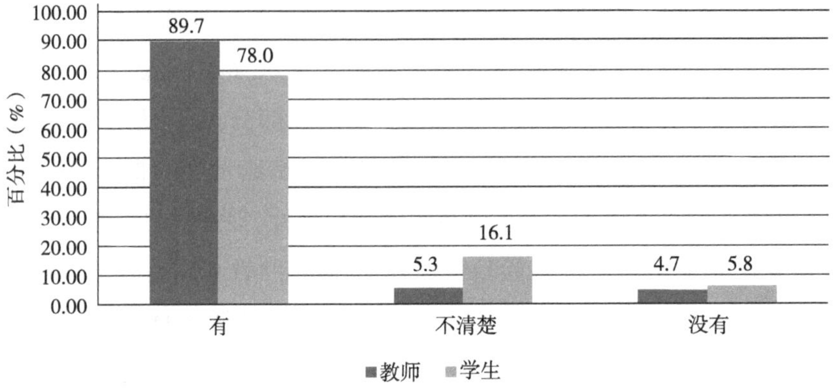

图 4-11　学校师生对学评教制度的知晓情况

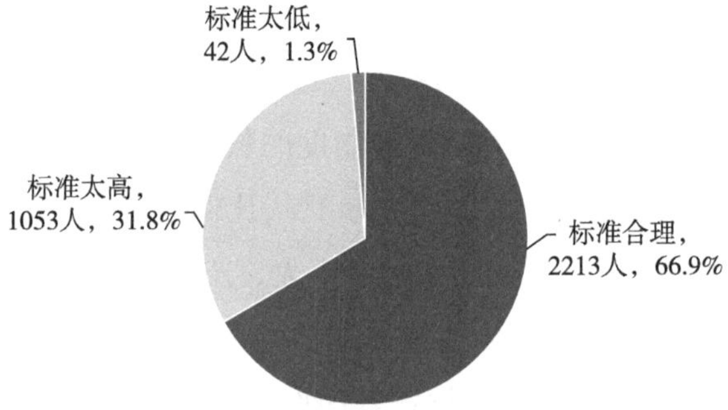

图 4-12　学生课堂考核标准认可度

由表 4-32 可知，在“课堂教学内容具有一定挑战性、创新性和高阶性”上，60.2% 的学生认为课程内容符合一流标准，26.6% 的学生表示较为满意，显示出课程内容的高标准与特色。然而，13.2% 的学生给出了一般及以下评价，提示教师需进一步考虑学生需求。在教学方法上，学生普遍认可教师的表现。63.4% 的学生认为教师能灵活运用背景知识与技术动作概念，25.7% 的学生表示比较满意，表明教师能很好地将理论与实际结合。同时，69.2% 的学生认为教师备课非常认真且能亲身示范运动技术动作，22.2% 的学生认为教师备课比较认真且能亲自示范运动技术动作，显示出教师认真负责的教学态度。在讲课态度上，学生普遍认可教师讲课认真，精神饱满和充满激情。67.9% 的学生认为教师的讲课态度非常符合期望，22.5% 的学生对教师的讲课态度表示比较满意。然而，仍有 9.6% 的学生对教师的讲课态度给出一般及以下评价，提示教师在讲课态度上需更加注重细节，以满足更多学生的需求。根据表4－33，学生对体育教师课堂教学评价非常符合和比较符合，占比为94.7%，说明学生对体育教师课堂教学综合评价相对较高。这不仅说明了体育教师的教学水平得到认可，还暗示了课堂氛围、教学内容和方式等多个方面也得到了学生的积极反馈。

表4－32　学生对体育教师课堂教学的评价调查

题目/选项	非常符合		比较符合		一般		不太符合		非常不符合	
	N	%	N	%	N	%	N	%	N	%
课堂教学内容具有一定挑战性、创新性和高阶性（一流课程）	1992	60.2	880	26.6	391	11.8	24	0.8	21	0.6
老师能介绍课程中灵活运用背景知识与技术动作概念	2096	63.4	849	25.7	328	9.9	17	0.5	18	0.5
教师会认真备课与亲身示范运动技术动作	2288	69.2	733	22.2	260	7.8	14	0.4	13	0.4
讲课认真，精神饱满，充满激情	2249	67.9	743	22.5	289	8.7	12	0.4	15	0.5

注：N＝3308，%＝100。

表4－33　体育教师对学生课堂学习的评价调查

题目/选项	非常符合		比较符合		一般		不太符合		非常不符合	
	N	%	N	%	N	%	N	%	N	%
考核方法多元，评价严谨及时，从多视角出发，既体现过程评价又注重效果评价	215	71.4	70	23.3	15	5.0	1	0.3	0	0

注：N＝301，%＝100。

根据表4－34,基于教师调查的学校课堂考核与评价制度的“考核方法多元,评价严谨及时,从多视角出发,既体现过程评价又注重效果评价”,在国家部属与地方部属高校上存在非常明显的差异。国家部属高校可能在课堂考核上更加注重多种方法的运用,同时具有更为严格和及时的评价体系,如闭卷考试、开卷考试、案例分析、小组讨论、实践操作;评价体系包括学生作业、课堂表现、实践活动的及时评价和反馈等,以全面评价学生的学习成果。地方部属高校可能在考核方法上相对单一,主要依赖传统的闭卷考试形式,同时可能在评价的严谨性和及时性上有所欠缺。

表4－34 基于教师调查的学校课堂考核与评价制度的卡方分析

选项/组别	数据	国家部属与地方部属	公办本科与民办本科
教学评价制度知晓情况	X^2	2.089	1.068
	P	0.352	0.586
考核方法多元,评价严谨及时,从多视角出发,既体现过程评价又注重效果评价	X^2	27.207	2.279
	P	0.001 **	0.517

注:** 表示 $P<0.01$ 具有非常明显的差异性。

由表4－35可知,在基于学生视角对学校课堂考核与评价制度的评价中,多个方面在国家部属与地方部属高校之间存在非常明显的差异。“学生课堂考核标准认可度(P＝0.011)”,这说明国家部属与地方部属高校在学生对课堂考核标准的认可度上存在差异。可能的原因是,国家部属高校在制定考核标准时更注重学生的需求和反馈,因此获得了更高的认可度。“课堂教学内容具有一定挑战性、创新性和高阶性(一流课程)(P＝0.001)”,这反映了国家部属与地方部属高校在教学内容的选择和设计上存在差异。国家部属高校可能更注重教学内容的前沿性、创新性和高阶性,以培养学生的批判性思维和创新能力。“教师能在讲课中灵活运用背景知识与技术动作概念(P＝0.001)”,这一指标也显示了国家部属与地方部属高校之间的差异。国家部属高校教师可能更注重将课程内容与背景知识、技术动作概念相结合，使学生更好地理解和应用所学知识。“教师会认真备课与亲身示范运动技术动作（$P=0.001$）”，这一结果说明国家部属高校教师在教学准备和示范方面做得更为出色，可能更加注重教学质量和学生的学习效果。“教师讲课认真，精神饱满，充满激情（$P=0.001$）”，这一指标同样反映了国家部属与地方部属高校之间的差异。国家部属高校教师在教学态度和激情上可能更为突出，为学生提供了更加积极的学习体验。此外，关于“教师能在讲课中灵活运用背景知识与技术动作概念（$P=0.313$）”这一点，在公办本科与民办本科高校之间也存在显著性差异。这可能意味着公办本科高校的教师在课程教学中更善于融合背景知识和技术动作概念，而民办本科高校的教师在这方面可能还有待提升。

表 4－35　基于学生调查的学校课堂考核与评价制度的卡方分析

选项/组别	数据	国家部属与地方部属	公办本科与民办本科
学生课堂考核标准认可度	X^2	9.104	0.555
	P	0.011 **	0.758
课堂教学内容具有一定挑战性、创新性和高阶性（一流课程）	X^2	29.397	11.753
	P	0.001 **	0.019 **
教师能在讲课中灵活运用背景知识与技术动作概念	X^2	22.627	4.761
	P	0.001 **	0.313
教师会认真备课与亲身示范运动技术动作	X^2	23.528	9.306
	P	0.001 **	0.054
教师讲课认真，精神饱满，充满激情	X^2	21.639	8.806
	P	0.001 **	0.066

注：** 表示 $P<0.01$ 具有非常明显的差异性。

三、重庆市普通高校公共体育课堂教学质量影响因素诊断

（一）样本数据的描述性统计

在充分研究和参考关于公共体育课堂教学质量影响因素的学术文献之后，本书结合当前重庆市普通高校公共体育课堂的具体教学现状，进行整理并命名了影响因素指标，如表 4－36 所示。此次问卷设计分为三大部分，旨在收集受访者的基本信息，深入了解问卷核心内容，以及探究和分析影响公共体育课堂教学质量的多维度因素。问卷共计发放 3609 份，回收 3609 份。其中，教师 301 人，学生 3308 人。

表 4－36　指标名称

指标	名称
V1	重点突出，不照本宣科
V2	重视基础知识与技能的传授
V3	注重知识的前沿性
V4	教学内容处理得当
V5	目的明确
V6	方法适用
V7	注重创新能力的培养
V8	注重因材施教
V9	教学方式灵活多样
V10	教学形式结构合理
V11	注重师生互动
V12	注重教学连贯性
V13	教学组织过程的合理性
V14	技术动作要领讲解清晰、表达流畅、语言准确
V15	熟悉授课内容
V16	重点突出、简明扼要

续表

指标	名称
V17	思路清晰,主次分明
V18	技术动作示范标准
V19	备课充分
V20	重视反馈意见
V21	有自己的教学风格
V22	经常与学生沟通交流

本研究利用 SPSS 27.0 软件,对3609个有效样本中的22个核心变量进行了详尽的描述性统计分析。通过计算平均值、最大值、最小值、标准差、偏度和峰度等统计指标,全面了解了这些变量的数据特征和分布情况。如表4－37所示,所有变量的最大值均为5,最小值均为4,这一结果证明了问卷数据的稳定性和无异常性。接着,为了深入探究重庆市普通高校公共体育课堂教学质量的影响因素,进一步采用了验证性因子分析的方法。这一方法基于先前的探索性因子分析,旨在确保所得出的影响因素的科学性和合理性。具体而言,这些关键变量的 MEAN 值集中在4.72至4.78区间内,这表明在评估教学质量时,这些变量表现出相对一致的稳定性和重要性。此外,从偏度和峰度的统计量来看,数据呈现出良好的正态分布特性,这为后续的数据分析和模型构建奠定了坚实的基础。

表4－37 样本的描述性统计

	N	最小值	最大值	平均值	标准差	偏度		峰度	
V1	3609	4	5	4.72	0.447	－1.004	0.041	－.993	0.081
V2	3609	4	5	4.74	0.437	－1.111	0.041	－.766	0.081
V3	3609	4	5	4.73	0.445	－1.022	0.041	－.955	0.081
V4	3609	4	5	4.75	0.434	－1.145	0.041	－.690	0.081
V5	3609	4	5	4.80	0.397	－1.536	0.041	.360	0.081
V6	3609	4	5	4.79	0.411	－1.389	0.041	－.071	0.081

续表

	N	最小值	最大值	平均值	标准差	偏度		峰度	
V7	3609	4	5	4.77	0.418	-1.313	0.041	-.277	0.081
V8	3609	4	5	4.78	0.412	-1.375	0.041	-.110	0.081
V9	3609	4	5	4.79	0.407	-1.427	0.041	.037	0.081
V10	3609	4	5	4.78	0.412	-1.375	0.041	-.110	0.081
V11	3609	4	5	4.78	0.413	-1.369	0.041	-.126	0.081
V12	3609	4	5	4.78	0.411	-1.387	0.041	-.077	0.081
V13	3609	4	5	4.76	0.425	-1.239	0.041	-.465	0.081
V14	3609	4	5	4.78	0.414	-1.351	0.041	-.174	0.081
V15	3609	4	5	4.78	0.415	-1.349	0.041	-.179	0.081
V16	3609	4	5	4.78	0.413	-1.371	0.041	-.121	0.081
V17	3609	4	5	4.78	0.412	-1.379	0.041	-.099	0.081
V18	3609	4	5	4.78	0.411	-1.383	0.041	-.088	0.081
V19	3609	4	5	4.78	0.417	-1.322	0.041	-.251	0.081
V20	3609	4	5	4.78	0.417	-1.328	0.041	-.236	0.081
V21	3609	4	5	4.78	0.417	-1.326	0.041	-.241	0.081
V22	3609	4	5	4.78	0.414	-1.355	0.041	-.164	0.081
有效个案数（成列）	3609								

（二）公共体育课堂教学质量影响因素的因子分析

1. KMO 和巴特利特检验

在进行因子分析之前，我们通过 KMO 测试和巴特利特检验来评估数据的适用性，以确定是否适合进行探索性因子分析。根据 Kaiser 的 KMO 评估准则，我们可以准确评估数据集的适用性。具体标准如下：KMO > 0.9，非常适合；0.9 > KMO > 0.8，比较适合；0.8 > KMO > 0.7，一般适合；

0.7 > KMO > 0.6，不太适合；KMO < 0.5，不适合。[1] 总之，KMO 值高表明变量间相关性强，适合因子分析。巴特利特检验显著性低于 0.05，则表明变量间非独立，存在相关性，这增强了因子分析的有效性，两者共同支持了因子分析在数据中的应用。

如表 4－38 所示，重庆市普通高校公共体育课堂教学质量量表的 KMO 值高达 0.934，显著超过基准值，同时巴特利特球形度检验的卡方值高达 97971.674，在 231 个自由度下，显著性远低于 0.05。这一结果有力证明了原始变量间存在紧密的结构性关联和强相关性。因此，重庆市普通高校公共体育课堂教学质量量表 KMO 值高，巴特利特检验结果显著，表明变量间关联紧密，相关性强，适合因子分析，有助于挖掘变量间共同因子，提升分析结果的可靠性。

表 4－38　KMO 和巴特利特检验

项目		数值
KMO 取样适切性量数		0.934
巴特利特球形度检验	近似卡方	97971.674
	自由度	231
	显著性	0.000

2. 总方差解释

在表 4－39 中，总方差解释详细列出了因子的方差贡献、贡献率以及累计贡献率。对于重庆市普通高校公共体育教学质量的影响因素分析，确定了 5 个关键因子，累计方差贡献率达到 88.17%，凸显了这些因子在分析中的重要地位。

---

[1] 参见朱承元、张澈、管建华：《基于改进支持向量机的空域交通态势识别方法》，载《交通信息与安全》2023 年第 2 期。

表 4－39　总方差解释

成分	初始特征值			提取载荷平方和			旋转载荷平方和		
	总计	方差百分比	累积%	总计	方差百分比	累积%	总计	方差百分比	累积%
1	10.294	46.792	46.792	10.294	46.792	46.792	4.403	20.012	20.012
2	2.632	11.962	58.754	2.632	11.962	58.754	4.343	19.739	39.751
3	2.402	10.919	69.673	2.402	10.919	69.673	3.613	16.424	56.175
4	2.134	9.699	79.373	2.134	9.699	79.373	3.523	16.015	72.190
5	1.935	8.797	88.170	1.935	8.797	88.170	3.516	15.980	88.170
6	0.285	1.295	89.465						
7	0.234	1.063	90.528						
8	0.218	0.989	91.517						
9	0.187	0.852	92.369						
10	0.178	0.808	93.177						
11	0.175	0.798	93.974						
12	0.154	0.698	94.672						
13	0.145	0.657	95.330						
14	0.142	0.646	95.975						
15	0.130	0.591	96.567						
16	0.124	0.565	97.131						
17	0.117	0.531	97.662						
18	0.114	0.519	98.180						
19	0.109	0.494	98.675						
20	0.102	0.466	99.141						
21	0.097	0.442	99.583						
22	0.092	0.417	100.000						

注：提取方法：主成分分析法。

3. 公共因子碎石图

在图 4 - 13 中,分析重庆市普通高校公共体育课堂教学质量的公共因子时,前 5 个因子的特征值呈现显著弯折,显示出重要性;后续因子特征值平缓且未达 1,表明影响相对较弱。这一趋势有助于重庆市普通高校更精准地识别公共体育课堂教学质量提升的关键点。

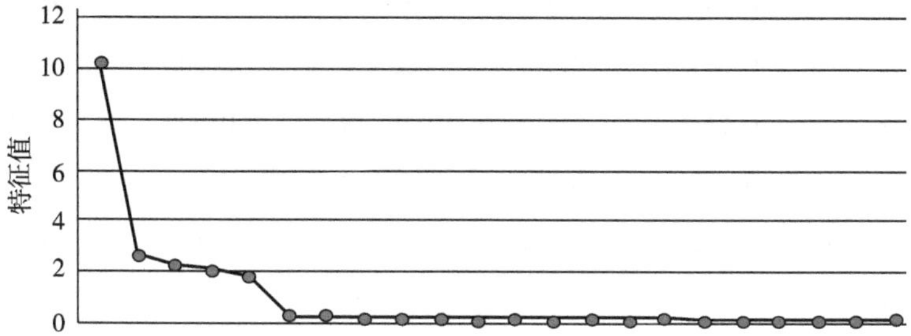

图 4 - 13　公共因子碎石

4. 影响因素的公共因子确定

经过凯撒正态化最大方差法的旋转处理,成分矩阵 a 在历经 6 次迭代后收敛,并成功析出 5 个核心因子。如表 4 - 40 所示,这 5 个公共因子分别承载着 22 个不同指标的载荷信息。具体而言,公共因子 1 集中体现了重庆市普通高校公共体育课堂教学中关于提高教学质量的具体措施和实施手段的完善性,因此,我们将其命名为“课堂教学表达维度”。公共因子 2 则侧重于课堂教学方法的选择与运用,反映了教学方法对于提升教学质量的重要性,因此,我们称为“课堂教学方法维度”。公共因子 3 聚焦于教学内容,这些内容是确保公共体育课堂教学质量的关键要素,我们将其定义为“课堂教学内容维度”。公共因子 4 在教学态度方面的指标载荷显著,揭示了教学态度对教学质量的重要影响,故命名为“课堂教学态度维度”。最后,公共因子 5 显著关联于课堂教学组织方面的指标,体现了课堂组织对教学质量的基础性作用,我们将其命名为“课堂教学组织框架维度”。这些维度的划分,为深入分析和优化重庆市普通高校公共体育课堂教学质量提供了有力的理论支撑。

表 4-40　旋转后的成分矩阵a

	成分				
	1	2	3	4	5
V16	0.889	0.169	0.139	0.187	0.177
V14	0.880	0.175	0.145	0.183	0.179
V15	0.875	0.171	0.151	0.180	0.183
V17	0.871	0.167	0.152	0.200	0.189
V18	0.868	0.171	0.119	0.209	0.170
V7	0.149	0.892	0.132	0.146	0.169
V9	0.152	0.890	0.114	0.163	0.170
V8	0.163	0.890	0.121	0.147	0.156
V6	0.173	0.889	0.136	0.131	0.137
V5	0.172	0.837	0.214	0.111	0.110
V2	0.160	0.161	0.898	0.137	0.144
V4	0.147	0.175	0.898	0.149	0.153
V3	0.156	0.167	0.897	0.144	0.167
V1	0.136	0.140	0.895	0.135	0.153
V22	0.195	0.151	0.132	0.888	0.144
V21	0.228	0.173	0.150	0.875	0.126
V20	0.205	0.160	0.141	0.874	0.154
V19	0.219	0.160	0.155	0.871	0.143
V11	0.198	0.166	0.152	0.148	0.877
V13	0.177	0.153	0.159	0.126	0.876
V10	0.197	0.182	0.163	0.152	0.876
V12	0.222	0.188	0.163	0.145	0.873

注：提取方法：主成分分析法。

旋转方法：凯撒正态化最大方差法。

a. 旋转在 6 次迭代后已收敛。

(三)主要影响因素维度分析

1.课堂教学表达方面的维度

在公共体育课堂中,教师的教学表达,无论是言语还是肢体动作,都对学生的学习体验有着显著影响。如果他们的措辞精准且富有启发性,肢体表达流畅且生动,则会共同营造出独特的课堂氛围,有助于学生更好地吸收知识。这对学生参与体育课堂的行为或情绪都会有直接的作用,同时对学生产生潜移默化的影响,教学表达能力是体育教师能力共同提升的根本,也直接关系到教学的效果和质量。从表4－41中可以看出,"技术动作要领讲解清晰,表达流畅,语言准确"的载荷最大,为0.889,其次就是"熟悉授课内容"载荷为0.880,可以看出这两个指标是很重要的影响因素。但囿于长期以来传统体育教学表达方式的束缚,体育教师在教学表达的选取上始终未能突破传统教学思维的阻碍,以致体育教师在公共体育课堂教学中难以形成清晰、流畅的教学表达,在一定程度上容易让学生在课堂中注意力涣散,精神不集中,影响了学生对于体育知识与运动技能的掌握。教学表达是体育教师知识与技能输出的主要渠道,也是学生在接受授课内容最主要的途径。要提高重庆市普通高校公共体育课堂教学质量,毋庸置疑,公共体育课堂教学改革创新需要引入诸多具有感染力、表现力、感官力的教学表达形式。只有培养体育教师的教学表达与示范能力,才能直观地提高公共体育课堂教学质量。

表4－41　课堂教学表达方面维度载荷

因子	载荷
技术动作要领讲解清晰,表达流畅,语言准确	0.889
熟悉授课内容	0.880
重点突出,简明扼要	0.875
思路清晰,主次分明	0.871
技术动作示范标准	0.868

2. 课堂教学方法方面的维度

教学方法的选择和使用会影响学生在公共体育课中的积极性，直接关系到学生掌握和理解运动技能的层度。公共体育的课堂教学方式要求教师探索多样化、探究性的教学方法，在教学设计时主张通过教学情境来引发学生的认知冲突，并能够让学生进行深度思考与模仿。

经过分析因子载荷情况，确定了在重庆市普通高校公共体育课堂教学方法维度中，一些关键因素占据重要地位，高载荷值凸显了它们对提升教学质量的关键作用。这些因素对于优化教学方法具有重要意义。如表4－42所示，体育教学方法中“目的明确”的载荷达到0.892，课堂教学方法的适用性和注重创新能力培养方面的相关指标的载荷达到0.890。为促进课堂教学质量的提升，提高教学方法的目的明确性，丰富教学方法的创新力是不可或缺的。同时要切实根据不同学生、不同专业、不同项目、不同教学环境等因素结合实际有针对性地采用体育课程教学方法。在教学方法的改善过程中，要充分理解公共体育所具有的特性，以现场教学经验为基础，将任课教师的正确的体育观念和良好体育价值观投射到学生身上。在教学指导上要区别于体育专业的学生，提出不同的技能要求，更应该以学生为中心，采用适应社会人才培养需求的教学方法因材施教。因此，前述的关键要素，在推动重庆市普通高校公共体育课堂教学质量的进阶与提升过程中，发挥着不可或缺的关键性作用，是极为核心的影响因素。

表4－42　课堂教学方法方面维度载荷

因子	载荷
目的明确	0.892
方法适用	0.890
注重创新能力的培养	0.890
注重因材施教	0.889
教学方式灵活多样	0.837

3. 课堂教学内容方面的维度

教学内容的安排是公共体育课教学中非常重要的一环，它直接关系到学生的学习效果和教学质量。[1] 只有将创新公共体育教学内容以体育核心素养为准绳，才能在螺旋式上升的教学过程中致力于夯实学生的运动技能，使学生形成健康行为，实现培养学生高尚体育品德和终身体育意识的高阶性目标。

表4-43中关于重庆市普通高校公共体育课堂教学内容的"重点突出，不照本宣科""重视基础知识与技能的传授"载荷最高达到0.898，显而易见尤为重要。此外，多元化的公共体育课程教学内容的设计，要考虑各项教学内容的适用性及教育条件，根据学校现有的公共体育教学基础设施及教学环境保障措施，有的放矢地制定多套课程教学实践方案，确保高校公共体育课堂中的高效教学，形成多元化的发展循环。适当在公共体育教学中融入一些职业素养教学内容，如在篮球、足球、排球等体育课中培养学生的团队意识和协作能力，在体能训练课中培养学生的耐力与韧性，在武术类体育课中培养学生勇于挑战的精神。因而，以上方面也是影响重庆市普通高校公共体育课堂教学质量的重要因素。

表4-43　课堂教学内容方面维度载荷

因子	载荷
重点突出，不照本宣科	0.898
重视基础知识与技能的传授	0.898
注重知识的前沿性	0.897
教学内容处理得当	0.895

[1] 参见丁平：《体教融合背景下轮滑冰球运动引入高校公共体育课教学开展方式与途径探析》，载《冰雪体育创新研究》2023年第22期。

4. 课堂教学态度方面的维度

教学态度维度是评估重庆市普通高校公共体育课堂教学质量时不可忽视的关键因素之一。如表 4 – 44 所示,对于教学态度维度的分析中,“备课充分”的载荷最大,为 0. 888;其次是“重视反馈意见”,载荷为 0. 875。由此可以看出,这两个指标是很重要的影响因素。公共体育课堂教学与其他课堂教学不同,备课充分程度,不仅影响学生的学习效率,甚至影响学生的身心健康,若准备不充分可能会导致学生在课堂中意外受伤。同时公共体育课堂教学质量注重学生各类素质的协调发展,所以公共体育课程内容非常复杂,教师备课时要全方位考虑,把技术、战术、规则等内容融入课堂教学课程。如果在课堂中添加体育文化、教学比赛等内容,在课内外一体化教学模式下可以解决公共体育课程课内时间短缺问题,而常规课堂教学无法承担如此巨大的教学任务。因此,在公共体育备课充分程度上下功夫,可以优化课堂教学质量,更能充分有效地提高大学生的体质健康水平。在进行公共体育教学前,教师应先了解学生的身体素质和他们对体育课程的看法,同时学生应主动向任课教师汇报自身情况。在双方的相互了解的基础上,将学生分为不同层次,为他们设置不同的教学目标。在教学指导过程中要明显区别于体育专业学生,提出不同的技能要求。任课教师应通过收集和听取学生的需求及意见,采用适应社会活动的教学方式因材施教,同时积极学习和获取各种知识来不断充实自己。教学态度在很大程度上决定了课堂教学的效果,因此,以上因素也是影响重庆市普通高校公共体育课堂教学质量的重要原因。

表 4 – 44　课堂教学态度方面维度载荷

因子	载荷
备课充分	0.888
重视反馈意见	0.875
有自己的教学风格	0.874
经常与学生沟通交流	0.871

5. 课堂教学组织方面的维度

体育教学组织形式是体育教学活动中师生相互作用的结构形式，是联系教师之教与学生之学的纽带，教学组织形式运用的合理与否直接影响教学质量与效果。[1] 高校公共体育的教学组织颇具复杂性，它既要确保训练的强度适宜，又要系统传授体育基础理论。在这一过程中，需紧密围绕学生的需求，以学生体育教学为要塞，始终坚持立德树人的教育思想，优化教学组织实施过程，提高学生参与公共体育课程教学活动的积极性和主动性，将公共体育课程育人价值发挥到最大。

如表 4－45 所示，重庆市普通高校公共体育课堂教学质量影响因素中教学组织维度的"教学形式结构合理"载荷最高，为 0.877，尤为重要；其次是"注重师生互动""注重教学连贯性"，载荷指标为 0.876。因此，应对公共体育课堂教学结构和课堂组织形式进行调整和优化，对新时期的教学主体、教学对象和教学载体进行合理定位，以满足新时代大学生对公共体育课的多元需求。公共体育教学组织形式结构是学生有序学习体育运动项目的首要保障，教师与学生应达成共识，密切配合，形成合力，努力完善教学组织过程，以激发资源整合与协同育人的内生动力，以"教会、勤练、常赛"为课堂基本准则，确保推动形成常态化、规范化、系统化的教学组织模式。教学组织形式的优化在此过程中发挥着举足轻重的作用，它不仅关乎教学质量，更是直接影响着学生有效学习和掌握技能的关键之一。因此，课堂教学组织方面也极为重要。为此，在开展高校公共体育教学时，需重视教学形式的合理性，并强化师生间的互动与教学的连贯性。这将有助于提升课堂教学质量成效，推动体育教学组织方法的多样化。同时，这有助于丰富理论与实践研究，为提升重庆市普通高校公共体育课的教学质量提供有价值的参考和借鉴。总之，课堂教学组织维度非常重要。

---

〔1〕 参见丁平：《体教融合背景下轮滑冰球运动引入高校公共体育课教学开展方式与途径探析》，载《冰雪体育创新研究》2023 年第 22 期。

表4-45 课堂教学组织方面维度载荷

因子	载荷
教学形式结构合理	0.877
注重师生互动	0.876
注重教学连贯性	0.876
教学组织过程的合理性	0.873

综上所述,重庆市普通高校公共体育课堂教学质量受多要素共同影响,其中课堂教学表达、方法、内容、态度以及组织等方面尤为关键。为实现公共体育课堂教学质量的实质性提升,必须要在5个维度全方位优化,增强课堂教学表达效果,探索多样化教学方法,明确公共体育教学内容,提高教学内容适用性,端正师生教学态度,以教学组织为基石。要转变传统的以教师为中心的教学模式,转向更尊重学生主体地位的教学方式,通过增强学生在课堂上的主体作用,让他们成为课堂的主角,更主动地学习和互动。要努力培养大学生的体育品质与意识,进而全面提高大学生身体素质和公共体育课堂的教学质量。

四、小结

课堂,作为教育教学活动的核心,其教学质量是提升人才培养质量的关键。本研究针对重庆市普通高校公共体育课堂的教学质量进行了深入剖析,通过结合理论分析与实证研究,融合定性与定量研究方法,全面探究了影响高校公共体育课堂教学质量的多元因素。本研究指出了重庆市普通高校公共体育课堂教学中存在的短板与不足,从教师教学、学生学习、教学管理以及影响因素四个层面经过系统而详尽的研究,得出了以下具有针对性和指导性的结论。

(一)教师教学层面

重庆市普通高校体育教师的整体状况显示,绝大部分教师具备扎实的专业知识背景,所有教师均持有教师资格证并参与了岗前培训,这确保了师资力量的专业性和质量。其中,超过92%的教师将专业与教学紧密结合,且能够把握行业前沿,展现了他们深厚的学术底蕴和丰富的实践经验。然而,挑战依旧存在:仅48.2%的教师承担了多项科研项目,反映出科研能力有待加强;青年教师因缺乏实际工作经验和进修机会,科研和教学水平相对滞后。在教学方法上,95%的教师仍倾向于传统方式,多媒体等现代教学手段应用不足,反映出教学方法的创新性不足。重庆市普通高校公共体育课内容的配置也需进一步优化,以满足学生多样化的体育需求。尽管大部分教师热情投入,但在不同院校间的教学实践上存在差异。为应对挑战,需强化科研支持,推动教学方法和内容的创新,以更好地适应应用型人才培养的要求。

(二)学生学习层面

根据调查数据,重庆市普通高校公共体育课堂教学存在多方面的特点。首先,学生对公共体育课的感兴趣程度分化严重,仅有43.9%的学生表示对公共体育课非常感兴趣,而大部分学生对公共体育课的兴趣程度一般或较低。尽管如此,高达81.8%的学生认识到了体育运动对身体健康的重要性。其次,教师课程设计能够较好地激发学生的学习兴趣,占比达61.9%;课堂吸引力和响应度获得较高认可,占比为61.7%。然而,学生在体育学习中的自觉性不高,仅46.2%的学生愿意深入探讨课程难点,且仅有37.8%的学生能制订并严格执行科学的体育学习计划。再次,通过公共体育课堂,学生对公共体育课的专业技能和理论知识显著提升,占比78%。但在自主学习意识、终身体育意识和文化素养、思想道德方面的提升相对有限,占比分别为42.7%和37.8%。学生对体育课的兴趣和体育锻炼习惯在性别上存在显著差异。随着学习年限的增长,学生在文化素养和思想道德方面有所提高。最后,仅有67.8%的学生会在第二课堂进行体育锻炼,显示出体育锻炼的自主性和积极性有待提高。总之,重庆市普通高校公共体育课堂教学在专业知识传授和兴趣激发方面取得了一定成效，但在培养学生学习的自主性，提升终身体育意识及文化素养方面仍需加强。针对不同性别和年级的学生制定个性化教学策略，以提高学生的学习兴趣和积极性，是未来公共体育课程改进的关键方向。

（三）教学管理层面

经过分析调研数据，公共体育课堂教学质量在重庆市普通高校普遍受到重视。54.3%的教师和66.2%的学生均认同学校的高度关注。然而，体育场地与设施与公共体育教学的适配性存在明显不足，仅46.5%的学生和35.5%的教师认为资源足够。不同高校层级间，对公共体育的重视程度和设施满足度差异显著，这可能与政策、预算和办学理念有关。教学评价制度方面，89.7%的教师知道学校设有学评教制度，但学生知晓度仅78%，提示学校在制度传达上需加强。学生普遍认为体育课堂考核标准较合理，但仍有学生认为标准过高，呼吁制定更个性化的评价标准。卡方检验显示，国家部属高校在考核与评价制度上表现更优，教学内容更具挑战性和创新性，获得学生高度评价。相比之下，地方部属和民办本科高校在这些方面需要提升，特别是在融合背景知识与技术动作概念方面，公办本科高校表现更佳。因此，提升重庆市普通高校公共体育课堂教学质量至关重要，需加强设施建设和教学评价制度的完善，优化资源配置，改进教学评价机制，确保为学生提供更优质、更个性化的公共体育课堂教学质量服务。

（四）影响因素层面

通过对重庆市普通高校公共体育课堂教学质量影响因素的数据进行分析，得出以下结论：在体育课堂教学中，“技术动作要领讲解清晰，表达流畅，语言准确”和“熟悉授课内容”是影响教学质量的重要因素，载荷分别高达0.889和0.880。然而，受传统体育教学思维束缚，许多教师难以突破这一障碍,导致教学效果不佳。教学方法上,“目的明确”的载荷为0.892,表明教学方法的明确性至关重要。同时,教学方法的适用性和创新能力培养也极为重要,载荷为0.890。教学内容方面,“重点突出,不照本宣科”和“重视基础知识与技能的传授”载荷高达0.898,显示出在教学中的重要性。因此,设计多元化的教学内容,考虑教学条件,制定针对性教学方案,对提升教学质量至关重要。教学态度上,“备课充分”和“重视反馈意见”载荷分别为0.888和0.880,说明备课充分和重视学生反馈是提升教学质量不可或缺的因素。最后,教学组织维度中,“教学形式结构合理”载荷最高,为0.877,提示我们需要优化教学结构和组织形式,以满足新时代大学生的多元需求。这些方面对于提升教师教学能力水平,提高学生的学习效率、技能掌握程度以及满足学生多元化需求至关重要。

因此,为了进一步提升重庆市普通高校公共体育课堂的教学质量,有必要在教学管理、教师教学、学生学习、课堂教学质量影响因素等方面进行全面优化。这一过程中,身体活动应被置于核心地位,通过持续强化学生的体能素质,不仅要提高学生的运动能力,而且要注重锻造学生的意志品质。终极目标为培养出全面发展的高素质人才,以满足社会多元化的人才需求。高校公共体育课不仅承担着传授体育技能的任务,更是促进学生全面成长,提升整体人才质量的重要平台。

第五章　重庆市高校公共体育课程教学质量专家评价指标体系构建研究

一、被调查对象选取及数据来源

（一）被调查对象选取

本研究以重庆市高校公共体育课程教学质量专家评价指标体系的构建为研究对象，选取了来自重庆邮电大学、重庆第二师范学院、重庆工商大学、重庆医科大学、重庆大学、重庆师范大学、西南大学、重庆文理学院、长江师范学院和重庆对外经贸学院 10 所高校中从事相关工作的资深专家和教学督导作为本研究的被调查对象。

（二）数据来源

为满足研究需求，本章精心编制了两份问卷，分别是“重庆市高校公共体育课程教学质量专家评价指标的筛选”和“重庆市高校公共体育课程教学质量专家评价指标权重的确定”，问卷的详细内容见附录部分。本研究共进行了两轮问卷调查，以现场和在线两种形式进行发放。在第一轮中，我们发放了 16 份问卷，并成功回收了 16 份，实现了 100% 的回收率。随后，我们进行了第二轮问卷调查，同样发放了16份问卷，并全部回收，再次达到了100%的回收率。之后发放了评价指标赋权问卷16份，回收16份，同样是100%的回收率。

1. 问卷的信度检验

由表5－1可以得出以下信息：参与指标筛选的专家中，硕士学历有13人，占总体的81%，此外，博士学历有3人；专家职称多为副教授、教授；专家工作年限几乎都在5年以上，有丰富的教学经验，说明所选取的专家具有较高的权威性。

表5－1　专家基本情况统计

学历（人数）	职称（人数）	工作年限（人数）
博士（3）	教授（4）	3—5年（2）
硕士（13）	副教授（9）	5—10年（7）
	讲师（3）	10—20年（3）
		20年以上（4）

由表5－2可以得出，三轮问卷的克隆巴赫 α 系数都在0.9以上，因此认为本书采用的问卷具有较高的信度。

表5－2　问卷信度表格

	样本量	项目数	克隆巴赫 α 系数
第一轮	16	81	0.990
第二轮	16	65	0.985
第三轮	16	65	0.995

2. 问卷的效度检验

为确保调查问卷的内容效度达到较高水平，本研究在问卷设计阶段特别邀请了熟悉研究内容的专家，对问卷的语言表达、逻辑结构以及各项指标间的关联性进行评定。基于专家的反馈与建议，对问卷进行了反复的修改与优化，直至所有专家均认可问卷中的各项指标设置合理。据此，可以认为调查问卷在内容效度上具备了较高的可靠性（见表5－3）。

表 5－3 指标合理情况统计

专家问卷	合理	基本合理	不合理	合计
人数	7	9	0	16
比例	44%	56%	0	100%

3. 专家的积极程度和权威程度

(1) 专家的积极程度

专家积极系数是衡量专家对研究相应程度的一个指标，可通过专家咨询问卷的回收情况来衡量，即问卷的回收率。[1] 本研究一共发放了3轮问卷，每轮发放16份，并回收16份，达到回收率100%，这说明绝大多数专家参与本研究的积极程度较高。

(2) 专家的权威程度

专家的权威程度一般由两个因素决定：一是专家对指标的熟悉程度，用 C_s 表示专家对指标熟悉程度系数（见表5－4）；二是专家对指标内容的判断依据，用 C_α 表示判断影响程度系数（见表5－5），用 C_r 表示专家权威程度的判断系数，计算公式为 $C_r = (C_s + C_\alpha)/2$（见表5－6）。

表 5－4 专家对指标的熟悉程度

熟悉程度	赋值
非常熟悉	0.9
较熟悉	0.7
一般熟悉	0.5
不太熟悉	0.3
不熟悉	0.1

[1] 参见王春枝、斯琴：《德尔菲法中的数据统计处理方法及其应用研究》，载《内蒙古财经学院学报（综合版）》2011年第4期。

表 5-5　专家判断依据

判断依据	赋值		
	大	中	小
实践经验	0.3	0.2	0.1
理论分析	0.5	0.4	0.3
国内外同行了解	0.1	0.1	0.1
直觉	0.1	0.1	0.1

表 5-6　专家权威程度

指标维度	Cr
一级指标	0.918
二级指标	0.906
三级指标	0.900

在一般情况下，权威程度≥0.70 则是可接受范围，[1] 如表 5-6 所示，16 名专家对于一级、二级、三级指标的权威系数分别为 0.918、0.906、0.900，均在 0.7 以上，表明本研究所选取的专家具有较高的权威，符合研究需要。

二、重庆市高校公共体育课程教学质量专家评价指标体系的初构

在构建教学质量评价体系的过程中，核心任务在于确立评价框架。本研究为深入研究"教学质量评价体系"这一主题，检索与之紧密关联的核心期刊文献，并特别选取高引用率的资料作为研究基础，同时收集专门探讨教学质量评价体系构建的相关论文和期刊。通过对这些文献中的教学质量评价一级指标进行系统的梳理、归纳与总结分析（见表 5-7），初步拟定重庆市高校公共体育课程教学质量专家评价的一级指标为教学条

〔1〕 参见邹德新、朱传耿、姜翀等：《体育强国背景下体育强省评价指标体系构建与实证研究》，载《体育学研究》2019 年第 5 期。

件、教学准备、教学过程、教学效果。

表 5－7　文献资料获取一级指标

作者	论文来源	一级指标
张迪(2023)	山东师范大学	A. 教学设计；B. 教学过程；C. 教学效果
钟晨(2022)	陕西教育(高教)	A. 课前准备；B. 教学条件；C. 教学过程；D. 教学效果；E. 教学评价反馈
张正和(2022)	上海体育学院	A. 条件质量；B. 过程质量；C. 结果质量
黄萌(2021)	广州体育学院	A. 课前教学准备；B. 教学内容；C. 教学方法与手段；D. 教学过程；E. 教学效果；F. 教学评价反馈
袁晓峰(2020)	西南大学	A. 教学效果；B. 学习预期；C. 学习价值感知；D. 学习环境；E. 学习满意度；F. 学习忠诚；G. 课程口碑
范想(2020)	南京体育学院	A. 课堂教学设计；B. 课堂教学实施；C. 课堂教学延伸
刘丹(2019)	北京体育大学	A. 教学准备；B. 教学过程；C. 教学效果；D. 教学管理；E. 教学条件；F. 教学发展
史千(2018)	广东技术师范学院	A. 教学准备；B. 教学组织；C. 教学态度；D. 运动负荷；E. 教学效果
谢亚琪(2017)	南京体育学院	A. 课堂教学准备；B. 课堂教学实施；C. 课堂教学效果；D. 课堂教学反思
刘国庆(2015)	聊城大学	A. 教学准备；B. 组织教学；C. 讲解示范；D. 教学效果
王风飞(2014)	南京师范大学	A. 教学条件；B. 教学过程；C. 教学结果
刘永龙(2012)	北京体育大学	A. 教学准备；B. 教学过程；C. 教学效果
方强(2010)	广州体育学院学报	A. 教的评价；B. 学的评价；C. 施教效果评价

通过对上述文献资料的深入剖析，本书系统整理了关于教学条件、教学准备、教学过程以及教学效果的二级指标，并据此提炼出本书所需的二

级、三级指标(见表5－8、表5－9、表5－10、表5－11)。

(一)教学条件的评价指标

在整理教学条件相关的一级指标时(见表5－8),本书初步界定教学条件应涵盖的要素为规章制度、师资队伍以及场地器材等。

表5－8　教学条件的评价指标

作者	一级指标	二级指标
钟晨(2022)	教学条件	场地设施;器材准备
张正和(2022)	条件质量	课程质量;课程团队;课程平台
刘丹(2019)	教学条件	基础设施;师资条件
王风飞(2014)	教学条件	教学规章制度;师资队伍;场地器材设施

(二)教学准备的评价指标

在对教学准备环节的一级指标进行全面梳理后(见表5－9),本书初步界定教学准备应涵盖以下关键要素:教学目标、教学计划及教案编写等。

表5－9　教学准备的评价指标

作者	一级指标	二级指标
张迪(2023)	教学设计	教学设施;教学资源;教学理念
钟晨(2022)	课前准备	教学目标;教学计划;教案编写
黄萌(2021)	课前教学准备	教学目标;教学计划;教案编写;场地设施
范想(2020)	课堂教学设计	设计理念;教材分析;学情分析;教学目标;教学方法;教案编写
刘丹(2019)	教学准备	教学文件;实验器材;教学设计
史千(2018)	教学准备	课前分析;准备充分;任务设计;教案可行性
谢亚琪(2017)	课堂教学准备	教学设计;教案编写

续表

作者	一级指标	二级指标
刘国庆(2015)	教学准备	教案质量;教态礼仪;场地器材;教学内容;教学计划;运动负荷设计科学
刘永龙(2012)	教学准备	教学文件;器材教具准备充分;教师精神面貌好;教师着装适宜
方强(2010)	教的评价	教学组织;教学任务;教学目标;教学内容;教学能力;教学方式

(三)教学过程的评价指标

在对教学过程的一级指标进行全面梳理后(见表5-10),本书经初步探讨,认为教学过程应包含教学态度、教学能力、教学内容、教学方法与手段及教学组织与管理等多个方面。

表5-10 教学过程的评价指标

作者	一级指标	二级指标
张迪(2023)	教学过程	教学态度;教学能力;教学内容;教学方法;教学手段
钟晨(2022)	教学过程	内容合理性;重难点突出;教学态度;训练密度;运动负荷水平
张正和(2022)	过程质量	课程导航;学习目标;教学内容;教学设计;教学方法;教学反馈
黄萌(2021)	教学过程	教学态度;教学组织与实施;练习密度;运动负荷设计
范想(2020)	课堂教学实施	教师指导;学生练习;互助教学;组织实施;学习评价
刘丹(2019)	教学过程	教学组织;教学内容;教学风气;课程设计
谢亚琪(2017)	课堂教学实施	组织管理;情境创设;教学指导;师生互动;评价反馈

续表

作者	一级指标	二级指标
王风飞(2014)	教学过程	课程建设;教学组织管理;教学评估与反馈;考试管理;学风
刘永龙(2012)	教学过程	示范正确时机适宜;有效纠正错误动作;保护与安全措施得当;运动负荷设计科学;组织教法多样;重视心理思想教育;学科知识和新知识介绍;重视学生能力培养

(四)教学效果的评价指标

在深入梳理教学效果下的一级指标后(见表5-11),本书初步认为,教学效果的评估应聚焦于目标达成度,同时包括能力提升、意识培养、教学考核、教学反馈等多维度因素。

表5-11　教学效果的评价指标

作者	一级指标	二级指标
张迪(2023)	教学效果	教学考核;教学满意度;学生能力提升
钟晨(2022)	教学效果	教育目标达成;知识应用能力;运动意识培养;情感态度
张正和(2022)	结果质量	课程总结;课程考评;学生能力
黄萌(2021)	教学效果	目标达成;知识技能的掌握;体育意识的培养;情感态度的培养
袁晓峰(2020)	教学效果	目标实现;体育知识获得量;愉快程度;身体素质
范想(2020)	课堂教学延伸	课后指导;教学反思
刘丹(2019)	教学效果	实验结果;教学反馈;成绩考核
史千(2018)	教学效果	激发学生学习兴趣;提高学生锻炼意识;体能素质达标率;学生运动技能掌握程度

续表

作者	一级指标	二级指标
谢亚琪(2017)	课堂教学效果	知识理解率;技能掌握率;运动生理负荷;学生主观表现
刘国庆(2015)	教学效果	知识技术的掌握;学生满意度;终身体育意识的培养;能力培养;思想道德教育;身体素质的发展
王风飞(2014)	教学效果	育人效果;教学满意度
刘永龙(2012)	教学效果	课堂气氛活跃;师生互动性强;学生学习态度好;基本掌握知识技能
方强(2010)	施教效果评价	课堂教学满意度;教学效果;学生能力培养;品德教育成效

(五)专家评价量表指标体系的初构

经过对文献的细致整理与汇总,本书着重筛选并整合了重复出现的关键指标,同时对概念相近但名称各异的指标进行了合并,并重新命名与分类。基于上述工作,本书初步构建了一个专家评价量表,旨在为后续研究提供标准化的评估工具(见表5-12)。

表5-12 专家评价量指标体系(初步设计)

一级指标	二级指标	三级指标
A 教学条件	A1 规章制度	A1.1 规章制度的合理性 A1.2 规章制度的科学性
	A2 师资队伍	A2.1 体育师生人数比例 A2.2 体育教师学历占比 A2.3 体育教师职称占比
	A3 场地器材	A3.1 学校体育场馆面积大小 A3.2 体育场地器械的充足程度 A3.3 体育场地器材设施管理 A3.4 体育场地器械的利用率

续表

一级指标	二级指标	三级指标
B 教学准备	B1 教学目标	B1.1 是否契合大纲要求 B1.2 与课程内容相辅相成 B1.3 利于学生能力的提升
	B2 教学计划	B2.1 符合学生学习实际需求 B2.2 熟悉了解教学任务、内容 B2.3 符合学校教学进度与安排
	B3 教案编写	B3.1 规范工整,任务明确 B3.2 重难点突出,教学方法、手段适当 B3.3 运动负荷适宜,时间分配合理 B3.4 教学内容丰富
C 教学过程	C1 教学态度	C1.1 教学形象:仪态端正,精神饱满 C1.2 教学语言:简明扼要,清晰准确 C1.3 态度严谨,遵守师德 C1.4 关爱学生,无差别对待 C1.5 重视教学信息反馈
	C2 教学能力	C2.1 教学理解能力 C2.2 教学设计能力 C2.3 教学科研能力 C2.4 教学认知能力 C2.5 教学实践能力 C2.6 教学组织管理能力
	C3 教学内容	C3.1 思想性:落实课程思政建设 C3.2 规范性:符合大纲要求 C3.3 前沿性和时代性:与时俱进 C3.4 组织性:组织有序,掌控进度 C3.5 科学性:安排合理,符合学生实际情况
	C4 教学方法与手段	C4.1 是否符合体育学科特性 C4.2 灵活运用多种教学方法和手段 C4.3 教学方法与手段科学有效 C4.4 教学方法和手段的创新性 C4.5 激发学生学习的动机,提高学习积极性
	C5 教学组织与管理	C5.1 教学内容的组织实施 C5.2 教学任务的组织安排 C5.3 学生课堂表现与考勤 C5.4 关注学生差异,区别对待

续表

一级指标	二级指标	三级指标
D 教学效果	D1 目标达成	D1.1 学生对运动技术掌握程度 D1.2 教学目标的完成程度
	D2 能力提升	D2.1 课程基本理论知识和技术的掌握程度 D2.2 提高学生的文化素养、思想道德品质 D2.3 提升学生知识应用能力 D2.4 提升学生交流合作能力
	D3 意识培养	D3.1 学生终身体育意识的培养 D3.2 学生自主学习意识的培养 D3.3 学生科学锻炼意识的培养
	D4 教学考核	D4.1 考核内容科学严谨 D4.2 考核标准清晰明确 D4.3 考核方法全面实用
	D5 教学反馈	D5.1 课后指导 D5.2 教师互评 D5.3 教师自评 D5.4 学生评价 D5.5 教学反思

三、重庆市高校公共体育课程教学质量专家评价指标内容的筛选

本书评价指标筛选的统计学依据为平均值、标准差、变异系数，通过对这些数据的统计筛选出有效的评价指标。在问卷调查中，针对各项指标的重要程度设定了 5 个等级，分别是：特别重要、比较重要、一般重要、不太重要、不重要。在数据录入阶段，这些等级分别被赋予了数值 5、4、3、2、1。随后，通过统计整理各项指标权重赋值的结果，计算出了各级指标的权重赋值的平均值、标准偏差以及变异系数。

在本书中采用的筛选准则如下：

均值作为一个度量，数值的大小直接反映了专家意见的集中程度，数值越高则表明该条目在评价体系中的重要性越高。本书设定的均值阈值为 4，若某指标条目的均值低于此值，该条目将被剔除，不再参与后续的问

卷评审和最终评价体系的构建。

变异系数则是一个衡量专家对单一指标意见协调程度的观察工具，数值越小，表明专家对该条目的评价一致性越高。[1] 在本书中，设定变异系数的阈值为0.25。若某项指标的变异系数低于这一标准，即表明专家对该指标的评分具有较高的一致性，因此将予以保留。相反，若变异系数超过0.25，则表明专家评分存在较大的分歧，这样的指标将被剔除，不会纳入后续的评审问卷或最终的评价指标体系。

(一)第一轮评价指标的筛选

1. 第一轮一级指标筛选结果数据分析

本书分别对教学条件、教学准备、教学过程、教学效果的相应数据进行计算统计，得出以下结果(见表5－13)：

表5－13　一级指标结果统计

序号	一级指标	最大值	最小值	平均值	标准差	变异系数
1	A 教学条件	5	3	4.313	0.663	0.154
2	B 教学准备	5	3	4.500	0.738	0.164
3	C 教学过程	5	4	4.875	0.361	0.074
4	D 教学效果	5	4	4.688	0.487	0.104

由表5－13可见，A、B、C、D 4个一级指标的均值依次为4.313、4.500、4.875、4.688，均显著超过4，这反映出专家对这些一级指标的看法相当统一。同时，它们的变异系数分别为0.154、0.164、0.074、0.104，均远低于0.25的阈值，这进一步证明了这些一级指标得到了专家的广泛认可，证明了设置的合理性。基于以上分析，本书决定保留这4个一级指标。

[1] 参见宋辰斐、薛征、吴淑艳等：《〈药物香佩疗法预防小儿反复呼吸道感染治未病实践指南〉香佩药物的德尔菲法结果分析》，载《中华中医药杂志》2017年第1期。

2. 第一轮二级指标筛选结果数据分析

本书针对二级指标进行了全面的统计分析，涵盖了平均值、标准偏差以及变异系数的计算，以下是所得的具体结果（见表5－14）：

表5－14　二级指标结果统计

序号	二级指标	最大值	最小值	平均值	标准差	变异系数
1	A1 规章制度	5	2	4.000	0.893	0.223
2	A2 师资队伍	5	3	4.813	0.576	0.120
3	A3 场地器材	5	3	4.563	0.746	0.164
4	B1 教学目标	5	3	4.375	0.698	0.159
5	B2 教学计划	5	3	4.688	0.625	0.133
6	~~B3 教案编写~~	~~5~~	~~1~~	~~4.188~~	~~1.360~~	~~0.325~~
7	C1 教学态度	5	3	4.500	0.738	0.164
8	C2 教学能力	5	3	4.500	0.626	0.139
9	C3 教学内容	5	3	4.313	0.663	0.154
10	C4 教学方法与手段	5	3	4.500	0.738	0.164
11	C5 教学组织与管理	5	3	4.438	0.607	0.137
12	D1 目标达成	5	3	4.375	0.698	0.159
13	D2 能力提升	5	3	4.563	0.635	0.139
14	D3 意识培养	5	3	4.313	0.770	0.179
15	~~D4 教学考核~~	~~5~~	~~1~~	~~4.000~~	~~1.051~~	~~0.263~~
16	D5 教学反馈	5	3	4.188	0.878	0.210

注：标有删除线的指标或数据表示此内容予以删除。

由表5－14可以得出以下结论：对于上述16个二级指标，选取均值大于4的14个二级指标保留。其中“B3 教案编写”的变异系数为0.325，“D4 教学考核”的变异系数为0.263，均大于标准0.25，予以删除。本研究将以此为基础进行第二轮的指标筛选，并听取建议与想法。

3.第一轮三级指标筛选结果数据分析

本书针对三级指标进行了全面的统计分析，涵盖了平均值、标准偏差以及变异系数的计算，以下是所得的具体结果（见表5－15）：

表5－15　三级指标结果统计

序号	三级指标	最大值	最小值	平均值	标准差	变异系数
1	A1.1 规章制度的合理性	5	3	4.500	0.738	0.164
2	A1.2 规章制度的科学性	5	3	4.438	0.722	0.163
3	A2.1 体育师生人数比例	5	3	4.563	0.635	0.139
4	A2.2 体育教师学历占比	5	3	4.250	0.830	0.195
5	A2.3 体育教师职称占比	5	1	3.750	1.085	0.289
6	A3.1 学校体育场馆面积大小	5	3	4.250	0.617	0.145
7	A3.2 体育场地器械的充足程度	5	3	4.500	0.626	0.139
8	A3.3 体育场地器材设施管理	5	3	4.250	0.731	0.172
9	A3.4 体育场地器械的利用率	5	3	4.188	0.786	0.188
10	B1.1 是否契合大纲要求	5	3	4.438	0.822	0.185
11	B1.2 与课程内容相辅相成	5	3	4.563	0.635	0.139
12	B1.3 利于学生能力的提升	5	3	4.625	0.746	0.161
13	B2.1 符合学生学习实际需求	5	3	4.625	0.746	0.161
14	B2.2 熟悉了解教学任务、内容	5	3	4.500	0.626	0.139
15	B2.3 符合学校教学进度与安排	5	3	4.500	0.836	0.186
16	B3.1 规范工整，任务明确	5	3	4.188	0.786	0.188
17	B3.2 重难点突出，教学方法、手段适当	5	3	4.750	0.606	0.128
18	B3.3 运动负荷适宜，时间分配合理	5	3	4.688	0.625	0.133
19	B3.4 教学内容丰富	5	3	4.438	0.822	0.185
20	C1.1 教学形象：仪态端正，精神饱满	5	3	4.563	0.635	0.139
21	C1.2 教学语言：简明扼要，清晰准确	5	3	4.688	0.625	0.133

续表

序号	三级指标	最大值	最小值	平均值	标准差	变异系数
22	C1.3 态度严谨,遵守师德	5	3	4.688	0.738	0.157
23	C1.4 关爱学生,无差别对待	5	3	4.750	0.606	0.128
24	C1.5 重视教学信息反馈	5	3	4.625	0.635	0.137
25	C2.1 教学理解能力	5	3	4.625	0.635	0.137
26	C2.2 教学设计能力	5	3	4.688	0.625	0.133
27	C2.3 教学科研能力	5	3	4.563	0.843	0.185
28	C2.4 教学认知能力	5	3	4.688	0.625	0.133
29	C2.5 教学实践能力	5	3	4.750	0.606	0.128
30	C2.6 教学组织管理能力	5	3	4.750	0.606	0.128
31	C3.1 思想性:落实课程思政建设	5	4	4.500	0.738	0.164
32	C3.2 规范性:符合大纲要求	5	3	4.500	0.738	0.164
33	C3.3 前沿性和时代性:与时俱进	5	3	4.438	0.822	0.185
34	C3.4 组织性:组织有序,掌控进度	5	3	4.563	0.635	0.139
35	C3.5 科学性:安排合理,符合学生实际情况	5	3	4.563	0.746	0.164
36	C4.1 是否符合体育学科特性	5	3	4.563	0.746	0.164
37	C4.2 灵活运用多种教学方法和手段	5	3	4.500	0.738	0.164
38	C4.3 教学方法与手段科学有效	5	3	4.688	0.625	0.133
39	C4.4 教学方法和手段的创新性	5	3	4.438	0.822	0.185
40	C4.5 激发学生学习的动机,提高学习积极性	5	3	4.688	0.625	0.133
41	C5.1 教学内容的组织实施	5	3	4.625	0.635	0.137
42	C5.2 教学任务的组织安排	5	3	4.688	0.625	0.133
43	C5.3 学生课堂表现与考勤	5	3	4.625	0.746	0.161
44	C5.4 关注学生差异,区别对待	5	3	4.625	0.843	0.182

续表

序号	三级指标	最大值	最小值	平均值	标准差	变异系数
45	D1.1 学生对运动技术掌握程度	5	3	4.563	0.635	0.139
46	D1.2 教学目标的完成程度	5	3	4.563	0.746	0.164
47	D2.1 课程基本理论知识和技术的掌握程度	5	3	4.438	0.822	0.185
48	D2.2 提高学生的文化素养、思想道德品质	5	3	4.625	0.746	0.161
49	D2.3 提升学生知识应用能力	5	3	4.500	0.736	0.186
50	D2.4 提升学生交流合作能力	5	3	4.500	0.924	0.205
51	D3.1 学生终身体育意识的培养	5	4	4.688	0.487	0.104
52	D3.2 学生自主学习意识的培养	5	3	4.625	0.635	0.137
53	~~D3.3 学生科学锻炼意识的培养~~	5	3	4.750	0.606	0.128
54	~~D4.1 考核内容科学严谨~~	5	1	~~4.438~~	~~1.136~~	~~0.256~~
55	~~D4.2 考核标准清晰明确~~	5	1	~~4.438~~	~~1.136~~	~~0.256~~
56	~~D4.3 考核方法全面实用~~	5	1	~~4.500~~	~~1.147~~	~~0.255~~
57	D5.1 课后指导	5	3	4.250	0.830	0.195
58	~~D5.2 教师互评~~	5	1	~~3.938~~	~~1.203~~	~~0.306~~
59	D5.3 教师自评	5	3	4.125	0.830	0.201
60	~~D5.4 学生评价~~	5	2	~~4.125~~	~~1.142~~	~~0.277~~
61	D5.5 教学反思	5	3	4.563	0.635	0.139

注：标有删除线的指标或数据表示此内容予以删除。

由表5－15可得，对于上述61个三级指标，其中二级指标“B3 教案编写”下的B3.1、B3.2、B3.3、B3.4　4个指标均予删除；“A2.3 体育教师职称占比”的平均值为3.750，变异系数为0.289；“A3.1 学校体育场馆面积大小”的变异系数为0.145；“D3.3 学生科学锻炼意识的培养”的变异系数为0.128；“D4.1 考核内容科学严谨”的变异系数为0.256；“D4.2 考核标准清晰明确”的变异系数为0.256；“D4.3 考核方法全面实用”的变异系数为0.255；“D5.2 教师互评”的平均值为3.938，变异系数为0.306；

“D5.4 学生评价”的变异系数为 0.277。以上共 12 个指标均不符合要求，予以删除。

专家在评改过程中也提出了其他指标的修改建议。对于指标“A3.1 学校体育场馆面积大小”和“A3.2 体育场地器械的充足程度”，专家认为 A3.2 包含了 A3.1，故将二者合并，改为“体育场地器械的充足程度”；对于指标“C4.2 灵活运用多种教学方法和手段”、“C4.3 教学方法与手段科学有效”和指标“C4.4 教学方法和手段的创新性”，专家认为概念较为相似，应予以合并，修改为“教学方法与手段灵活多样，有针对性”；对于指标“D3.1 学生终身体育意识的培养”和“D3.3 学生科学锻炼意识的培养”，专家认为终身体育意识里面包含了科学锻炼意识的内涵，故将二者合并，统一为“学生终身体育意识的培养”。

综合以上数据信息，以修改或保留的 47 个三级指标为基础进行第二轮的指标筛选，并听取建议来修改指标，以最终确定的评价指标。

（二）第二轮评价指标的筛选

1. 第二轮一级指标筛选结果数据分析

本书分别对教学条件、教学准备、教学过程、教学效果的相应数据进行计算统计，得出以下结果（见表 5－16）：

表 5－16　一级指标结果统计

序号	一级指标	最大值	最小值	平均值	标准差	变异系数
1	A 教学条件	5	3	4.313	0.535	0.124
2	B 教学准备	5	3	4.625	0.746	0.161
3	C 教学过程	5	3	4.688	0.625	0.133
4	D 教学效果	5	3	4.688	0.625	0.133

从表 5－16 的数据中，可以观察到在第二轮评价指标筛选中，专家对 4 个一级指标的评价与首轮相比虽有所微调，但变动幅度并不显著。具体而言，部分指标的平均值略有提升，且所有均值均保持在 4 以上。同时，

这4个一级指标的变异系数分别为0.124、0.161、0.133、0.133，均低于0.25的阈值。这些数据充分说明，各位专家对于这4个一级指标的重要性和认同度依旧保持高度的一致性，并且均符合设定的标准，因此继续保留这4个一级指标。

2. 第二轮二级指标筛选结果数据分析

本书针对二级指标进行了全面的统计分析，涵盖了平均值、标准差以及变异系数的计算，以下是所得的具体结果（见表5-17）：

表5-17　二级指标结果统计

序号	二级指标	最大值	最小值	平均值	标准差	变异系数
1	A1 规章制度	5	3	4.313	0.663	0.154
2	A2 师资队伍	5	3	4.625	0.635	0.137
3	A3 场地器材	5	3	4.688	0.738	0.157
4	B1 教学目标	5	3	4.625	0.635	0.137
5	B2 教学计划	5	3	4.625	0.635	0.137
6	C1 教学态度	5	3	4.500	0.738	0.164
7	C2 教学能力	5	3	4.563	0.635	0.139
8	C3 教学内容	5	3	4.563	0.635	0.139
9	C4 教学方法与手段	5	3	4.688	0.625	0.133
10	C5 教学组织与管理	5	3	4.625	0.635	0.137
11	D1 目标达成	5	3	4.063	0.664	0.164
12	D2 能力提升	5	3	4.750	0.606	0.128
13	D3 意识培养	5	3	4.500	0.738	0.164
14	D4 教学反馈	5	3	4.375	0.577	0.132

由表5-17可知，对于14个二级指标，专家意见比较一致。所有二级指标的均值均大于4，总体来看，均值较第一轮略有上升；变异系数均小于0.25，且大部分变异系数较第一轮有所下降。综上所述，所有二级指标均通过均值和变异系数的检验，可以看出二级指标的重要性较高，专家的集

中性较好,予以保留。

3. 第二轮三级指标筛选结果数据分析

本书针对三级指标进行了全面的统计分析,涵盖了平均值、标准差以及变异系数的计算,以下是所得的具体结果(见表5-18):

表5-18　三级指标结果统计

序号	三级指标	最大值	最小值	平均值	标准差	变异系数
1	A1.1 规章制度的合理性	5	3	4.563	0.635	0.139
2	A1.2 规章制度的科学性	5	3	4.625	0.635	0.137
3	A2.1 体育师生人数比例	5	3	4.688	0.625	0.133
4	A2.2 体育教师学历占比	5	3	4.250	0.617	0.145
5	A3.1 体育场地器械的充足程度	5	3	4.625	0.635	0.137
6	A3.2 体育场地器材设施管理	5	3	4.313	0.770	0.179
7	A3.3 体育场地器械的利用率	5	3	4.625	0.635	0.137
8	B1.1 是否契合大纲要求	5	3	4.375	0.698	0.159
9	B1.2 与课程内容相辅相成	5	3	4.813	0.576	0.120
10	B1.3 利于学生能力的提升	5	3	4.813	0.576	0.120
11	B2.1 符合学生学习实际需求	5	3	4.688	0.625	0.133
12	B2.2 熟悉了解教学任务、内容	5	3	4.438	0.722	0.163
13	B2.3 符合学校教学进度与安排	5	3	4.563	0.635	0.139
14	C1.1 教学形象:仪态端正,精神饱满	5	3	4.250	0.731	0.172
15	C1.2 教学语言:简明扼要,清晰准确	5	3	4.438	0.722	0.163
16	C1.3 态度严谨,遵守师德	5	3	4.625	0.635	0.137
17	C1.4 关爱学生,无差别对待	5	3	4.750	0.606	0.128
18	C1.5 重视教学信息反馈	5	3	4.438	0.607	0.137
19	C2.1 教学理解能力	5	3	4.500	0.738	0.164
20	C2.2 教学设计能力	5	3	4.438	0.607	0.137
21	C2.3 教学科研能力	5	3	4.750	0.606	0.128

续表

序号	三级指标	最大值	最小值	平均值	标准差	变异系数
22	C2.4 教学认知能力	5	3	4.563	0.635	0.139
23	C2.5 教学实践能力	5	3	4.813	0.576	0.120
24	C2.6 教学组织管理能力	5	3	4.688	0.625	0.133
25	C3.1 思想性:落实课程思政建设	5	3	4.688	0.625	0.133
26	C3.2 规范性:符合大纲要求	5	3	4.688	0.625	0.133
27	C3.3 前沿性和时代性:与时俱进	5	3	4.688	0.625	0.133
28	C3.4 组织性:组织有序,掌控进度	5	3	4.625	0.746	0.161
29	C3.5 科学性:安排合理,符合学生实际情况	5	3	4.813	0.576	0.120
30	C4.1 是否符合体育学科特性	5	3	4.563	0.635	0.139
31	C4.2 教学方法和手段灵活多样,有针对性	5	3	4.688	0.635	0.133
32	C4.3 激发学生学习的动机,提高学习积极性	5	3	4.813	0.576	0.120
33	C5.1 教学内容的组织实施	5	3	4.563	0.635	0.139
34	C5.2 教学任务的组织安排	5	3	4.563	0.635	0.139
~~35~~	~~C5.3 学生课堂表现与考勤~~	~~5~~	~~3~~	~~3.938~~	~~0.824~~	~~0.209~~
36	C5.4 关注学生差异,区别对待	5	3	4.750	0.606	0.128
37	D1.1 学生对运动技术掌握程度	5	3	4.625	0.635	0.137
38	D1.2 教学目标的完成程度	5	3	4.438	0.607	0.137
39	D2.1 课程基本理论知识和技术的掌握程度	5	3	4.750	0.606	0.128
40	D2.2 提高学生的文化素养、思想道德品质	5	3	4.625	0.635	0.137
41	D2.3 提升学生知识应用能力	5	3	4.750	0.606	0.128
42	D2.4 提升学生交流合作能力	5	3	4.188	0.681	0.163

续表

序号	三级指标	最大值	最小值	平均值	标准差	变异系数
43	D3.1 学生终身体育意识的培养	5	3	4.750	0.606	0.128
44	D3.2 学生自主学习意识的培养	5	3	4.563	0.635	0.139
45	D4.1 课后指导	5	3	4.125	0.732	0.177
46	D4.2 教师自评	5	3	4.500	0.626	0.139
47	D4.3 教学反思	5	3	4.688	0.625	0.133

注:标有删除线的指标或数据表示此内容予以删除。

观察表5－18中的数据,可以发现,与第一轮数据相比,第二轮三级指标的数据在整体上呈现出细微的变动趋势,显示出数据间的细微差异。其中指标“C5.3 学生课堂表现与考勤”的平均值是3.938,要小于标准4,故予以删除。此外,大部分三级指标的平均值都在4.6左右,较第一轮三级指标的均值有所上升,且变异系数也都小于标准0.25。该表数据显示相关指标的重要性较高,专家的认同度较高,故保留46个三级指标。

四、重庆市高校公共体育课程教学质量专家评价指标体系的确定

基于对第一轮专家筛选结果的统计分析及专家反馈的修改意见,对部分指标内容进行了删减与修订,进而精心设计了第二轮的专家筛选问卷。在成功回收第二轮问卷后,进行了详尽的数据分析,结合表5－16、表5－17和表5－18中各项指标的平均值与变异系数,可以得出结论:所有指标均满足指标设计的标准,且获得了专家的高度认可。因此,笔者认为可以结束专家评审环节,最终确立了重庆市高校公共体育课程教学质量专家评价量指标体系(见表5－19)。

表5－19 专家评价量指标体系(最终确定)

一级指标	二级指标	三级指标
A 教学条件	A1 规章制度	A1.1 规章制度的合理性 A1.2 规章制度的科学性

续表

一级指标	二级指标	三级指标
	A2 师资队伍	A2.1 体育师生人数比例 A2.2 体育教师学历占比
	A3 场地器材	A3.1 体育场地器械的充足程度 A3.2 体育场地器材设施管理 A3.3 体育场地器械的利用率
B 教学准备	B1 教学目标	B1.1 是否契合大纲要求 B1.2 与课程内容相辅相成 B1.3 利于学生能力的提升
	B2 教学计划	B2.1 符合学生学习实际需求 B2.2 熟悉了解教学任务、内容 B2.3 符合学校教学进度与安排
C 教学过程	C1 教学态度	C1.1 教学形象：仪态端正，精神饱满 C1.2 教学语言：简明扼要，清晰准确 C1.3 态度严谨，遵守师德 C1.4 关爱学生，无差别对待 C1.5 重视教学信息反馈
	C2 教学能力	C2.1 教学理解能力 C2.2 教学设计能力 C2.3 教学科研能力 C2.4 教学认知能力 C2.5 教学实践能力 C2.6 教学组织管理能力
	C3 教学内容	C3.1 思想性：落实课程思政建设 C3.2 规范性：符合大纲要求 C3.3 前沿性和时代性：与时俱进 C3.4 组织性：组织有序，掌控进度 C3.5 科学性：安排合理，符合学生实际情况
	C4 教学方法与手段	C4.1 是否符合体育学科特性 C4.2 教学方法和手段灵活多样，有针对性 C4.3 激发学生学习的动机，提高学习积极性
	C5 教学组织与管理	C5.1 教学内容的组织实施 C5.2 教学任务的组织安排 C5.3 关注学生差异，区别对待

续表

一级指标	二级指标	三级指标
D 教学效果	D1 目标达成	D1.1 学生对运动技术掌握程度 D1.2 教学目标的完成程度
	D2 能力提升	D2.1 课程基本理论知识和技术的掌握程度 D2.2 提高学生的文化素养、思想道德品质 D2.3 提升学生知识应用能力 D2.4 提升学生交流合作能力
	D3 意识培养	D3.1 学生终身体育意识的培养 D3.2 学生自主学习意识的培养
	D4 教学反馈	D4.1 课后指导 D4.2 教师自评 D4.3 教学反思

五、重庆市高校公共体育课程教学质量专家评价指标权重的确定

权重，作为一个量化指标，用以衡量在总体中各个单位标志值的重要性程度，对于评估某一特定指标项在整体指标体系中的显著地位具有决定性意义。核心作用在于揭示了在其余指标保持恒定的条件下，某一特定指标项的变动对最终评估结果产生的具体影响。[1] 在确定权重的过程中，有多种方法的选择，这些方法主要分为主观赋权和客观赋权两大类。近年来，综合赋权方法，即多种方法的组合应用，也受到了广泛关注和研究。[2] 然而，每种赋权方法都有其特定的优点和局限性以及适用的范围，因此，在选择时需根据研究的特性进行灵活考虑。

本研究专注于重庆市高校公共体育课程教学质量专家评价指标体系的建构。在此过程中，主要面临两大挑战：一是缺乏客观的指标权重或数

〔1〕 参见郭昱：《权重确定方法综述》，载《农村经济与科技》2018 年第 8 期。

〔2〕 参见张福元、陈庆华：《基于主、客观赋权的综合集成方法及其应用》，载《装备指挥技术学院学报》2003 年第 6 期。

据作为参考;二是在指标构建与评价流程中,不可避免地掺杂了诸多主观判断要素。鉴于这一点,本研究决定采纳专家主观赋权的方法,如表5－20所示,通过设计权重赋值问卷,邀请专家对各项指标进行评分,进而基于这些评分计算权重。此方法的核心理念在于专家的平均评分越高,即表明该指标在整体评价体系中的重要性越显著。

表5－20　专家评价指标体系赋值均值

一级指标	均值	二级指标	均值	三级指标	均值
A 教学条件	4.63	A1 规章制度	4.19	A1.1 规章制度的合理性	4.38
				A1.2 规章制度的科学性	4.38
		A2 师资队伍	4.50	A2.1 体育师生人数比例	4.25
				A2.2 体育教师学历占比	4.19
		A3 场地器材	4.44	A3.1 体育场地器械的充足程度	4.44
				A3.2 体育场地器材设施管理	4.38
				A3.3 体育场地器械的利用率	4.13
B 教学准备	4.63	B1 教学目标	4.31	B1.1 是否契合大纲要求	4.38
				B1.2 与课程内容相辅相成	4.38
				B1.3 利于学生能力的提升	4.56
		B2 教学计划	4.38	B2.1 符合学生学习实际需求	4.56
				B2.2 熟悉了解教学任务、内容	4.38
				B2.3 符合学校教学进度与安排	4.38
C 教学过程	4.75	C1 教学态度	4.31	C1.1 教学形象:仪态端正,精神饱满	4.31
				C1.2 教学语言:简明扼要,清晰准确	4.50
				C1.3 态度严谨,遵守师德	4.56
				C1.4 关爱学生,无差别对待	4.50
				C1.5 重视教学信息反馈	4.38

续表

一级指标	均值	二级指标	均值	三级指标	均值
		C2 教学能力	4.38	C2.1 教学理解能力	4.31
				C2.2 教学设计能力	4.25
				C2.3 教学科研能力	4.19
				C2.4 教学认知能力	4.25
				C2.5 教学实践能力	4.56
				C2.6 教学组织管理能力	4.56
		C3 教学内容	4.25	C3.1 思想性:落实课程思政建设	4.25
				C3.2 规范性:符合大纲要求	4.31
				C3.3 前沿性和时代性:与时俱进	4.25
				C3.4 组织性:组织有序,掌控进度	4.44
				C3.5 科学性:安排合理,符合学生实际情况	4.50
		C4 教学方法与手段	4.44	C4.1 是否符合体育学科特性	4.38
				C4.2 教学方法和手段灵活多样,有针对性	4.38
				C4.3 激发学生学习的动机,提高学习积极性	4.50
		C5 教学组织与管理	4.44	C5.1 教学内容的组织实施	4.31
				C5.2 教学任务的组织安排	4.31
				C5.3 关注学生差异,区别对待	4.44
D 教学效果	4.81	D1 目标达成	4.44	D1.1 学生对运动技术掌握程度	4.25
				D1.2 教学目标的完成程度	4.19

续表

一级指标	均值	二级指标	均值	三级指标	均值
		D2 能力提升	4.25	D2.1 课程基本理论知识和技术的掌握程度	4.31
				D2.2 提高学生的文化素养、思想道德品质	4.25
				D2.3 提升学生知识应用能力	4.25
				D2.4 提升学生交流合作能力	4.19
		D3 意识培养	4.31	D3.1 学生终身体育意识的培养	4.38
				D3.2 学生自主学习意识的培养	4.25
		D4 教学反馈	4.19	D4.1 课后指导	4.06
				D4.2 教师自评	4.19
				D4.3 教学反思	4.31

权重的计算公式为 $W = X/\sum X$（W 为指标权重，X 为指标重要程度得分的平均值）。

以 4 个一级指标为例，要计算每个指标在一级维度中的权重，可以按照如下步骤进行：教学条件的权重 =4.63/(4.63 +4.63 +4.75 +4.81) = 0.246；

教学准备的权重 =4.63/(4.63 +4.63 +4.75 +4.81) =0.246；

教学过程的权重 =4.75/(4.63 +4.63 +4.75 +4.81) =0.252；

教学效果的权重 =4.81/(4.63 +4.63 +4.75 +4.81) =0.256。

值得注意的是，同一维度下所有指标的权重之和应为 1。本研究中各项指标的权重均遵循此原则进行计算和统计。

六、重庆市高校公共体育课程教学质量专家评价指标体系的分析

（一）一级指标的分析

由表 5 -21 可知，在重庆市高校公共体育课程教学质量专家评价指

标体系中，一级指标“A 教学条件”“B 教学准备”“C 教学过程”“D 教学效果”各自的权重分别为 0.2460、0.2460、0.2524、0.2556。在一级指标的排序中，“D 教学效果”位列首位，紧随其后的是“C 教学过程”。通过深入的分析，形成此排序的首要原因在于教学效果作为教学质量评价的关键指标，直接性和显著性尤为突出。它直接映射出学生的学习成果以及教学目标的实际达成状况。教学效果的优劣不仅关乎学生的学习体验与满意度，更是决定学生最终学习成效的关键因素。因此，在评估教学质量时，教学效果自然会被放在首位。教学过程虽然对于实现教学效果至关重要，但它更多地被看作达成教学效果的手段和途径。一个好的教学过程能够帮助学生更好地理解和掌握知识，提升学习效果。然而，即使教学过程设计得再完美，如果最终的教学效果不佳，那么这样的教学过程也很难被认为是成功的。因此，在排序上教学过程虽然重要，但通常会被置于教学效果之后。研究结果表明专家更侧重于学生的学习成果和目标的达成情况，其次专家关注教学过程中的师生互动、教学方法的创新等方面，故一级指标中教学效果重要程度最高，教学过程次重要。

表 5-21　专家评价指标体系权重系数

一级指标	权重	二级指标	权重	三级指标	权重
A 教学条件	0.2460	A1 规章制度	0.0689	A1.1 规章制度的合理性	0.0219
				A1.2 规章制度的科学性	0.0219
		A2 师资队伍	0.0740	A2.1 体育师生人数比例	0.0213
				A2.2 体育教师学历占比	0.0210
		A3 场地器材	0.0730	A3.1 体育场地器械的充足程度	0.0222
				A3.2 体育场地器材设施管理	0.0219
				A3.3 体育场地器械的利用率	0.0207

续表

一级指标	权重	二级指标	权重	三级指标	权重
B 教学准备	0.2460	B1 教学目标	0.0709	B1.1 是否契合大纲要求	0.0219
				B1.2 与课程内容相辅相成	0.0219
				B1.3 利于学生能力的提升	0.0228
		B2 教学计划	0.0720	B2.1 符合学生学习实际需求	0.0228
				B2.2 熟悉了解教学任务、内容	0.0219
				B2.3 符合学校教学进度与安排	0.0219
C 教学过程	0.2524	C1 教学态度	0.0709	C1.1 教学形象:仪态端正,精神饱满	0.0216
				C1.2 教学语言:简明扼要,清晰准确	0.0225
				C1.3 态度严谨,遵守师德	0.0228
				C1.4 关爱学生,无差别对待	0.0225
				C1.5 重视教学信息反馈	0.0219
		C2 教学能力	0.0720	C2.1 教学理解能力	0.0216
				C2.2 教学设计能力	0.0213
				C2.3 教学科研能力	0.0210
				C2.4 教学认知能力	0.0213
				C2.5 教学实践能力	0.0228
				C2.6 教学组织管理能力	0.0228
		C3 教学内容	0.0699	C3.1 思想性:落实课程思政建设	0.0213
				C3.2 规范性:符合大纲要求	0.0216
				C3.3 前沿性和时代性:与时俱进	0.0213
				C3.4 组织性:组织有序,掌控进度	0.0222
				C3.5 科学性:安排合理,符合学生实际情况	0.0225

续表

一级指标	权重	二级指标	权重	三级指标	权重
		C4 教学方法与手段	0.0730	C4.1 是否符合体育学科特性	0.0219
				C4.2 教学方法和手段灵活多样,有针对性	0.0219
				C4.3 激发学生学习的动机,提高学习积极性	0.0225
		C5 教学组织与管理	0.0730	C5.1 教学内容的组织实施	0.0216
				C5.2 教学任务的组织安排	0.0216
				C5.3 关注学生差异,区别对待	0.0222
D 教学效果	0.2556	D1 目标达成	0.0730	D1.1 学生对运动技术掌握程度	0.0213
				D1.2 教学目标的完成程度	0.0210
		D2 能力提升	0.0699	D2.1 课程基本理论知识和技术的掌握程度	0.0216
				D2.2 提高学生的文化素养、思想道德品质	0.0213
				D2.3 提升学生知识应用能力	0.0213
				D2.4 提升学生交流合作能力	0.0210
		D3 意识培养	0.0709	D3.1 学生终身体育意识的培养	0.0219
				D3.2 学生自主学习意识的培养	0.0213
		D4 教学反馈	0.0689	D4.1 课后指导	0.0203
				D4.2 教师自评	0.0210
				D4.3 教学反思	0.0216

指标“A 教学条件”与“B 教学准备”,无疑是学校体育教学中的两大支柱。教学条件是指一系列相互关联的因素,它们为有效开展教学活动提供支持和保障。这些条件包括规章制度、师资队伍、场地器材等多个方

面。首先,规章制度为教学活动提供了基本的制度保障,使教学活动的开展都有制可依。其次,师资队伍是教学条件中最为关键的一环,体育教师的教学水平、教学经验和教学态度都会直接影响学生的学习效果。最后,场地器材的质量和数量都会直接影响教学效果,是开展教学活动重要的物质基础。为确保体育课的教学目标得以实现,体育教师的精心准备显得尤为关键。这不仅是教学活动的起点,更是确保教学工作有序进行的基础。教学准备,是体育教师在教学过程之前进行的准备工作,体育教师在课前必须做好充足的准备,包括明确教学目标、教学计划等,确保每一步都按计划有序进行。只有这样,教师才能在课堂中充满自信,游刃有余地引导学生探索体育的奥秘。教学条件与教学准备之间存在紧密的联系,它们相互支持、相互促进,共同为教学活动的顺利进行提供有力保障。教学条件是教学准备的基础,而教学准备是对教学条件的充分利用和优化,二者的相互作用可以促进教学质量的提升。因此,教学条件与教学准备是学校体育教学活动中的关键环节。体育教师应充分认识到二者的重要性,并在实践中不断优化教学条件,完善教学准备,以提高教学质量和效果。

(二)二级指标的分析

由表5-21可知,在重庆市高校公共体育课程教学质量专家评价指标体系中,二级指标权重在0.07以上的有:“A2 师资队伍”“A3 场地器材”“B1 教学目标”“B2 教学计划”“C1 教学态度”“C2 教学能力”“C4 教学方法与手段”“C5 教学组织与管理”“D1 目标达成”“D3 意识培养”。得出这种结论的原因为:

首先,“A2 师资队伍”和“C2 教学能力”的权重较高,反映了教育领域中对于教师素质和能力的重视。好的师资队伍是保障教学质量的基础,教学能力则直接决定了教师在教学过程中能否有效地传递知识、技能和价值观。其次,“A3 场地器材”作为体育教学活动的物质基础,能够为学生提供更好的学习体验,促进教学目标的实现。再次,在教学过程方面,“B1 教学目标”“B2 教学计划”“C1 教学态度”“C4 教学方法与手段”“C5 教学组织与管理”等指标的权重较高,也表明了这些因素对于教学质量的影响显著。明确的教学目标能够指导教学过程,合理的教学计划能够保证教学的有序进行,积极的教学态度能够激发学生的学习热情,而科学的教学方法和有效的教学组织则能够提高教学效率和质量。最后,“D1 目标达成”和“D3 意识培养”作为教学效果的体现,权重较高也反映了评估体系对于教学效果的重视。目标达成情况能够直接反映教学的实际效果,而意识培养则能够帮助学生树立正确的体育观念和价值观,促进学生全面发展。

(三)三级指标的分析

本研究共建立了 46 项三级指标,三级指标作为具体操作的评价标准,在权重上表现出相对均衡的特点,大多数三级指标的权重集中在 0.021—0.023 之间,表明各项指标的重要程度被视为相对接近,没有过于突出或明显偏低的指标。

然而,经统计发现“C 教学过程”和“D 教学效果”下的三级指标权重值稍高,经分析,得出这种结论的原因为:教学过程和教学效果在评价教学质量时具有不可替代的重要性。在进行教学质量评价时,既要关注教学过程的设计和实施,也要关注教学效果的实现和达成。通过对这些指标进行重点评价,可以更准确地反映教学质量的实际情况,并为教学改进提供有力支持。

七、小结

本研究基于广泛查阅相关文献资料,初步构建了专家评价指标体系,并通过向专家发放问卷,对指标进行精心筛选和赋权,最终构建出一套科学、有效且具有针对性的重庆市高校公共体育课程教学质量专家评价指标体系。该体系涵盖教学条件、教学准备、教学过程、教学效果 4 个一级指标，并进一步细分为规章制度、教学计划、教学能力、教学内容等共计 14 个二级指标以及规章制度的合理性、体育师生人数比例、教学组织能力等 46 个三级指标。

在最终确立的专家评价指标体系中，采用了专家主观赋权的方法来确定各项指标的权重。具体而言，一级指标“A 教学条件”“B 教学准备”“C 教学过程”“D 教学效果”的权重分别为 0. 2460、0. 2460、0. 2524、0. 2556，这些权重数值体现了不同指标在评价体系中的重要性和影响力。其中“D 教学效果”在一级指标的排序中排在第一位，“C 教学过程”排在第二位，表明目前重庆市高校的专家最关注教学效果，其次关注教学过程。二级、三级指标的权重值则较为均衡，没有过于突出和偏低的指标，表明二级、三级指标在整体评价体系中具有较高的重要性，反映了各个二级、三级指标之间互相补充，紧密联系，同时说明专家对于指标在评估过程中具有相对一致的观点。

第六章　新时代重庆市普通高校公共体育课堂教学质量评价体系构建研究

一、重庆市普通高校公共体育课堂教学质量评价被调查对象情况

（一）被调查对象选取及数据来源

1. 被调查对象选取

本研究选取重庆市普通高校公共体育课堂教学质量评价指标体系为研究对象，以重庆市 15 所高校中参与高校公共体育课堂的 1023 名学生与重庆市 16 所高校中的 299 名教师作为调查对象。

2. 数据来源

本研究通过在线平台实施了问卷的发放与回收工作，为确保数据的真实性与可靠性，特别设置了问卷的作答限制，即每个设备仅允许进行一次问卷填写，从而有效防止了重复作答的情况。本研究向重庆市所有参与普通高校公共体育课堂的学生与教师共发放问卷 1980 份，回收有效问卷 1322 份，从表 6 – 1 中可以看出，问卷有效率为 66.8%。

表 6－1　问卷回收统计

	个数	比例(%)
有效	1322	66.8
排除	658	33.2
总计	1980	100

(1)问卷的效度检验

本研究根据李克特五级量表的评价标准对原有的指标进行调整,在获得多位专家的一致认可与评定后,发放调查问卷。从表 6－2 中可以看出,该问卷的效度得到了验证,且问卷设计的整体架构和内容均符合既定标准。

表 6－2　问卷有效性统计

项目	非常合适		适用		比较合适		不太合适		不合适	
	人数	比例(%)	人数	比例(%)	人数	比例(%)	人数	比例(%)	人数	比例(%)
总体评价	3	50.0	2	33.3	1	16.7	0	0	0	0
内容设计评价	4	66.6	1	16.7	1	16.7	0	0	0	0
结构设计评价	2	33.3	3	50.0	1	16.7	0	0	0	0

(2)问卷的信度检验

本书在对学生问卷进行信度检验的过程中使用了 SPSS 27.0 软件。从表 6－3 中可以发现,Alpha 值为 0.982 >0.9,说明该问卷可靠性非常好,调查的结果具有有效性。

表 6－3　学生问卷信度检验结果

克隆巴赫 Alpha	项数
0.982	31

同样,对教师问卷进行信度检验,Alpha 值为 0.672 >0.6,说明教师问卷所调查的结果能够接受(见表 6 -4)。

表 6 -4 教师问卷信度检验结果

克隆巴赫 Alpha	项数
0.672	37

(二)被调查对象的基本情况分析

1.学生基本情况

(1)院校分布

根据图 6 -1 可知,被调查学生样本中,所涉及院校达 15 所。其中重庆人文科技学院学生人数最多,占比高达 12.90%,其次是重庆移通学院与长江师范学院,所占的比例分别是 9.58% 和 8.99%。

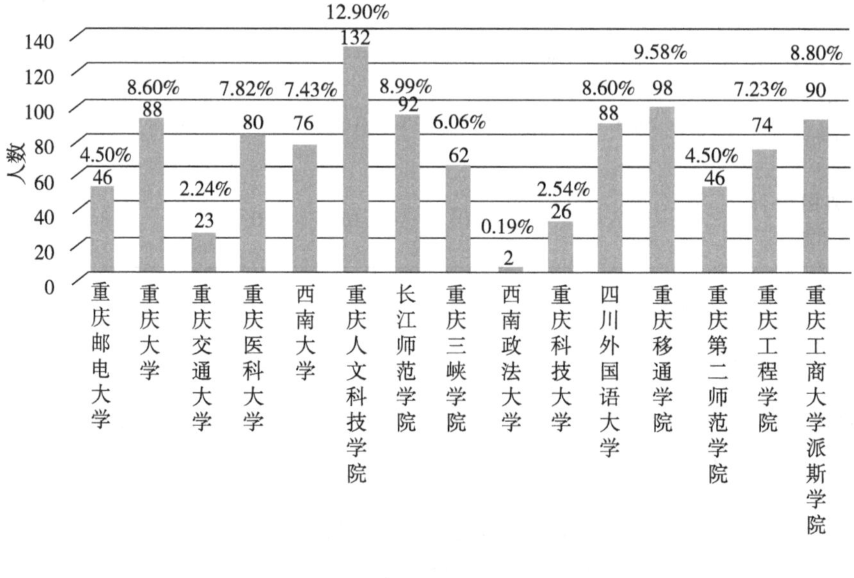

图 6 -1 被调查学生院校分布

注:N = 1023。

(2)性别分析

从图 6－2 可以看出,被调查的 1023 名学生样本中,男生共有 544 人,占所有学生样本的 53%;女生共有 479 人,占比为 47%。

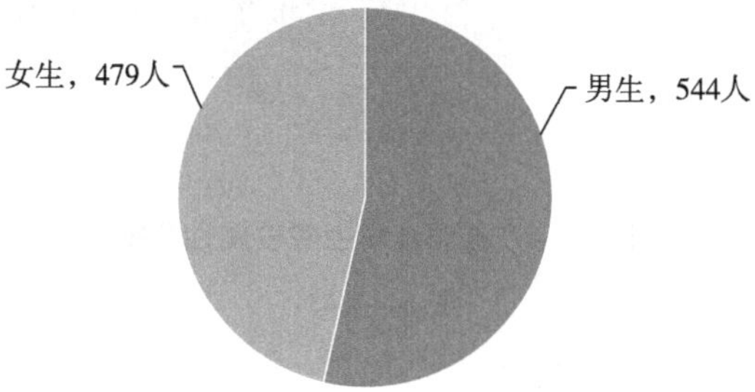

图 6－2　被调查学生性别分布

注:N = 1023。

(3)年级分析

根据图 6－3 可知,被调查学生样本中,一年级学生占比最高,占比为 67.5%,三年级学生占比最少,这是因为重庆市大部分普通高校公共体育课只针对一年级和二年级学生开放。

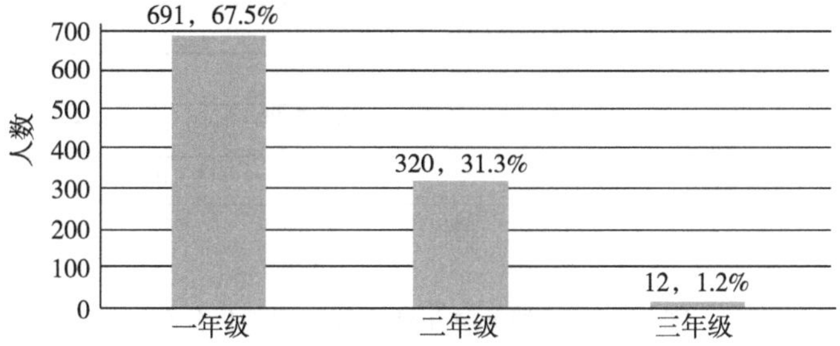

图 6－3　被调查学生年级分布

注:N = 1023。

(4)院校属性分析

根据图 6－4 可知,被调查学生样本中,公办院校学生比例大于民办院校,有 590 人来自公办院校,占比为 57.7%;有 433 人来自民办院校,占比为 42.3%。

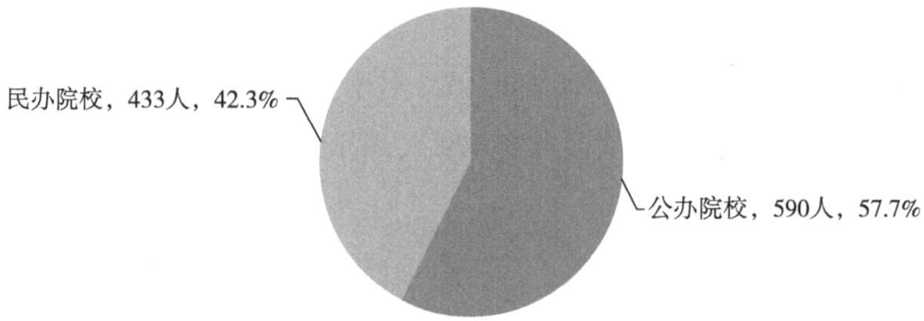

图 6 -4 被调查学生院校属性分布

注:N = 1023。

(5)所学体育课项目分析

根据图 6 -5 可知,所学体育课项目主要集中在大球类(篮球、足球、排球等)与小球类(乒乓球、羽毛球、网球等),游泳类最少,可以看出重庆市普通高校参与公共体育课堂的学生多倾向于选球类体育课。

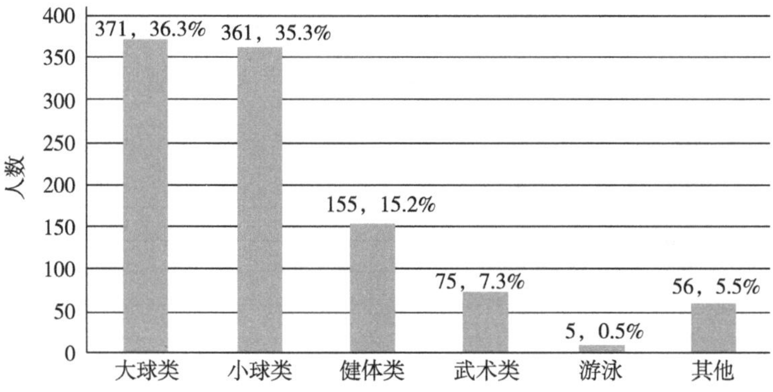

图 6 -5 被调查学生所学体育课项目分布

注:N = 1023。

(6)所学专业分析

根据图 6 -6 可知,参与调查的学生样本来自 12 个不同的专业,其中占比最多的是工学,比例达到 25.6% ,其次是管理学与教育学。

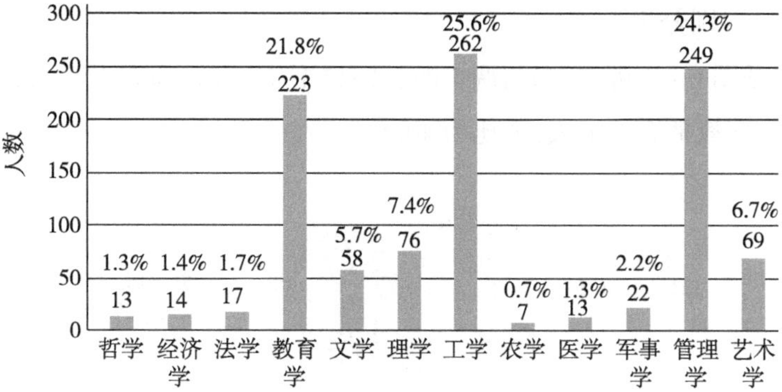

图 6-6　被调查学生所学专业分布

注：N = 1023。

2. 教师基本情况

(1)所属院校分析

根据图 6-7 可知，被调查的教师来自 16 个不同的学校，其中教师数量排名前三的学校是西南大学、重庆大学、重庆城市科技学院，分别占比 14.38%、12.04%、11.04%。

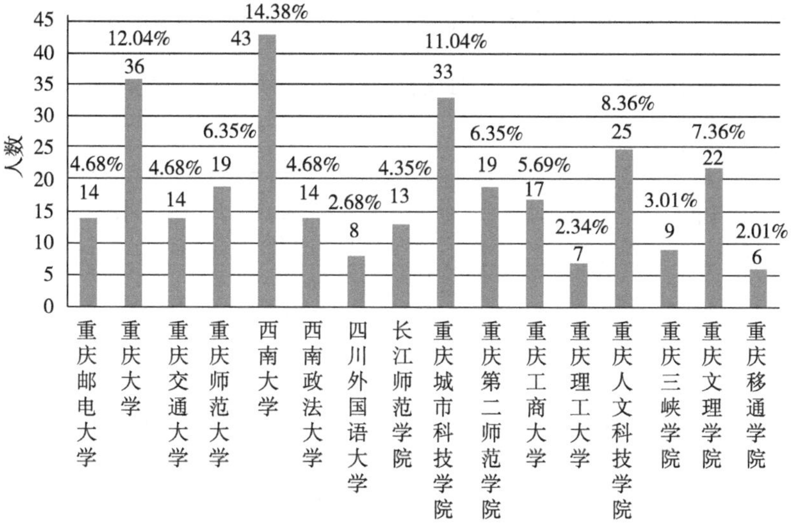

图 6-7　被调查教师院校分布

注：N = 299。

(2)性别分析

根据图 6－8 可知,参与调查的教师样本中,男教师有 178 人,占比为 59.5%;女教师有 121 人,占比为 40.5%。

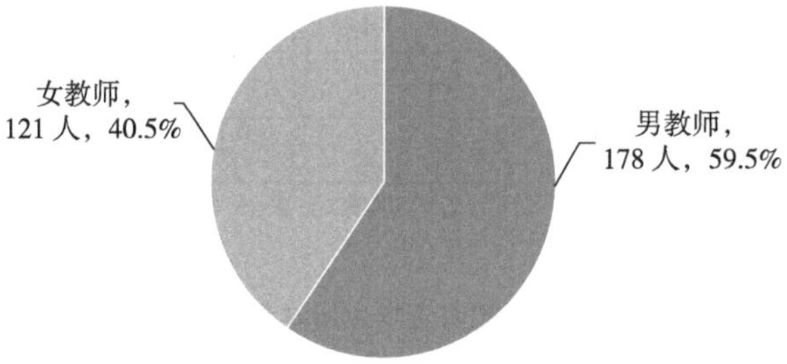

图 6－8 被调查教师性别分布

注:N＝299。

(3)年龄分析

根据图 6－9 可知,参与调查的教师样本中,教师的年龄基本在 35 岁及以下与 36—45 岁,二者占比达到 36.1% 与 40.8%,可见重庆市普通高校公共体育课堂的教师都较为年轻。

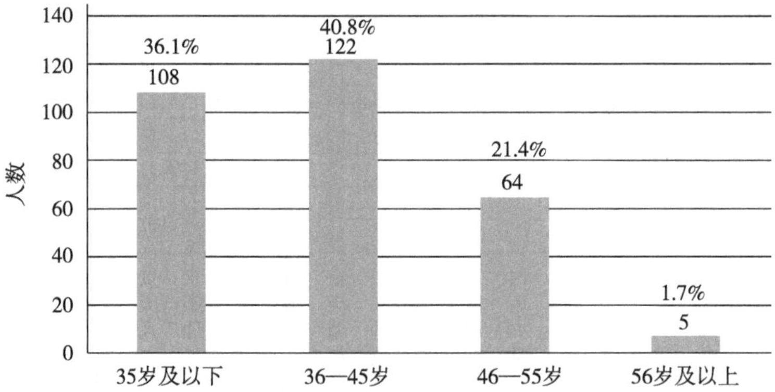

图 6－9 被调查教师年龄分布

注:N＝299。

(4)学历分析

根据图 6－10 可知,参与调查的教师样本中,教师的学历为硕士的比例高达 90.6%,而学历为本科及博士的教师比例仅为 6.4%、3.0%,说明新时代重庆市普通高校公共体育课堂教师的学历门槛更倾向于硕士。

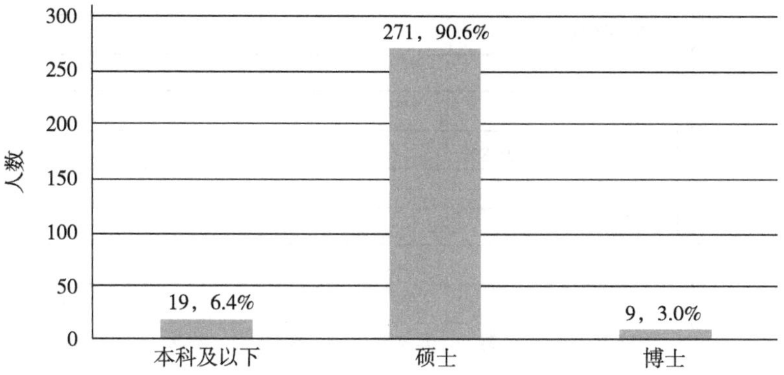

图 6－10　被调查教师学历分布

注:N = 299。

(5)职称分析

根据图 6－11 可知,参与调查的教师样本中,职称为讲师的教师比例最高,共有 204 人,占比 68.2%;副教授 57 人,占比 19.1%;助教 30 人,占比 10.0%;职称为教授的人数最少,只有 8 人,占比 2.7%。

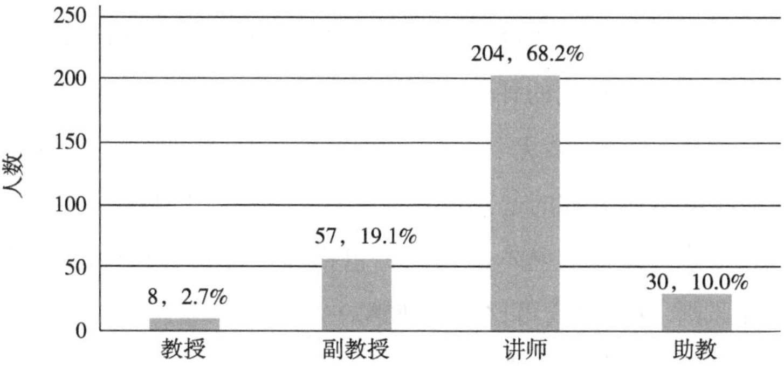

图 6－11　被调查教师职称分布

注:N = 299。

(6)所授体育项目分析

根据图6－12可知,参与调查的教师样本中,大球类(篮球、足球、排球等)教师人数最多,达到145人;其次是小球类(乒乓球、羽毛球、网球等)教师77人,健体类(瑜伽、啦啦操、健美操、体育舞蹈等)教师38人。

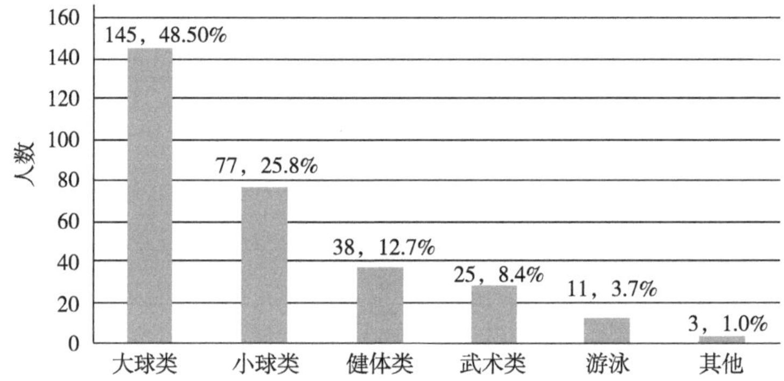

图6－12　被调查教师所授体育课项目分布

注:N＝299。

二、新时代普通高校公共体育课堂教学质量评价体系构建的原则

在迈进中国特色社会主义新时代的背景下,普通高校公共体育课堂教学质量评价的核心准则,构成了该领域评价的指导思想。这些原则在评价过程中扮演着至关重要的角色,是评价活动必须遵循的基本规范,体现了教师或学生在作为评价主体时,在评价过程中所坚守的基本理念、观点和取向。遵循多样化的评价原则,将引导出各异的评价活动和选择相应的评价方法,进而形成差异化的评价成果。因此,明确这些核心原则,对于有效指导评价方式的选择具有重要意义。高校公共体育课堂教学质量评价过程中应遵循的基本原则主要包括客观性与可行性原则、科学性与全面性原则、导向性与可比性原则等。

1.客观性与可行性原则

在本研究中,客观性原则是研究者在对评价内容、评价方法、评价主体和评价客体等所有评价环节进行客观合理分析的基础上,科学构建新时代重庆市普通高校公共体育课堂教学质量评价体系，结合生活实际，避免主观臆断对体系构建的影响。

可行性原则强调评价体系的设计与实施需具有实际操作的可能性，确保各项指标在现有条件下能够基本达成。评价指标应能够通过实际的数据收集与分析获取，便于进行实际操作和改进，以确保评价体系在实际应用中能够顺利执行，避免设计过于理想化或复杂而导致的操作困难。[1]一个可行的评价体系能够为体育教学提供有效的反馈和指导，帮助教师发现教学中的问题和不足，进而进行改进。这有助于推动体育课堂教学质量的不断提升。

2. 科学性与全面性原则

在构建重庆市普通高校公共体育课堂教学质量评价体系的过程中，科学性占据不可缺少的地位，是指采用科学的思维方式和研究方法，以保障所构建的指标体系既具备合理性又趋于完备，从而能够精确地反映教学质量的真实水平。因此，在构建评价指标时，研究者应运用合理的研究方法，全面、科学地分析该领域的研究现状和发展方向，整合已有研究，以“十四五”规划目标纲要以及“人才强国战略”国家政策为标准进行科学设计，以培养大学生核心素养为目标，建立科学合理的教学质量评价体系。

教学质量评价指标的确立应基于教学质量评价本身的内涵，从而构建全面的结构，达到评价的目的。评价指标应尊重教育科学规律，覆盖目标面内容，做到目标水平评价与基准水平评价相一致，同一水平的指标不重复、不遗漏。同时，可以对评价对象进行全面评价，全面审核，对评价内容的指标进行全面采集。在建立重庆市普通高校公共体育课堂教学质量评价体系的过程中，要始终围绕培养学生核心素养这一主题，做到对学生运动能力、健康行为和体育道德的全面考查。

---

〔1〕　参见潘迪、杜立婷：《高校课程教学质量评价指标体系的构建及数据分析——以房地产开发项目管理课程为例》，载《黑龙江科学》2023年第21期。

3. 导向性与可比性原则

重庆市普通高校公共体育课堂教学质量评价体系应当在教学质量提升过程中扮演引领者的角色。这一体系能够指导教学工作的未来走向，确保教学工作的有序、高效进行，同时，它能够即时反馈教学质量信息，从而推动教学效果的持续优化。此外，教学质量评价的根本目的在于促进学生的体育核心素养实现全面而均衡的发展。通过评价，我们能够清晰地识别教学中的长处与不足，进一步巩固优势，并针对不足之处采取改进措施，为学生的体育学习提供坚实的支持。

新时代重庆市普通高校公共体育课堂教学质量评价指标应具有可观察性，真实反映评价对象的共性属性。应用简明易懂的语言表达评价内容，使之能够具体操作，使评价对象一目了然，并能运用评价体系给出的评价方法进行有效观察，最终得出相应的评价结果。因此，评价指标的设计要结合实际情况，指标设置要简明扼要。在评价指标的实际操作中，应与教学实际情况相结合，以达到及时反馈的结果。

三、新时代重庆市普通高校公共体育课堂教学质量学生评价指标体系构建

（一）样本数据的描述性统计

在构建新时代重庆市普通高校公共体育课堂教学质量评价体系的过程中，首先运用 SPSS 27.0 统计软件对 1023 份学生问卷的变量进行描述性统计，其中涵盖最大值（MAX）、最小值（MIN）、平均值（MEAN）、标准差（S. D.）、偏度（Skew）及峰度（Kurt）。经过 7 次探索性因子分析，并综合比较 KMO 值、累积方差贡献率，以及各因子载荷等因素，最终确定删除学生问卷中学习效果维度共计 5 个题项，保留 31 个题项。然后，再对所保留的 31 个题项进行效度检验，得出 KMO 为 0.951（见表 6－6），适合进行探索性因子分析并进行下一步。

根据表 6－5 可以得出，学生问卷有效样本为 1023 个，各个变量的最

大值和最小值分别为5和3,平均值最高为4.7,最低为4.51,说明该学生问卷具有合理性。另外,偏度和峰值的数值呈现出正向性分布。

表6-5　学生问卷描述性统计

指标	N	MIN	MAX	MEAN	S.D.	Skew		Kurt	
						Stats	S.E	Stats	S.E
A1	1023	3	5	4.60	0.659	-1.383	0.076	0.153	0.601
A2	1023	3	5	4.61	0.652	-1.441	0.076	0.153	0.770
A3	1023	3	5	4.60	0.655	-1.399	0.076	0.153	0.655
A4	1023	3	5	4.61	0.645	-1.416	0.076	0.153	0.741
A5	1023	3	5	4.59	0.657	-1.350	0.076	0.153	0.535
B1	1023	3	5	4.61	0.639	-1.402	0.076	0.153	0.733
B2	1023	3	5	4.55	0.691	-1.215	0.076	0.153	0.105
B3	1023	3	5	4.61	0.639	-1.393	0.076	0.153	0.710
B4	1023	3	5	4.59	0.654	-1.339	0.076	0.153	0.523
B5	1023	3	5	4.60	0.649	-1.386	0.076	0.153	0.651
B6	1023	3	5	4.51	0.695	-1.086	0.076	0.153	-0.154
C1	1023	3	5	4.61	0.639	-1.388	0.076	0.153	0.698
C2	1023	3	5	4.61	0.634	-1.400	0.076	0.153	0.749
C3	1023	3	5	4.65	0.627	-1.617	0.076	0.153	1.347
C4	1023	3	5	4.61	0.646	-1.389	0.076	0.153	0.671
C5	1023	3	5	4.60	0.647	-1.353	0.076	0.153	0.582
D1	1023	3	5	4.67	0.601	-1.657	0.076	0.153	1.581
D2	1023	3	5	4.67	0.612	-1.704	0.076	0.153	1.668
D3	1023	3	5	4.68	0.583	-1.685	0.076	0.153	1.753
D4	1023	3	5	4.69	0.591	-1.741	0.076	0.153	1.884
D5	1023	3	5	4.70	0.582	-1.806	0.076	0.153	2.135

续表

指标	N	MIN	MAX	MEAN	S. D.	Skew		Kurt	
						Stats	S. E	Stats	S. E
E1	1023	3	5	4.66	0.619	-1.629	0.076	0.153	1.416
E2	1023	3	5	4.64	0.635	-1.545	0.076	0.153	1.113
E3	1023	3	5	4.65	0.636	-1.592	0.076	0.153	1.233
E4	1023	3	5	4.65	0.63	-1.619	0.076	0.153	1.335
E5	1023	3	5	4.66	0.624	-1.635	0.076	0.153	1.409
F1	1023	3	5	4.64	0.629	-1.526	0.076	0.153	1.090
F2	1023	3	5	4.62	0.639	-1.475	0.076	0.153	0.911
F3	1023	3	5	4.62	0.650	-1.493	0.076	0.153	0.906
F4	1023	3	5	4.64	0.630	-1.545	0.076	0.153	1.135
F5	1023	3	5	4.64	0.632	-1.543	0.076	0.153	1.123

(二)评价指标的因子分析

1. KMO 和巴特利特检验

在进行探索性因子分析之前,需通过 KMO(Kaiser - Meyer - Olkin)检验与巴特利特球形检验对学生问卷中的变量进行评估,以验证样本是否适宜进行此类分析。KMO 检验用来比较变量间的相关系数或偏相关系数,若数值小于0.5,即表明数据不适合做因子分析;若数值大于0.7,则表明数据适合做因子分析。[1]

针对学生问卷的整体数据集,进行相关性检验,结果详见表 6 - 6。KMO 值达到0.951,巴特利特球形检验呈现出极高的显著性,这一结果明确指出了原始变量之间具有显著的结构联系与相关性。基于上述发现,

---

〔1〕 参见杨丽、徐绪堪、于成成:《基于结构方程视角的大学生英语学习现状及影响因素研究》,载《邵阳学院学报(社会科学版)》2023 年第 3 期。

可以断定该样本数据非常满足进行探索性因子分析的要求。

表 6－6　学生问卷效度检验结果

KMO 和巴特利特检验		
KMO 取样适切性量数		0.951
巴特利特球形度检验	近似卡方	58268.196
	自由度	465
	显著性	0.000

2. 总方差解释

在进行探索性因子分析时，运用主成分分析法，并辅以正交旋转法（Varimax）对因子进行旋转，进而提取特征值超过 1 的因子。若累积方差贡献率超过 50%，则表明所提取的因子对变量的解释达到了可接受水平；若贡献率超过 80%，则表明因子对变量的解释能力极为出色。[1]

对学生问卷所有题项实施主成分分析，可得出表 6－7，其中特征值大于 1 的因子共有 6 个。这 6 个因子的累积方差贡献率高达 91.312%，意味着这 6 个因子几乎全面地反映了问卷的整体内容。

表 6－7　学生问卷总方差解释

成分	初始特征值			提取载荷平方和			旋转载荷平方和		
	总计	方差百分比	累积%	总计	方差百分比	累积%	总计	方差百分比	累积%
1	20.108	64.863	64.863	20.108	64.863	64.863	5.123	16.525	16.525
2	2.494	8.044	72.907	2.494	8.044	72.907	4.910	15.839	32.364
3	1.988	6.413	79.320	1.988	6.413	79.320	4.707	15.185	47.549
4	1.375	4.434	83.754	1.375	4.434	83.754	4.698	15.156	62.705

〔1〕参见华艺枫、侯学良、单腾飞：《基于 SPSS 因子分析的华北地区物流发展平衡性研究》，载《中国商论》2023 年第 24 期。

续表

成分	初始特征值			提取载荷平方和			旋转载荷平方和		
	总计	方差百分比	累积%	总计	方差百分比	累积%	总计	方差百分比	累积%
5	1.226	3.955	87.709	1.226	3.955	87.709	4.471	14.421	77.127
6	1.117	3.603	91.312	1.117	3.603	91.312	4.397	14.185	91.312
7	0.285	0.921	92.232						
8	0.216	0.696	92.928						
9	0.210	0.677	93.605						
10	0.177	0.570	94.175						
11	0.167	0.539	94.714						
12	0.159	0.513	95.227						
13	0.145	0.469	95.696						
14	0.140	0.453	96.149						
15	0.130	0.418	96.567						
16	0.119	0.383	96.950						
17	0.116	0.374	97.323						
18	0.109	0.353	97.676						
19	0.100	0.324	98.000						
20	0.096	0.309	98.309						
21	0.095	0.305	98.614						
22	0.085	0.275	98.889						
23	0.071	0.230	99.118						
24	0.067	0.217	99.335						
25	0.061	0.197	99.532						
26	0.047	0.151	99.684						
27	0.037	0.118	99.802						
28	0.019	0.062	99.863						

续表

成分	初始特征值			提取载荷平方和			旋转载荷平方和		
	总计	方差百分比	累积%	总计	方差百分比	累积%	总计	方差百分比	累积%
29	0.016	0.051	99.914						
30	0.015	0.048	99.962						
31	0.012	0.038	100.000						

注:提取方法:主成分分析法。

3. 公共因子碎石图

为了更直观地展示主要成分特征值的变化趋势,绘制了学生问卷的探索性因子分析碎石图(见图6－13)。

从图6－13中可见,自第7个因子起,曲线走势渐趋平稳,后续各因子的方差贡献率呈现显著下降趋势,直至几乎可忽略不计。基于这一观察可以推断,提取前6个公共因子是合理且有效的。

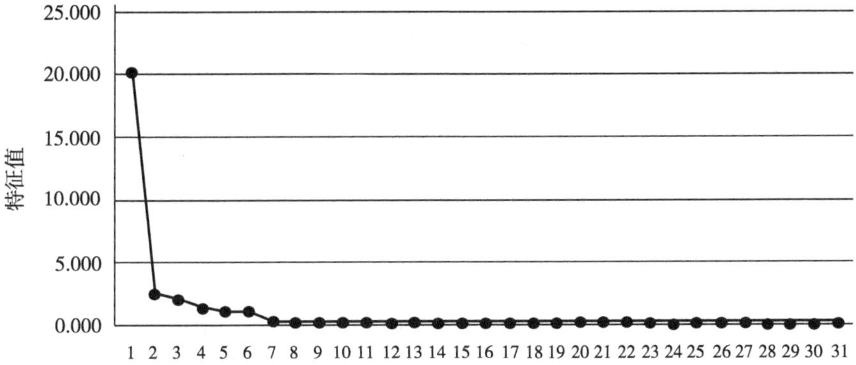

图6－13　学生问卷公共因子碎石

4. 评价指标的公共因子确定

本研究采取方差极大化方法,对因子进行正交旋转处理,以实现因子载荷的显著区分。经过7轮迭代,旋转过程成功收敛,最终得到了学生问卷经过旋转处理后的因子载荷系数矩阵。详细数据如表6－8所示。

表 6-8 学生问卷旋转后的成分矩阵

旋转后的成分矩阵 a						
指标	成分					
	1	2	3	4	5	6
D3	0.855	0.198	0.197	0.209	0.251	0.198
D4	0.854	0.194	0.186	0.187	0.249	0.205
D5	0.850	0.193	0.196	0.189	0.239	0.204
D2	0.846	0.189	0.184	0.206	0.257	0.190
D1	0.841	0.220	0.183	0.195	0.256	0.200
B5	0.226	0.808	0.212	0.228	0.244	0.256
B3	0.234	0.807	0.237	0.205	0.232	0.240
B4	0.214	0.804	0.229	0.216	0.262	0.236
B2	0.169	0.790	0.204	0.203	0.194	0.222
B1	0.189	0.780	0.232	0.191	0.245	0.285
B6	0.339	0.486	0.305	0.328	0.363	0.351
E2	0.214	0.240	0.802	0.323	0.194	0.215
E5	0.219	0.233	0.801	0.332	0.171	0.244
E4	0.219	0.243	0.801	0.316	0.181	0.228
E1	0.213	0.251	0.799	0.315	0.183	0.237
E3	0.194	0.238	0.793	0.330	0.226	0.195
F1	0.229	0.231	0.304	0.806	0.199	0.230
F5	0.228	0.220	0.326	0.802	0.192	0.245
F3	0.207	0.231	0.310	0.802	0.231	0.191
F2	0.222	0.221	0.343	0.791	0.203	0.203
F4	0.226	0.231	0.341	0.789	0.185	0.225
C5	0.298	0.287	0.187	0.213	0.778	0.251
C1	0.300	0.255	0.164	0.201	0.776	0.256
C4	0.289	0.265	0.206	0.224	0.773	0.254

续表

旋转后的成分矩阵 a						
指标	成分					
	1	2	3	4	5	6
C2	0.315	0.277	0.204	0.202	0.772	0.250
C3	0.275	0.221	0.205	0.183	0.771	0.289
A2	0.237	0.270	0.212	0.208	0.258	0.781
A3	0.240	0.285	0.210	0.233	0.273	0.780
A1	0.229	0.279	0.254	0.205	0.268	0.773
A5	0.215	0.287	0.231	0.264	0.279	0.760
A4	0.251	0.294	0.264	0.231	0.260	0.735

注:提取方法:主成分分析法。

旋转方法:凯撒正态化最大方差法。

a. 旋转在 7 次迭代后已收敛。

为了评估学生问卷中公共因子与各个题目之间的可靠性,对内部一致性系数进行进一步计算。如表 6-9 所示,6 个公共因子的内部一致性系数分别为 0.983、0.982、0.982、0.973、0.972 和 0.965,这一结果充分证明了旋转后问卷的高度可靠性。根据 6 个公共因子所涵盖的题目内容及代表的含义,对它们进行了综合命名,具体如下:

第一个公共因子包含 Q2.4-1、Q2.4-2、Q2.4-3、Q2.4-4、Q2.4-5 等 5 道题目,主要内容为师德高尚、关爱学生、为人师表、尊重学生、立德树人等,并结合实际情况,命名为“师德师风”。

第二个公共因子包含 Q2.5-1、Q2.5-2、Q2.5-3、Q2.5-4、Q2.5-5 等 5 道题目,主要内容为教学氛围、良好班风、师生融洽、器材完善、足够场地等,并结合实际情况,命名为“教学环境”。

第三个公共因子包含 Q2.6-1、Q2.6-2、Q2.6-3、Q2.6-4、Q2.6-5 等 5 个题目,主要内容为受到关注、师生平等、课堂收获、评价合理、增强认识等,并结合实际情况,命名为“学习体验感”。

第四个公共因子包含 Q2.3－1、Q2.3－2、Q2.3－3、Q2.3－4、Q2.3－5等5道题目，主要内容为因材施教、方法多样性、方法先进性、手段合理性、指导纠错等，并结合实际情况，命名为“教学手段与方法”。

第五个公共因子包含 Q2.1－1、Q2.1－2、Q2.1－3、Q2.1－4、Q2.1－5等5道题目，主要内容为态度端正、服从管理、参与互动、运动兴趣、主动沟通等，并结合实际情况，命名为“学生学习行为”。

第六个公共因子包含 Q2.2－1、Q2.2－2、Q2.2－3、Q2.2－4、Q2.2－5、Q2.2－6等6道题目，主要内容为课程设计、运动指导、课程配置、教学目标、适宜负荷、融入思政等，并结合实际情况，命名为“教学内容”。

表6－9 学生问卷公共因子命名及内部一致性系数

公共因子命名	内部一致性系数	问卷题目序号	主要内容
师德师风	0.983	Q2.4－1	师德高尚
		Q2.4－2	关爱学生
		Q2.4－3	为人师表
		Q2.4－4	尊重学生
		Q2.4－5	立德树人
教学环境	0.982	Q2.5－1	教学氛围
		Q2.5－2	良好班风
		Q2.5－3	师生融洽
		Q2.5－4	器材完善
		Q2.5－5	足够场地
学习体验感	0.982	Q2.6－1	受到关注
		Q2.6－2	师生平等
		Q2.6－3	课堂收获
		Q2.6－4	评价合理
		Q2.6－5	增强认识

续表

公共因子命名	内部一致性系数	问卷题目序号	主要内容
教学手段与方法	0.973	Q2.3－1	因材施教
		Q2.3－2	方法多样性
		Q2.3－3	方法先进性
		Q2.3－4	手段合理性
		Q2.3－5	指导纠错
学生学习行为	0.972	Q2.1－1	态度端正
		Q2.1－2	服从管理
		Q2.1－3	参与互动
		Q2.1－4	运动兴趣
		Q2.1－5	主动沟通
教学内容	0.965	Q2.2－1	课程设计
		Q2.2－2	运动指导
		Q2.2－3	课程配置
		Q2.2－4	教学目标
		Q2.2－5	适宜负荷
		Q2.2－6	融入思政

(三)评价指标维度分析

1.师德师风维度分析

根据表6－9中的31个指标在6个公共因子上的载荷情况可以看出，重庆市普通高校体育课堂教学质量评价体系的师德师风维度(D1、D2、D3、D4、D5)中载荷较大，排在前三位的评价指标是为人师表、尊重学生、立德树人。

表6－10 师德师风描述性统计

因子	N	MIN	MAX	MEAN	S. D.	Skew		Kurt	
						Stats	S. E	Stats	S. E
D1	1023	3	5	0.076	0.601	－1.657	0.076	1.581	0.153
D2	1023	3	5	0.076	0.612	－1.704	0.076	1.668	0.153
D3	1023	3	5	0.076	0.583	－1.685	0.076	1.753	0.153
D4	1023	3	5	0.076	0.591	－1.741	0.076	1.884	0.153
D5	1023	3	5	0.076	0.582	－1.806	0.076	2.135	0.153

从表6－10的数据观察，师德师风的各项指标均值均超越了4的阈值。进一步参考表6－8中经过旋转处理的成分矩阵，可以发现D3、D4、D5、D2和D1的载荷系数分别为0.855、0.854、0.850、0.846和0.841，这些数值均显著大于0.8的基准值，说明其中每个指标对于课堂教学质量都很重要。"师德"作为教师内在的核心素质，涵盖了两大维度：一是从社会角度出发的职业道德规范；二是从个体层面展现的品德与操行。这一素质不仅指导着教师与学生的互动，还调节着教师与集体以及社会之间的行为准则。"师德"和"师风"相互联结，深刻体现教师个体与社会间的互动关系，二者不可分割。作为高校教书育人的实施主体和立德树人根本任务的实施者，高校教师的师德师风极其重要，教师队伍素质直接决定着大学办学能力和水平。[1]

总而言之，师德师风建设之路任重而道远，重庆市普通高校体育教师要将自律与他律相结合，营造一个良好的教师队伍氛围。在此基础上，还要着重提升为人师表、尊重学生、立德树人三个方面。

2. 教学内容维度分析

从表6－11的数据观察，教学内容的各项指标均值均超越了4的阈

[1] 参见孙炜烨：《高校师德师风治理体系构建研究——基于政策文本分析视角》，华北理工大学2023年硕士学位论文，第57页。

值。进一步参考表 6 - 8 中经过旋转处理的成分矩阵,可以发现 B5、B3、B4、B2、B1 的载荷系数分别为 0.808、0.807、0.804、0.790、0.780,这些数值均显著大于 0.7 的基准值。其中载荷最大,排在第一位的评价指标是适宜的运动强度与量度。

表 6 - 11　教学内容描述性统计

因子	N	MIN	MAX	MEAN	S. D.	Skew		Kurt	
						Stats	S. E	Stats	S. E
B1	1023	3	5	0.020	0.639	-1.402	0.076	0.733	0.153
B2	1023	3	5	0.020	0.691	-1.215	0.076	0.105	0.153
B3	1023	3	5	0.020	0.639	-1.393	0.076	0.710	0.153
B4	1023	3	5	0.020	0.654	-1.339	0.076	0.523	0.153
B5	1023	3	5	0.020	0.649	-1.386	0.076	0.651	0.153

要实现教学目标就必须选择适合学生身心发展水准与倾向的体育教学内容。[1] 体育课堂与其他课程的不同之处在于需要理论知识与运动技术的双重指标,更加强调学生的实践能力。因此,在运动技能与体能科学有效的分配中,安排适宜的运动强度与运动量度非常重要。

综上所述,重庆市普通高校体育课堂教学质量的提升离不开教学内容科学合理的分配,而提升高校体育课堂教学内容要将重心放在适宜的运动强度与量度、合理的理论与技能配置两个方面。

3. 教学环境维度分析

通过表 6 - 12 可以看出教学环境维度中的各个指标平均值大于 4,结合表 6 - 8 旋转后的成分矩阵可以知道 E2、E5、E4、E1、E3 的载荷系数为 0.802、0.801、0.801、0.799、0.793,其中 E2、E5、E4 的载荷系数大于 0.8,分别是良好的班风、完善的体育器材和足够的体育场馆或场地。

---

[1] 参见忻随韵、鲍巨彬:《教育信息化背景下高校体育课程教学数字化理论与实践路径》,载《第八届中国体能训练科学大会论文集》。

表 6 – 12 教学环境描述性统计

因子	N	MIN	MAX	MEAN	S. D.	Skew		Kurt	
						Stats	S. E	Stats	S. E
E1	1023	3	5	0.019	0.619	–1.629	0.076	1.416	0.153
E2	1023	3	5	0.020	0.635	–1.545	0.076	1.113	0.153
E3	1023	3	5	0.020	0.636	–1.592	0.076	1.233	0.153
E4	1023	3	5	0.020	0.630	–1.619	0.076	1.335	0.153
E5	1023	3	5	0.020	0.624	–1.635	0.076	1.409	0.153

田慧生(1996)教授将体育教学环境分为物质环境、社会环境。[1] 周雁(2023)将体育教学环境分为硬件环境、制度环境和软件环境。[2] 为确保体育课堂教学和课外体育锻炼的顺利进行,首要条件是拥有充足的体育场地器材、设施完备的体育场馆以及风雨无阻的运动场地,这些设施能够充分满足教学活动的需求。因此,一节公共体育课堂的实现,良好的教学环境是基石,营造一个良好的学习条件能够有效提升课堂教学质量。

4. 学习体验感维度分析

从表 6 – 13 的数据观察,学习体验感维度的各项指标均值均超越了 4 的阈值,进一步参考表 6 – 8 中经过旋转处理的成分矩阵,可以知道 F1、F5、F3、F2、F4 的载荷系数为 0.806、0.802、0.802、0.791、0.789,F1、F5、F3 这 3 个指标的载荷系数大于 0.8,说明这 3 个指标对于课堂教学质量影响较大。

---

〔1〕 参见田慧生:《教学环境论》,江西教育出版社 1996 年版,第 156 页。

〔2〕 参见周雁:《学科核心素养视角下普通高校乒乓球选修课教学环境优化研究》,武汉体育学院 2023 年硕士学位论文,第 29 页。

表 6 – 13　学习体验感描述性统计

因子	N	MIN	MAX	MEAN	S. D.	Skew		Kurt	
						Stats	S. E	Stats	S. E
F1	1023	3	5	0.020	0.629	–1.526	0.076	1.090	0.153
F2	1023	3	5	0.020	0.639	–1.475	0.076	0.911	0.153
F3	1023	3	5	0.020	0.650	–1.493	0.076	0.906	0.153
F4	1023	3	5	0.020	0.630	–1.545	0.076	1.135	0.153
F5	1023	3	5	0.020	0.632	–1.543	0.076	1.123	0.153

在学习过程中，学习状态和情绪得到教师的关注，教师的评价公平合理，整个学习过程是有意义的与有收获的这 3 个指标对于提升学生学习体验感具有重要的影响，而一个良好的学习体验感可以激发学生学习的积极性，使学生在体育课堂中更容易吸收和理解知识与技能，提高学习效果。

综上所述，教师在课堂教学中应当重视学生的学习体验感，注重学生的学习状态和情绪并公正评价。为了进一步提升高等院校课堂教学的品质，教师应致力于激发学生的学习内在潜力，并精心培育学生的综合素养。这一举措旨在全方位提升学生的综合能力，以适应不断发展的学术与社会需求。

5. 教学手段与方法维度分析

从表 6 – 14 的数据观察，教学手段与方法维度的各项指标均值均超越了 4 的阈值，进一步参考表 6 – 8 中经过旋转处理的成分矩阵，可以发现 C5、C1、C4、C2、C3 的载荷系数为 0.778、0.776、0.773、0.772、0.771，这几个值均大于 0.7，说明其中每个指标对于课堂教学质量都有影响。其中，排在前三位的是教师的指导与纠错、因材施教、先进的教学方法。

表 6-14 教学手段与方法描述性统计

因子	N	MIN	MAX	MEAN	S. D.	Skew		Kurt	
						Stats	S. E	Stats	S. E
C1	1023	3	5	0.020	0.639	-1.388	0.076	0.698	0.153
C2	1023	3	5	0.020	0.634	-1.400	0.076	0.749	0.153
C3	1023	3	5	0.020	0.627	-1.617	0.076	1.347	0.153
C4	1023	3	5	0.020	0.646	-1.389	0.076	0.671	0.153
C5	1023	3	5	0.020	0.647	-1.353	0.076	0.582	0.153

体育教学手段与方法是指在体育教学过程中为完成教学任务所采用的途径和方法。[1] 与其他课堂不同的是，在体育课堂的教学中，对运动技术动作的精确指导和细致纠错具有举足轻重的地位。教师借助即时的交流与反馈，迅速把握学生的学习动态，并据此灵活调整教学策略，进而优化课堂教学成效。

综上所述，重庆市普通高校体育教师应该根据学生的具体情况选择教学手段与方法，在教学过程中注重观察与交流，让学生能反馈学习上取得的进步和遇到的困难，并进行有效指导与纠错；使用先进有效的体育教学方法，注重理论知识与运动技术教学的合理融合。

6. 学生学习行为维度分析

从表 6-15 的数据观察，学生学习行为维度的各项指标均值均超越了 4 的阈值，进一步参考表 6-8 中经过旋转处理的成分矩阵，可以发现 A2、A3、A1、A5、A4 的载荷系数为 0.781、0.780、0.773、0.760、0.735，这几个值均大于 0.7，其中载荷系数最高的指标是遵守纪律，服从安排。

俗话说“无规矩不成方圆”，养成良好的习惯，遵守课堂纪律，服从教师安排对课堂教学质量具有深远影响。在体育课堂的教学环节中，学生

[1] 参见张俊英、王涵涵、郑富强：《基于能力培养的高校体育课堂教学手段与方法改革研究》，载《体育科技》2023 年第 1 期。

作为核心参与者,对提升教学质量起着至关重要的作用,学生的表现与参与度直接影响着体育课堂的教学效果。因此,重庆市普通高校公共体育课堂教学质量评价在学生学习行为这一维度要加强学生遵守纪律,服从安排方面的管理。

表 6-15　学生学习行为描述性统计

因子	N	MIN	MAX	MEAN	S. D.	Skew		Kurt	
						Stats	S. E	Stats	S. E
A1	1023	3	5	0.020	0.639	-1.388	0.076	0.698	0.153
A2	1023	3	5	0.020	0.634	-1.400	0.076	0.749	0.153
A3	1023	3	5	0.020	0.627	-1.617	0.076	1.347	0.153
A4	1023	3	5	0.020	0.646	-1.389	0.076	0.671	0.153
A5	1023	3	5	0.020	0.647	-1.353	0.076	0.582	0.153

(四)评价指标权重计算

通过因子分析法对原始评价指标完成删减合并之后,就是对于评价指标权重的确定。对此,本书采用主成分分析法,即因子分析法,通过变量变换的方法把相关的变量变为若干不相关的综合指标变量,从而实现对数据集的降维,使问题得以简化。[1] 因子分析法在确定权重上的步骤包括:首先,采用探索性因子分析法,并对评价指标进行最大方差旋转处理,从而获取相应的成分矩阵。其次,基于这一成分矩阵中的载荷系数,计算出各指标的系数得分,并以此为基础,分别确定主成分以及各指标的权重分配,这涵盖了一级和二级指标的权重计算。最后,我们依据这些权重,得出综合的评分结果。

1. 一级指标(公共因子)权重计算

根据表 6-16 可知,从学生问卷提取出的 6 个公共因子在旋转处理后

〔1〕 参见郭昱:《权重确定方法综述》,载《农村经济与科技》2018 年第 8 期。

的方差解释率具体为64.863%、8.044%、6.413%、4.434%、3.955%和3.603%,经过旋转,这些因子的累积方差解释率达到了91.312%。基于上述权重计算的方法论,能够精确地计算出这6个公共因子的各自权重。

表6-16 公共因子(一级指标)方差解释率

成分	初始特征值			提取载荷平方和			旋转载荷平方和		
	总计	方差%	累积%	总计	方差%	累积%	总计	方差%	累积%
1	20.108	64.863	64.863	20.108	64.863	64.863	5.123	16.525	16.525
2	2.494	8.044	72.907	2.494	8.044	72.907	4.910	15.839	32.364
3	1.988	6.413	79.320	1.988	6.413	79.320	4.707	15.185	47.549
4	1.375	4.434	83.754	1.375	4.434	83.754	4.698	15.156	62.705
5	1.226	3.955	87.709	1.226	3.955	87.709	4.471	14.421	77.127
6	1.117	3.603	91.312	1.117	3.603	91.312	4.397	14.185	91.312

一级指标的计算权重公式为

$$F_{ij} = a_k / \left(\frac{\sum_{i=1}^{n} \lambda_i}{\sum_{i=1}^{p} \lambda_i} \right) \qquad (6-1)$$

其中,a_k表示各主成分方差百分比,$\frac{\sum_{i=1}^{n} \lambda_i}{\sum_{i=1}^{p} \lambda_i}$表示累计方差贡献率,即各主成分方差百分比除以累计方差贡献率。

运用上述公式的计算方法,将初始特征值中的各主成分方差百分比除以累计方差贡献率,可得出各个因子的权重(见表6-17)。

表6-17 公共因子(一级指标)权重

因子(一级指标)	初始特征值	累计方差贡献率	权重
1.师德师风	64.863	91.312	0.710
2.教学环境	8.044	91.312	0.088

续表

因子(一级指标)	初始特征值	累计方差贡献率	权重
3.学习体验感	6.413	91.312	0.070
4.教学手段与方法	4.434	91.312	0.048
5.学生学习行为	3.955	91.312	0.043
6.教学内容	3.603	91.312	0.039

2.二级指标权重计算

在计算二级指标权重时,应先将各指标主成分系数得分算出。

计算公式为

$$C_{ij} = \frac{a_{ij}}{\sqrt{\lambda_i}} \tag{6-2}$$

其中,a_{ij}表示各个指标的载荷系数,$\sqrt{\lambda_i}$表示提取的主成分初始特征值的平方根,即载荷系数除以对应主成分的初始特征值平方根。

然后,按照步骤计算出综合因子得分系数,计算公式为

$$A_{ij} = \sum_{i=1}^{p} (C_{ij} \times F_{ij}) \tag{6-3}$$

即各指标的主成分系数与主成分权重的乘积求和。

(1)二级指标综合系数得分

以一级指标中“师德师风”的5个二级指标为例子,通过上述步骤,计算所有指标综合系数得分。根据表6-17的详细数据,可以知道师德师风系数1主成分初始特征值为20.108(见表6-18)。

表6-18　师德师风因子载荷系数及初始特征值

旋转后的成分矩阵a							
指标	成分(因子载荷系数)						初始特征值
	1	2	3	4	5	6	
D3	0.855	0.198	0.197	0.209	0.251	0.198	20.108
D4	0.854	0.194	0.186	0.187	0.249	0.205	20.108

续表

旋转后的成分矩阵 a							
指标	成分(因子载荷系数)						初始特征值
	1	2	3	4	5	6	
D5	0.850	0.193	0.196	0.189	0.239	0.204	20.108
D2	0.846	0.189	0.184	0.206	0.257	0.190	20.108
D1	0.841	0.220	0.183	0.195	0.256	0.200	20.108

根据表 6－18 计算各指标成分系数：

D3：系数 1 $=0.855/\sqrt{20.108}$

D4：系数 1 $=0.854/\sqrt{20.108}$

D5：系数 1 $=0.850/\sqrt{20.108}$

D2：系数 1 $=0.846/\sqrt{20.108}$

D1：系数 1 $=0.841/\sqrt{20.108}$

表 6－19　师德师风各成分系数

指标	系数 1
D3	0.190672038
D4	0.19044903
D5	0.189556997
D2	0.188664964
D1	0.187549923

通过表 6－16 的数据可知，系数 2、系数 3、系数 4、系数 5、系数 6 所对应的主成分初始特征值为 2.494、1.988、1.375、1.226、1.117。

D3：系数 2 $=0.198/\sqrt{2.494}$

D4：系数 2 $=0.194/\sqrt{2.494}$

D5：系数 2 $=0.193/\sqrt{2.494}$

D2：系数 2 = $0.189/\sqrt{2.494}$

D1：系数 2 = $0.220/\sqrt{2.494}$

……系数 3、系数 4、系数 5、系数 6 的数据按照以上方法进行计算。

根据以上步骤可以得出师德师风中 D3、D4、D5、D2、D1 的系数值(见表 6－20)：

表 6－20 师德师风各成分系数

指标	系数 1	系数 2	系数 3	系数 4	系数 5	系数 6
D3	0.1907	0.1254	0.1397	0.1783	0.2267	0.1874
D4	0.1904	0.1229	0.1319	0.1595	0.2249	0.1940
D5	0.1896	0.1222	0.1390	0.1612	0.2158	0.1930
D2	0.1887	0.1197	0.1305	0.1757	0.2321	0.1798
D1	0.1875	0.1393	0.1298	0.1663	0.2312	0.1893

在以上数据的基础上，根据系数值和一级指标权重计算出各二级指标综合得分系数：

D3 综合得分系数 = (系数 1 × 师德师风) + (系数 2 × 教学内容) + (系数 3 × 教学环境) + (系数 4 × 学习体验感) + (系数 5 × 教学手段与方法) + (系数 6 × 学生学习行为)

即 D3 综合得分系数 = $0.1907 \times 0.7103 + 0.1254 \times 0.0881 + 0.1397 \times 0.0702 + 0.1783 \times 0.0486 + 0.2267 \times 0.0433 + 0.1874 \times 0.0395 = 0.182168804$

遵循前述方法，进一步推导出了公共因子 1(师德师风)下各个指标的综合得分系数(见表 6－21)。

表 6－21 师德师风各指标综合得分系数

指标	综合得分系数
D3	0.1822
D4	0.1805

续表

指标	综合得分系数
D5	0.1800
D2	0.1794
D1	0.1802

按照上述所有步骤同理可得教学内容、教学环境、学习体验感、教学手段与方法、学生学习行为5个公共因子中包含的所有二级指标的综合系数得分(见表6－22)。

表6－22　二级指标综合得分系数

因子	指标	综合得分系数
师德师风	D3	0.1822
	D4	0.1805
	D5	0.1800
	D2	0.1794
	D1	0.1802
教学内容	B5	0.1200
	B3	0.1204
	B4	0.1182
	B2	0.1053
	B1	0.1131
	B6	0.1369
教学环境	E2	0.1162
	E4	0.1168
	E5	0.1171
	E1	0.1166
	E3	0.1133

续表

因子	指标	综合得分系数
学习体验感	F1	0.1141
	F3	0.1105
	F5	0.1145
	F2	0.1129
	F4	0.1140
教学手段与方法	C5	0.1212
	C1	0.1182
	C4	0.1198
	C2	0.1234
	C3	0.1146
学生学习行为	A2	0.1110
	A3	0.1138
	A1	0.1123
	A5	0.1118
	A4	0.1165

(2)二级指标在评价量表中的权重

在得到以上数据的基础上,继续确定各二级指标的权重。以公共因子1(师德师风)为例:在公共因子1师德师风中,对二级指标的权重依据各自的综合系数得分进行相应计算,具体方法为:各指标综合系数得分除以综合系数总得分除以师德师风中二级权重之和乘以师德师风权重:

$D3 = (0.1822/3.9248/0.2299) \times 0.7103$

$= 0.2109 \times 0.7103 = 0.1434$(最终结果保留4位小数)

……依此类推。

按照上述方法,可得到公共因子1师德师风中所有二级指标的权重(见表6-23)。

表 6－23 师德师风中二级指标权重

因子	指标	权重
师德师风	D3	0.1434
	D4	0.1421
	D5	0.1417
	D2	0.1412
	D1	0.1418

根据师德师风权重计算方式同理可以得到教学内容、教学环境、学习体验感、教学手段与方法、学生学习行为 5 个公共因子中包含的所有二级指标的权重(见表 6－24),详细计算过程见表 6－25。

表 6－24 学生问卷二级指标权重

因子	指标	权重
师德师风	D3	0.1434
	D4	0.1421
	D5	0.1417
	D2	0.1412
	D1	0.1418
教学内容	B5	0.0148
	B3	0.0149
	B4	0.0146
	B2	0.0130
	B1	0.0140
	B6	0.0169
教学环境	E2	0.0141
	E4	0.0141
	E5	0.0142
	E1	0.0141
	E3	0.0137

续表

因子	指标	权重
学习体验感	F1	0.0098
	F3	0.0095
	F5	0.0098
	F2	0.0097
	F4	0.0098
教学手段与方法	C5	0.0086
	C1	0.0084
	C4	0.0085
	C2	0.0088
	C3	0.0081
学生学习行为	A2	0.0078
	A3	0.0079
	A1	0.0078
	A5	0.0078
	A4	0.0081

表 6－25　各指标权重计算步骤

公共因子（一级指标）	旋转后的成分矩阵 a 成分（因子载荷系数）序号	1	2	3	4	5	6	系数 1	系数 2	系数 3	系数 4	系数 5	系数 6	综合得分系数	各指标综合得分系数归一化	评价表中百分比
1. 师德师风	D3	0.855	0.198	0.197	0.209	0.251	0.198	0.1907	0.1254	0.1397	0.1783	0.2267	0.1874	0.1822	0.0464	0.1434
	D4	0.854	0.194	0.186	0.187	0.249	0.205	0.1904	0.1229	0.1319	0.1595	0.2249	0.1940	0.1805	0.0460	0.1421
	D5	0.85	0.193	0.196	0.189	0.239	0.204	0.1896	0.1222	0.1390	0.1612	0.2158	0.1930	0.1800	0.0459	0.1417
	D2	0.846	0.189	0.184	0.206	0.257	0.19	0.1887	0.1197	0.1305	0.1757	0.2321	0.1798	0.1794	0.0457	0.1412
	D1	0.841	0.22	0.183	0.195	0.256	0.2	0.1875	0.1393	0.1298	0.1663	0.2312	0.1893	0.1802	0.0459	0.1418
2. 教学内容	B5	0.226	0.808	0.212	0.228	0.244	0.256	0.0504	0.5117	0.1504	0.1945	0.2204	0.2422	0.1200	0.0306	0.0148
	B3	0.234	0.807	0.237	0.205	0.232	0.24	0.0522	0.5110	0.1681	0.1749	0.2095	0.2271	0.1204	0.0307	0.0149
	B4	0.214	0.804	0.229	0.216	0.262	0.236	0.0477	0.5091	0.1624	0.1842	0.2366	0.2233	0.1182	0.0301	0.0146
	B2	0.169	0.79	0.204	0.203	0.194	0.222	0.0377	0.5003	0.1447	0.1732	0.1752	0.2101	0.1053	0.0268	0.0130
	B1	0.189	0.78	0.232	0.191	0.245	0.285	0.0421	0.4939	0.1645	0.1629	0.2213	0.2697	0.1131	0.0288	0.0140
	B6	0.339	0.486	0.305	0.328	0.363	0.351	0.0756	0.3078	0.2163	0.2798	0.3278	0.3321	0.1369	0.0349	0.0169
3. 教学环境	E2	0.214	0.24	0.802	0.323	0.194	0.215	0.0477	0.1520	0.5688	0.2755	0.1752	0.2034	0.1162	0.0296	0.0141
	E4	0.219	0.243	0.801	0.316	0.181	0.228	0.0488	0.1539	0.5681	0.2695	0.1635	0.2158	0.1168	0.0298	0.0141
	E5	0.219	0.233	0.801	0.332	0.171	0.244	0.0488	0.1475	0.5681	0.2832	0.1544	0.2309	0.1171	0.0298	0.0142
	E1	0.213	0.251	0.799	0.315	0.183	0.237	0.0475	0.1589	0.5667	0.2687	0.1653	0.2243	0.1166	0.0297	0.0141
	E3	0.194	0.238	0.793	0.33	0.226	0.195	0.0433	0.1507	0.5624	0.2815	0.2041	0.1845	0.1133	0.0289	0.0137

续表

公共因子（一级指标）	旋转后的成分矩阵 a 成分（因子载荷系数）							系数 1	系数 2	系数 3	系数 4	系数 5	系数 6	综合得分系数	各指标综合得分系数归一化	评价表中百分比
	序号	1	2	3	4	5	6									
4. 学习体验感	F1	0.229	0.231	0.304	0.806	0.199	0.23	0.0511	0.1463	0.2156	0.6875	0.1797	0.2176	0.1141	0.0291	0.0098
	F3	0.207	0.231	0.31	0.802	0.231	0.191	0.0462	0.1463	0.2199	0.6841	0.2086	0.1807	0.1105	0.0282	0.0095
	F5	0.228	0.22	0.326	0.802	0.192	0.245	0.0508	0.1393	0.2312	0.6841	0.1734	0.2318	0.1145	0.0292	0.0098
	F2	0.222	0.221	0.343	0.791	0.203	0.203	0.0495	0.1399	0.2433	0.6747	0.1833	0.1921	0.1129	0.0288	0.0097
	F4	0.226	0.231	0.341	0.789	0.185	0.225	0.0504	0.1463	0.2419	0.6730	0.1671	0.2129	0.1140	0.0290	0.0098
5. 教学手段与方法	C5	0.298	0.287	0.187	0.213	0.778	0.251	0.0665	0.1817	0.1326	0.1817	0.7026	0.2375	0.1212	0.0309	0.0086
	C1	0.3	0.255	0.164	0.201	0.776	0.256	0.0669	0.1615	0.1163	0.1714	0.7008	0.2422	0.1182	0.0301	0.0084
	C4	0.289	0.265	0.206	0.224	0.773	0.254	0.0644	0.1678	0.1461	0.1911	0.6981	0.2404	0.1198	0.0305	0.0085
	C2	0.315	0.277	0.204	0.202	0.772	0.25	0.0702	0.1754	0.1447	0.1723	0.6972	0.2366	0.1234	0.0314	0.0088
	C3	0.275	0.221	0.205	0.183	0.771	0.289	0.0613	0.1399	0.1454	0.1561	0.6963	0.2735	0.1146	0.0292	0.0081
6. 学生学习行为	A2	0.237	0.27	0.212	0.208	0.258	0.781	0.0529	0.1710	0.1504	0.1774	0.2330	0.7390	0.1110	0.0283	0.0078
	A3	0.24	0.285	0.21	0.233	0.273	0.78	0.0535	0.1805	0.1489	0.1987	0.2465	0.7381	0.1138	0.0290	0.0079
	A1	0.229	0.279	0.254	0.205	0.268	0.773	0.0511	0.1767	0.1801	0.1749	0.2420	0.7315	0.1123	0.0286	0.0078
	A5	0.215	0.287	0.231	0.264	0.279	0.76	0.0479	0.1817	0.1638	0.2252	0.2520	0.7192	0.1118	0.0285	0.0078
	A4	0.251	0.294	0.264	0.231	0.26	0.735	0.0560	0.1862	0.1872	0.1970	0.2348	0.6955	0.1165	0.0297	0.0081

四、新时代重庆市普通高校公共体育课堂教学质量教师评价指标体系构建

(一)样本数据的描述性统计

基于遵循确定因子的原则,学生问卷的数据同样借助SPSS 27.0软件进行了7次深入的探索性因子分析。结合KMO值、累积方差贡献率以及各因子的载荷等多个关键指标进行分析,以确保分析结果的准确性和可靠性,最终确定删除教师问卷中Q1.2-3、Q1.2-4、Q1.2-8、Q1.3-1、Q1.3-5、Q1.4-5、Q1.8-3共计7个题项,保留37个题项。然后,再对所保留的37个题项进行效度检验,得出KMO为0.714(见表6-27),适合进行探索性因子分析并进行下一步。

根据表6-26,教师问卷的有效样本总量为299份。在这些样本中,各项指标的平均值呈现出一定的分布特点,其中最低值为4.73,而最高值则达到了4.99。此外,各个变量的最大数值为5,最小数值为3,这一数据分布进一步印证了问卷设计的合理性和有效性(见表6-26)。

表6-26 教师问卷描述性统计

指标	N	MIN	MAX	MEAN	S.D.	Skew		Kurt	
						Stats	S.E	Stats	S.E
A1	299	3	5	4.88	0.360	-2.587	0.141	6.051	0.281
A2	299	3	5	4.99	0.326	-2.345	0.141	3.521	0.281
A3	299	3	5	4.99	0.388	-2.710	0.141	7.022	0.281
A4	299	3	5	4.99	0.370	-2.433	0.141	5.148	0.281
A5	299	3	5	4.99	0.340	-2.552	0.141	5.461	0.281
B1	299	3	5	4.98	0.115	-8.514	0.141	70.965	0.281
B2	299	3	5	4.91	0.115	-8.514	0.141	70.965	0.281
B5	299	3	5	4.9	0.100	-9.882	0.141	96.300	0.281
B6	299	3	5	4.91	0.115	-8.514	0.141	70.965	0.281

续表

指标	N	MIN	MAX	MEAN	S. D.	Skew		Kurt	
						Stats	S. E	Stats	S. E
B7	299	3	5	4.89	0.140	-6.880	0.141	45.633	0.281
C2	299	3	5	4.87	0.292	-2.804	0.141	5.900	0.281
C3	299	3	5	4.88	0.301	-2.674	0.141	5.184	0.281
C4	299	3	5	4.86	0.305	-3.636	0.141	13.603	0.281
C6	299	3	5	4.86	0.335	-3.027	0.141	8.912	0.281
D1	299	3	5	4.87	0.357	-2.643	0.141	6.387	0.281
D2	299	3	5	4.87	0.337	-2.206	0.141	2.885	0.281
D3	299	3	5	4.84	0.405	-2.414	0.141	5.298	0.281
D4	299	3	5	4.85	0.382	-2.532	0.141	5.890	0.281
E1	299	3	5	4.89	0.320	-2.859	0.141	7.362	0.281
E2	299	3	5	4.91	0.292	-2.804	0.141	5.900	0.281
E3	299	3	5	4.87	0.337	-2.206	0.141	2.885	0.281
E4	299	3	5	4.88	0.332	-2.667	0.141	6.147	0.281
E5	299	3	5	4.88	0.350	-2.760	0.141	7.124	0.281
F1	299	3	5	4.81	0.404	-1.708	0.141	1.399	0.281
F2	299	3	5	4.79	0.450	-1.943	0.141	2.988	0.281
F3	299	3	5	4.77	0.467	-1.863	0.141	2.671	0.281
F4	299	3	5	4.69	0.551	-1.564	0.141	1.508	0.281
F5	299	3	5	4.73	0.536	-1.835	0.141	2.464	0.281
G1	299	3	5	4.9	0.296	-2.737	0.141	5.530	0.281
G2	299	3	5	4.91	0.287	-2.873	0.141	6.298	0.281
G3	299	3	5	4.9	0.327	-3.179	0.141	10.007	0.281
G4	299	3	5	4.87	0.372	-3.006	0.141	8.936	0.281
G5	299	3	5	4.9	0.308	-3.080	0.141	8.868	0.281
H1	299	3	5	4.97	0.180	-5.216	0.141	25.377	0.281

续表

指标	N	MIN	MAX	MEAN	S. D.	Skew		Kurt	
						Stats	S. E	Stats	S. E
H2	299	3	5	4.96	0.197	-4.710	0.141	20.317	0.281
H4	299	3	5	4.94	0.258	-4.174	0.141	18.034	0.281
H5	299	3	5	4.95	0.212	-4.312	0.141	16.704	0.281

(二)评价指标的因子分析

1. KMO 和巴特利特检验

为了评估教师问卷中总体数据间的相关性,对问卷进行相应效度检验(见表 6-27)。其中,KMO 值达到了 0.714,同时,巴特利特球形检验的结果也显示,原变量之间存在显著的相关关系,这为进一步进行探索性因子分析提供了有力的依据。

表 6-27 教师问卷效度检验结果

KMO 和巴特利特检验		
KMO 取样适切性量数		0.714
巴特利特球形度检验	近似卡方	3894.238
	自由度	666
	显著性	0.000

2. 总方差解释

对 37 个题目进行主成分分析后,可获得具体内容,如表 6-28 所示。在该表中,识别出 8 个特征值超过 1 的因子。进一步提取这 8 个因子后,累积方差贡献率达到了 58.734%,这一结果清晰地表明,这 8 个因子能够涵盖所有变量信息总量的 58.734%。

表 6－28　教师问卷总方差解释

成分	初始特征值			提取载荷平方和			旋转载荷平方和		
	总计	方差%	累积%	总计	方差%	累积%	总计	方差%	累积%
1	3.554	9.606	9.606	3.554	9.606	9.606	3.245	8.769	8.769
2	3.285	8.879	18.484	3.285	8.879	18.484	2.901	7.842	16.611
3	2.944	7.957	26.442	2.944	7.957	26.442	2.855	7.716	24.327
4	2.849	7.701	34.142	2.849	7.701	34.142	2.685	7.257	31.584
5	2.527	6.830	40.972	2.527	6.830	40.972	2.674	7.227	38.812
6	2.328	6.292	47.264	2.328	6.292	47.264	2.554	6.904	45.716
7	2.194	5.930	53.194	2.194	5.930	53.194	2.425	6.553	52.269
8	2.050	5.539	58.734	2.050	5.539	58.734	2.392	6.465	58.734
9	0.964	2.605	61.339						
10	0.875	2.365	63.704						
11	0.844	2.281	65.985						
12	0.794	2.146	68.130						
13	0.770	2.080	70.211						
14	0.748	2.022	72.233						
15	0.719	1.944	74.177						
16	0.701	1.895	76.072						
17	0.676	1.826	77.898						
18	0.612	1.653	79.551						
19	0.592	1.600	81.152						
20	0.575	1.555	82.707						
21	0.548	1.482	84.189						
22	0.535	1.446	85.635						
23	0.484	1.309	86.944						
24	0.472	1.275	88.219						

续表

成分	初始特征值			提取载荷平方和			旋转载荷平方和		
	总计	方差%	累积%	总计	方差%	累积%	总计	方差%	累积%
25	0.466	1.260	89.479						
26	0.446	1.206	90.684						
27	0.431	1.165	91.849						
28	0.399	1.079	92.929						
29	0.394	1.066	93.995						
30	0.372	1.006	95.000						
31	0.351	0.949	95.949						
32	0.327	0.883	96.832						
33	0.308	0.834	97.665						
34	0.302	0.816	98.481						
35	0.261	0.706	99.187						
36	0.205	0.554	99.741						
37	0.096	0.259	100.000						

注：提取方法：主成分分析法。

3. 公共因子碎石图

为了更直观地展现教师问卷因子分析的结果，绘制如图 6－14 所示的公共因子碎石图。从图中可以观察到，第 1 个至第 8 个因子的特征值变化幅度显著，而自第 8 个因子起，曲线走势逐渐平稳，后续因子的方差贡献率呈现逐渐降低的趋势。基于这一观察，可以推断出，提取前 8 个公共因子是既合理又有效的方法。

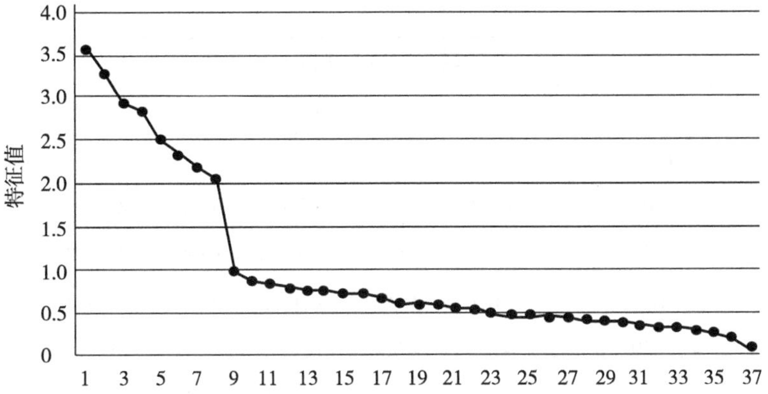

图 6－14　教师问卷公共因子碎石

4. 评价指标的公共因子确定

同样地，对教师问卷中各因子采用方差极大化方法进行正交旋转处理，以实现因子载荷的显著区分。通过 7 次迭代后，旋转过程达到收敛状态，生成教师问卷旋转后的因子载荷系数矩阵，具体内容如表 6－29 所示。

从表 6－29 中可以清晰地看到，37 个题目所对应的“因子载荷系数”的绝对值均超过了 0.668，这一数据充分证明了各题目与公共因子之间具有较为理想的关联性和对应性。

表 6－29　教师问卷旋转后的成分矩阵

旋转后的成分矩阵 a								
指标	成分							
	1	2	3	4	5	6	7	8
B5	0.889	0.074	0.005	－0.023	－0.047	－0.012	0.031	－0.008
B2	0.881	0.051	－0.015	－0.034	－0.050	－0.018	0.013	－0.017
B6	0.735	－0.037	－0.120	0.045	0.025	－0.012	－0.001	－0.007
B1	0.732	－0.007	0.125	－0.026	－0.025	－0.007	0.008	－0.049
B7	0.708	0.037	0.054	－0.056	0.153	－0.024	－0.015	－0.033

续表

旋转后的成分矩阵 a								
指标	成分							
	1	2	3	4	5	6	7	8
G3	0.000	0.813	-0.002	-0.013	-0.003	-0.039	-0.020	0.026
G4	0.023	0.786	-0.060	-0.049	-0.052	0.099	-0.050	0.037
G5	0.002	0.744	-0.045	0.016	0.022	-0.019	-0.074	0.110
G2	-0.089	0.732	-0.047	-0.026	0.030	0.041	-0.076	-0.052
G1	0.197	0.688	0.079	-0.086	-0.046	0.019	-0.007	-0.066
F4	-0.014	-0.016	0.771	0.105	-0.027	0.026	0.043	0.083
F3	0.057	-0.048	0.770	0.052	-0.002	0.052	-0.004	-0.134
F5	0.064	-0.067	0.742	0.005	0.055	0.147	-0.055	0.055
F2	-0.004	0.018	0.699	0.044	0.024	-0.058	-0.088	0.008
F1	-0.044	0.025	0.691	0.022	-0.075	-0.049	0.142	-0.004
A1	-0.034	-0.042	-0.038	0.761	-0.033	0.039	0.048	-0.022
A3	-0.049	-0.020	0.099	0.730	0.133	-0.056	0.102	-0.007
A2	-0.018	-0.008	0.045	0.707	-0.002	-0.060	0.009	-0.024
A5	-0.009	-0.002	-0.057	0.706	0.089	0.037	0.032	0.112
A4	0.023	-0.080	0.206	0.668	0.018	0.014	-0.069	-0.002
E3	0.035	-0.027	-0.036	0.143	0.771	0.001	0.054	0.008
E5	0.011	0.001	-0.014	-0.011	0.744	0.052	-0.074	-0.016
E2	-0.028	0.011	-0.030	-0.041	0.728	0.000	-0.032	-0.080
E4	0.087	-0.039	0.013	-0.045	0.702	-0.030	0.054	0.129
E1	-0.044	0.009	0.042	0.177	0.637	-0.107	0.033	0.079
H5	-0.009	-0.024	-0.034	0.119	-0.037	0.855	0.028	0.156
H4	-0.024	0.000	-0.053	-0.026	0.022	0.840	-0.072	0.116
H2	-0.017	0.091	0.085	-0.071	-0.023	0.724	0.038	-0.015
H1	-0.020	0.017	0.079	-0.028	-0.037	0.713	-0.045	-0.089

续表

指标	成分							
	1	2	3	4	5	6	7	8
C6	-0.061	-0.035	0.016	0.086	-0.012	0.023	0.818	0.017
C3	0.076	-0.070	0.030	0.030	0.099	-0.052	0.788	0.128
C4	-0.065	-0.034	0.082	0.028	-0.061	-0.031	0.734	-0.031
C2	0.087	-0.082	-0.096	-0.022	0.012	0.007	0.711	-0.063
D4	-0.039	-0.022	0.072	-0.051	0.023	0.002	0.015	0.768
D3	-0.045	0.026	-0.001	0.047	0.080	0.056	0.018	0.758
D1	-0.036	0.069	-0.035	-0.015	0.021	0.086	-0.026	0.749
D2	0.011	-0.016	-0.020	0.066	-0.018	-0.019	0.024	0.709

（表题：旋转后的成分矩阵 a）

注：提取方法：主成分分析法。

旋转方法：凯撒正态化最大方差法。

a. 旋转在7次迭代后已收敛。

为了评估教师问卷中公共因子与各个题目之间的可靠性，对内部一致性系数进行进一步计算。从表6-30中可以看到，这8个公共因子的内部一致性系数分别为0.852、0.814、0.794、0.770、0.769、0.797、0.771和0.747，这些高值系数充分说明了旋转后的问卷具有很高的信度。随后，基于每个公共因子所涵盖的多道题目的内容和所代表的意义，对这8个公共因子进行了综合性的命名。具体如下（见表6-30）：

表6-30　教师问卷公共因子命名及内部一致性系数

公共因子命名	内部一致性系数	问卷题目序号	主要内容
教师教学行为	0.852	Q1.2-1	示范讲解结合
		Q1.2-2	举止得体
		Q1.2-3	有效纠错
		Q1.2-4	严守纪律
		Q1.2-5	尊重学生

续表

公共因子命名	内部一致性系数	问卷题目序号	主要内容
教学制度	0.814	Q1.7－1	督导督察
		Q1.7－2	培训制度
		Q1.7－3	专门机构
		Q1.7－4	评教制度
		Q1.7－5	安全预案
师德师风	0.794	Q1.6－1	师德高尚
		Q1.6－2	关爱学生
		Q1.6－3	为人师表
		Q1.6－4	尊重学生
		Q1.6－5	立德树人
学生学习行为	0.770	Q1.1－1	态度端正
		Q1.1－2	服从管理
		Q1.1－3	参与互动
		Q1.1－4	运动兴趣
		Q1.1－5	主动沟通
教师能力水平	0.769	Q1.5－1	项目一致
		Q1.5－2	参与科研
		Q1.5－3	承担职务
		Q1.5－4	资格证书
		Q1.5－5	组织能力
教学环境	0.797	Q1.8－1	教学氛围
		Q1.8－2	良好班风
		Q1.8－3	器材完备
		Q1.8－4	足够场地

续表

公共因子命名	内部一致性系数	问卷题目序号	主要内容
教学内容	0.771	Q1.3－1	课外指导
		Q1.3－2	课程配置
		Q1.3－3	目标明确
		Q1.3－4	融入思政
教学手段与方法	0.747	Q1.4－1	因材施教
		Q1.4－2	方法多样性
		Q1.4－3	方法先进性
		Q1.4－4	手段合理性

第一个公共因子包含 Q1.2－1、Q1.2－2、Q1.2－3、Q1.2－4、Q1.2－5 等5道题目，结合实际情况，将其命名为“教师教学行为”，主要内容为示范讲解结合、举止得体、有效纠错、严守纪律、尊重学生等。

第二个公共因子包含 Q1.7－1、Q1.7－2、Q1.7－3、Q1.7－4、Q1.7－5 等5道题目，主要内容为督导督察、培训制度、专门机构、评教制度、安全预案等，并结合实际情况，命名为“教学制度”。

第三个公共因子包含 Q1.6－1、Q1.6－2、Q1.6－3、Q1.6－4、Q1.6－5 等5道题目，主要内容为师德高尚、关爱学生、为人师表、尊重学生、立德树人等，并结合实际情况，命名为“师德师风”。

第四个公共因子包含 Q1.1－1、Q1.1－2、Q1.1－3、Q1.1－4、Q1.1－5 等5道题目，主要内容为态度端正、服从管理、参与互动、运动兴趣、主动沟通等，并结合实际情况，命名为“学生学习行为”。

第五个公共因子包含 Q1.5－1、Q1.5－2、Q1.5－3、Q1.5－4、Q1.5－5 等5个题目，主要内容为项目一致、参与科研、承担职务、资格证书、组织能力等，并结合实际情况，命名为“教师能力水平”。

第六个公共因子包含 Q1.8－1、Q1.8－2、Q1.8－3、Q1.8－4 等4道题目，主要内容为教学氛围、良好班风、器材完备、足够场地等，并结合实际情况，命名为“教学环境”。

第七个公共因子包含 Q1.3－1、Q1.3－2、Q1.3－3、Q1.3－4 等4道题目，主要内容为课外指导、课程配置、目标明确、融入思政等，并结合实际情况，命名为“教学内容”。

第八个公共因子包含 Q1.4－1、Q1.4－2、Q1.4－3、Q1.4－4 等4道题目，结合实际生活中的情况，将此公共因子命名为“教学手段与方法”，主要内容为因材施教、方法多样性、方法先进性、手段合理性等。

（三）评价指标维度分析

1. 教师教学行为维度分析

通过表6－31可以看出，重庆市普通高校体育课堂教学质量评价体系的教师问卷中，教师教学行为维度（B1、B2、B5、B6、B7）中载荷较大，排在前三位的评价指标是为举止得体、有效纠错、严守纪律。

表6－31 教师教学行为描述性统计

因子	N	MIN	MAX	MEAN	S.D.	Skew			Kurt	
						Stats	S.E		Stats	S.E
B1	299	3	5	4.99	0.115	－8.514	0.141	70.965	0.281	－8.514
B2	299	3	5	4.99	0.115	－8.514	0.141	70.965	0.281	－8.514
B5	299	3	5	4.99	0.100	－9.882	0.141	96.300	0.281	－9.882
B6	299	3	5	4.99	0.115	－8.514	0.141	70.965	0.281	－8.514
B7	299	3	5	4.98	0.140	－6.880	0.141	45.633	0.281	－6.880

2. 教学制度维度分析

通过表6－32可以看出，重庆市普通高校体育课堂教学质量评价体系的教师问卷中，教学制度维度（G1、G2、G3、G4、G5）中载荷较大，排在前三位的评价指标是培训制度、专门机构、评教制度。

表 6－32　教学制度描述性统计

因子	N	MIN	MAX	MEAN	S. D.	Skew			Kurt	
						Stats	S. E		Stats	S. E
G1	299	4	5	4.9	0.088	0.088	0.088	0.088	0.088	0.088
G2	299	4	5	4.91	0.082	0.082	0.082	0.082	0.082	0.082
G3	299	3	5	4.9	0.107	0.107	0.107	0.107	0.107	0.107
G4	299	3	5	4.87	0.138	0.138	0.138	0.138	0.138	0.138
G5	2993	3	5	4.9	0.095	0.095	0.095	0.095	0.095	0.095

3. 师德师风维度分析

通过表 6－33 可以看出，师德师风中各个指标的平均值大于 4，结合表 6－29 旋转后的成分矩阵可以知道 F4、F3、F5 的载荷系数较大，分别为 0.771、0.770、0.742，均大于 0.7，说明其中每个指标对于课堂教学质量都很重要。

表 6－33　师德师风描述性统计

因子	N	MIN	MAX	MEAN	S. D.	Skew			Kurt	
						Stats	S. E		Stats	S. E
F1	299	3	5	4.81	0.404	－1.708	0.141	1.399	0.281	－1.708
F2	299	3	5	4.79	0.450	－1.943	0.141	2.988	0.281	－1.943
F3	299	3	5	4.77	0.467	－1.863	0.141	2.671	0.281	－1.863
F4	299	3	5	4.69	0.551	－1.564	0.141	1.508	0.281	－1.564
F5	299	3	5	4.73	0.536	－1.835	0.141	2.464	0.281	－1.835

4. 学生学习行为维度分析

通过表 6－34 可以看出，师德师风中各个指标的平均值大于 4.8，结合表 6－29 旋转后的成分矩阵可以知道 A1、A3、A2、A5、A4 的载荷系数较大，分别为 0.761、0.730、0.707、0.706、0.668，其中载荷系数排在前三位的指标是态度端正、参与互动、服从管理。

表 6－34　学生学习行为描述性统计

因子	N	MIN	MAX	MEAN	S. D.	Skew			Kurt	
						Stats	S. E		Stats	S. E
A1	299	3	5	4.87	0.360	－2.587	0.141	6.051	0.281	－2.587
A2	299	3	5	4.88	0.326	－2.345	0.141	3.521	0.281	－2.345
A3	299	3	5	4.86	0.388	－2.710	0.141	7.022	0.281	－2.710
A4	299	3	5	4.86	0.370	－2.433	0.141	5.148	0.281	－2.433
A5	299	3	5	4.88	0.340	－2.552	0.141	5.461	0.281	－2.552

5. 教师能力水平维度分析

通过表 6－35 可以看出，学生学习内容维度中各个指标的平均值大于 4，结合表 6－29 旋转后的成分矩阵可以知道 E1、E2、E3、E4、E5 的载荷系数分别为 0.637、0.728、0.771、0.702、0.744，其中载荷系数排在前三位的指标是 E3、E5、E2，分别是承担职务、组织能力和参与科研。

表 6－35　教师能力水平描述性统计

因子	N	MIN	MAX	MEAN	S. D.	Skew			Kurt	
						Stats	S. E		Stats	S. E
E1	299	3	5	4.87	0.360	－2.587	0.141	6.051	0.281	－2.587
E2	299	4	5	4.88	0.326	－2.345	0.141	3.521	0.281	－2.345
E3	299	4	5	4.86	0.388	－2.710	0.141	7.022	0.281	－2.710
E4	299	3	5	4.86	0.370	－2.433	0.141	5.148	0.281	－2.433
E5	299	3	5	4.88	0.340	－2.552	0.141	5.461	0.281	－2.552

6. 教学环境维度分析

通过表 6－36 可以看出，教学环境维度中各个指标的平均值大于 4，结合表 6－29 旋转后的成分矩阵可以知道 H1、H2、H4、H5 的载荷系数为 0.713、0.724、0.840、0.855，其中 H4、H5 的载荷系数大于 0.8，分别是完善的体育器材和足够的体育场馆或场地。

表 6－36　教学环境描述性统计

因子	N	MIN	MAX	MEAN	S. D.	Skew			Kurt	
						Stats	S. E		Stats	S. E
H1	299	4	5	4.97	0.180	－5.216	0.141	25.377	0.281	－5.216
H2	299	4	5	4.96	0.197	－4.710	0.141	20.317	0.281	－4.710
H4	299	3	5	4.94	0.258	－4.174	0.141	18.034	0.281	－4.174
H5	299	4	5	4.95	0.212	－4.312	0.141	16.704	0.281	－4.312

7. 教学内容维度分析

通过表 6－37 可以看出，教学内容维度中各个指标的平均值大于 4，结合表 6－29 旋转后的成分矩阵可以知道 C6、C3、C4、C2 的载荷系数为 0.818、0.788、0.734、0.711，均大于 0.7，说明其中每个指标对于课堂教学质量都比较重要。其中排在前两名的是融入思政与课程配置。

表 6－37　教学内容描述性统计

因子	N	MIN	MAX	MEAN	S. D.	Skew			Kurt	
						Stats	S. E		Stats	S. E
C2	299	4	5	4.91	0.292	－2.804	0.141	5.900	0.281	－2.804
C3	299	4	5	4.9	0.301	－2.674	0.141	5.184	0.281	－2.674
C4	299	3	5	4.91	0.305	－3.636	0.141	13.603	0.281	－3.636
C6	299	3	5	4.89	0.335	－3.027	0.141	8.912	0.281	－3.027

8. 教学手段与方法维度分析

通过表 6－38 可以发现，教学手段与方法维度下的各项指标的平均值均超过 4。进一步参考表 6－29 中旋转后的成分矩阵，可以看到 D4、D3、D1、D2 的载荷系数分别为 0.768、0.758、0.749、0.709，这些数值均显著大于 0.7，从而验证了这些指标在衡量课堂教学质量时均具有重要的地位。其中排在前三位的是手段合理性、方法先进性、方法多样性。

表 6－38　教学手段与方法描述性统计

因子	N	MIN	MAX	MEAN	S. D.	Skew			Kurt	
						Stats	S. E		Stats	S. E
D1	299	3	5	4.87	0.357	－2.643	0.141	6.387	0.281	－2.643
D2	299	4	5	4.87	0.337	－2.206	0.141	2.885	0.281	－2.206
D3	299	3	5	4.84	0.405	－2.414	0.141	5.298	0.281	－2.414
D4	299	3	5	4.85	0.382	－2.532	0.141	5.890	0.281	－2.532

(四)评价指标权重计算

1. 一级指标(公共因子)权重计算

一级指标的计算权重公式为

$$F_{ij} = a_k / \left(\frac{\sum_{i=1}^{n} \lambda_i}{\sum_{i=1}^{p} \lambda_i} \right) \quad (6-4)$$

其中，a_k表示各主成分的方差百分比，$\frac{\sum_{i=1}^{n} \lambda_i}{\sum_{i=1}^{p} \lambda_i}$表示累计方差贡献率，即各主成分方差百分比除以累计方差贡献率。

由表 6－39 可知，教师问卷的 8 个公共因子在旋转处理后的方差解释率具体为 9.606%、8.879%、7.957%、7.701%、6.830%、6.292%、5.930%、5.539%，基于上述权重计算的方法论，能够精确地计算出这 8 个公共因子的各自权重。

表 6－39　教师问卷总方差解释 8 个因子

成分	初始特征值			提取载荷平方和			旋转载荷平方和		
	总计	方差%	累积%	总计	方差%	累积%	总计	方差%	累积%
1	3.554	9.606	9.606	3.554	9.606	9.606	3.245	8.769	8.769

续表

成分	初始特征值			提取载荷平方和			旋转载荷平方和		
	总计	方差%	累积%	总计	方差%	累积%	总计	方差%	累积%
2	3.285	8.879	18.484	3.285	8.879	18.484	2.901	7.842	16.611
3	2.944	7.957	26.442	2.944	7.957	26.442	2.855	7.716	24.327
4	2.849	7.701	34.142	2.849	7.701	34.142	2.685	7.257	31.584
5	2.527	6.830	40.972	2.527	6.830	40.972	2.674	7.227	38.812
6	2.328	6.292	47.264	2.328	6.292	47.264	2.554	6.904	45.716
7	2.194	5.930	53.194	2.194	5.930	53.194	2.425	6.553	52.269
8	2.050	5.539	58.734	2.050	5.539	58.734	2.392	6.465	58.734

运用上述公式的计算方法，将初始特征值中的各主成分方差百分比除以累计方差贡献率，可以确定各个因子的权重详细数据（见表6－40）。

表6－40　公共因子（一级指标）权重

因子（一级指标）	初始特征值	累计方差贡献率	权重
1.教师教学行为	9.606	58.734	0.164
2.教学制度	8.879	58.734	0.151
3.师德师风	7.957	58.734	0.135
4.学生学习行为	7.701	58.734	0.131
5.教师能力水平	6.830	58.734	0.116
6.教学环境	6.292	58.734	0.107
7.教学内容	5.930	58.734	0.101
8.教学手段与方法	5.539	58.734	0.094

2.二级指标权重计算

在计算二级指标权重时，应先将各指标主成分系数得分算出：

计算公式为

$$C_{ij} = \frac{a_{ij}}{\sqrt{\lambda_i}} \tag{6-5}$$

其中,a_{ij}表示各个指标的载荷系数,$\sqrt{\lambda_i}$表示提取的主成分初始特征值的平方根,计算方法为载荷系数除以对应主成分的初始特征值平方根。

随即计算出综合因子得分系数,计算公式为

$$A_{ij} = \sum_{i=1}^{p} (C_{ij} \times F_{ij}) \tag{6-6}$$

即各指标的得分系数与主成分权重的乘积求和。

(1)二级指标综合系数得分

以一级指标中教师教学行为下的 5 个二级指标为例子,按照以上方法,计算出所有指标的综合系数得分。由表 6－39 可知,教师教学行为系数 1 主成分初始特征值为 3.554,由此可得到表 6－41。

表 6－41 教师教学行为因子载荷系数及初始特征值

旋转后的成分矩阵 a									
指标	成分(因子载荷系数)								初始特征值
	1	2	3	4	5	6	7	8	
B5	0.889	0.074	0.005	－0.023	－0.047	－0.012	0.031	－0.008	0.4716
B2	0.881	0.051	－0.015	－0.034	－0.05	－0.018	0.013	－0.017	0.4673
B6	0.735	－0.037	－0.12	0.045	0.025	－0.012	－0.001	－0.007	0.3899
B1	0.732	－0.007	0.125	－0.026	－0.025	－0.007	0.008	－0.049	0.3883
B7	0.708	0.037	0.054	－0.056	0.153	－0.024	－0.015	－0.033	0.3756

根据表 6－39 计算各指标成分系数(见表 6－42):

B5:系数 1 $=0.889/\sqrt{3.554}$

B2:系数 1 $=0.881/\sqrt{3.554}$

B6:系数 1 $=0.735/\sqrt{3.554}$

B1:系数 1 $=0.732/\sqrt{3.554}$

B7：系数 1 = 0.708/ $\sqrt{3.554}$

表 6－42　教师教学行为各成分系数

指标	系数 1
B5	0.471566613
B2	0.467323044
B6	0.389877908
B1	0.388286570
B7	0.375555863

根据表 6－39 可以发现，系数 2、系数 3、系数 4、系数 5、系数 6、系数 7、系数 8 的主成分初始特征值分别为 3.285、2.944、2.849、2.527、2.328、2.194、2.050。

B5：系数 2 = 0.074/ $\sqrt{3.285}$

B2：系数 2 = 0.051/ $\sqrt{3.285}$

B6：系数 2 = (－0.037)/ $\sqrt{3.285}$

B1：系数 2 = －0.007/ $\sqrt{3.285}$

B7：系数 2 = 0.198/ $\sqrt{3.285}$

……系数 3、系数 4、系数 5、系数 6、系数 7、系数 8 的值按照上述步骤进行相应计算。随即分别计算出教师教学行为中 B5、B2、B6、B1、B7 的各系数值，如表 6－43 所示。

表 6－43　教师教学行为各成分系数

指标	系数 1	系数 2	系数 3	系数 4	系数 5	系数 6	系数 7	系数 8
B5	0.4716	0.0408	0.0029	－0.0136	－0.0296	－0.0079	0.0209	－0.0056
B2	0.4673	0.0281	－0.0087	－0.0201	－0.0315	－0.0118	0.0088	－0.0119
B6	0.3899	－0.0204	－0.0699	0.0267	0.0157	－0.0079	－0.0007	－0.0049
B1	0.3883	－0.0039	0.0729	－0.0154	－0.0157	－0.0046	0.0054	－0.0342
B7	0.3756	0.0204	0.0315	－0.0332	0.0962	－0.0157	－0.0101	－0.0230

计算出系数值后,依照系数值和公共因子(一级指标)权重可得出各二级指标综合得分系数:

B5综合得分系数=(系数1×教师教学行为)+(系数2×教学制度)+(系数3×师德师风)+(系数4×学生学习行为)+(系数5×教师能力水平)+(系数6×教学环境)+(系数7×教学内容)+(系数8×教学手段与方法)

即B5综合得分系数=0.4716×0.1636+0.0408×0.1512+0.0029×0.1355+(-0.0136)×0.1311+(-0.0296)×0.1163+(-0.0079×0.1071)+0.0209×0.1010+(-0.0056)×0.0943=0.079210883

按照以上方法依此类推得到公共因子1教师教学行为中各指标的综合得分系数,如表6-44所示。

表6-44 教师教学行为各因子综合得分系数

指标	综合得分系数
B5	0.0792
B2	0.0717
B6	0.0552
B1	0.0658
B7	0.0707

按照上述所有步骤同理可得教学制度、师德师风、学生学习行为、教师能力水平、教学环境、教学内容、教学手段与方法7个公共因子包含的所有二级指标的综合系数得分,见表6-45。

表6-45 二级指标综合得分系数

因子	指标	综合得分系数
教师教学行为	B5	0.0792
	B2	0.0717
	B6	0.0552
	B1	0.0658
	B7	0.0707

续表

因子	指标	综合得分系数
教学制度	G3	0.0640
	G4	0.0612
	G5	0.0624
	G2	0.0441
	G1	0.0672
师德师风	F4	0.0747
	F3	0.0602
	F5	0.0732
	F2	0.0520
	F1	0.0550
学生学习行为	A1	0.0518
	A3	0.0709
	A2	0.0509
	A5	0.0681
	A4	0.0609
教师能力水平	E3	0.0697
	E5	0.0511
	E2	0.0387
	E4	0.0632
	E1	0.0605
教学环境	H5	0.0733
	H4	0.0550
	H2	0.0581
	H1	0.0422
教学内容	C6	0.0573
	C3	0.0712
	C4	0.0415
	C2	0.0371

续表

因子	指标	综合得分系数
教学手段与方法	D4	0.0499
	D3	0.0628
	D1	0.0538
	D2	0.0489

(2)二级指标在评价量表中的权重

在得到以上数据的基础上,继续确定各二级指标的权重。以公共因子1(教师教学行为)为例:对公共因子1(教师教学行为)下的二级指标权重进行确定,计算方式为:各指标综合系数得分除以综合系数总得分除以教师教学行为中二级权重之和乘以教师教学行为权重:

B5 = (0.0792/2.1936/0.1562) ×0.1636

=0.2311 ×0.1636 =0.0378(最终结果保留4位小数)

……

按照以上步骤,可以得到公共因子1教师教学行为中所有二级指标的权重,见表6-46。

表6-46　教师教学行为中二级指标权重

因子	指标	权重
教师教学行为	B5	0.0378
	B2	0.0342
	B6	0.0263
	B1	0.0347
	B7	0.0338

根据教师教学行为权重计算方式,同理可以得到教学制度、师德师风、学生学习行为、教师能力水平、教学环境、教学内容、教学手段与方法7个公共因子中包含的所有二级指标的权重(见表6-47),详细计算过程见

表6－48。

表6－47　教师问卷二级指标权重

因子	指标	权重
教师教学行为	B5	0.0378
	B2	0.0342
	B6	0.0263
	B1	0.0347
	B7	0.0338
教学制度	G3	0.0324
	G4	0.0310
	G5	0.0316
	G2	0.0223
	G1	0.0343
师德师风	F4	0.0321
	F3	0.0259
	F5	0.0315
	F2	0.0224
	F1	0.0260
学生学习行为	A1	0.0224
	A3	0.0307
	A2	0.0221
	A5	0.0295
	A4	0.0264
教师能力水平	E3	0.0286
	E5	0.0209
	E2	0.0159
	E4	0.0260
	E1	0.0220

续表

因子	指标	权重
教学环境	H5	0.0343
	H4	0.0258
	H2	0.0272
	H1	0.0020
教学内容	C6	0.0280
	C3	0.0347
	C4	0.0202
	C2	0.0184
教学手段与方法	D4	0.0219
	D3	0.0275
	D1	0.0227
	D2	0.0214

表 6－48　各指标权重计算步骤

公共因子（一级指标）	序号	旋转后的成分矩阵 a 成分（因子载荷系数）1	2	3	4	5	6	7	8	系数 1	系数 2	系数 3	系数 4	系数 5	系数 6	系数 7	系数 8	综合得分系数	各指标综合得分系数归一化	评价表中百分比
1. 教师教学行为	B5	0.889	0.074	0.005	−0.023	−0.047	−0.012	0.031	−0.008	0.4716	0.0408	0.0029	−0.0136	−0.0296	−0.0079	0.0209	−0.0056	0.0792	0.0361	0.0378
	B2	0.881	0.051	−0.015	−0.034	−0.05	−0.018	0.013	−0.017	0.4673	0.0281	−0.0087	−0.0201	−0.0315	−0.0118	0.0088	−0.0119	0.0717	0.0327	0.0342
	B6	0.735	−0.037	−0.12	0.045	0.025	−0.012	−0.001	−0.007	0.3899	−0.0204	−0.0699	0.0267	0.0157	−0.0079	−0.0007	−0.0049	0.0552	0.0251	0.0263
	B1	0.732	−0.007	0.125	−0.026	−0.025	−0.007	0.008	−0.049	0.3883	−0.0039	0.0729	−0.0154	−0.0157	−0.0046	0.0054	−0.0342	0.0658	0.0300	0.0347
	B7	0.708	0.037	0.054	−0.056	0.153	−0.024	−0.015	−0.033	0.3756	0.0204	0.0315	−0.0332	0.0962	−0.0157	−0.0101	−0.0230	0.0707	0.0322	0.0338
2. 教学制度	G3	0	0.813	−0.002	−0.013	−0.003	−0.039	−0.02	0.026	0.0000	0.4486	−0.0012	−0.0077	−0.0019	−0.0256	−0.0135	0.0182	0.0640	0.0292	0.0324
	G4	0.023	0.786	−0.06	−0.049	−0.052	0.099	−0.05	0.037	0.0122	0.4337	−0.0350	−0.0290	−0.0327	0.0649	−0.0338	0.0258	0.0612	0.0279	0.0310
	G5	0.002	0.744	−0.045	0.016	0.022	−0.019	−0.074	0.11	0.0011	0.4105	−0.0262	0.0095	0.0138	−0.0125	−0.0500	0.0768	0.0624	0.0284	0.0316
	G2	−0.089	0.732	−0.047	−0.026	0.03	0.041	−0.076	−0.052	−0.0472	0.4039	−0.0274	−0.0154	0.0189	0.0269	−0.0513	−0.0363	0.0441	0.0201	0.0223
	G1	0.197	0.688	0.079	−0.086	−0.046	0.019	−0.007	−0.066	0.1045	0.3796	0.0460	−0.0510	−0.0289	0.0125	−0.0047	−0.0461	0.0672	0.0306	0.0343
3. 师德师风	F4	−0.014	−0.016	0.771	0.105	−0.027	0.026	0.043	0.083	−0.0074	−0.0088	0.4494	0.0622	−0.0170	0.0170	0.0290	0.0580	0.0747	0.0341	0.0321
	F3	0.057	−0.048	0.77	0.052	−0.002	0.052	−0.004	−0.134	0.0302	−0.0265	0.4488	0.0308	−0.0013	0.0341	−0.0027	−0.0936	0.0602	0.0274	0.0259
	F5	0.064	−0.067	0.742	0.005	0.055	0.147	−0.055	0.055	0.0339	−0.0370	0.4324	0.0030	0.0346	0.0963	−0.0371	0.0384	0.0732	0.0334	0.0315
	F2	−0.004	0.018	0.699	0.044	0.024	−0.058	−0.088	0.008	−0.0021	0.0099	0.4074	0.0261	0.0151	−0.0380	−0.0594	0.0056	0.0520	0.0237	0.0224
	F1	−0.044	0.025	0.691	0.022	−0.075	−0.049	0.142	−0.004	−0.0233	0.0138	0.4027	0.0130	−0.0472	−0.0321	0.0959	−0.0028	0.0550	0.0251	0.0260
4. 学生学习行为	A1	−0.034	−0.042	−0.038	0.761	−0.033	0.039	0.048	−0.022	−0.0180	−0.0232	−0.0221	0.4509	−0.0208	0.0256	0.0324	−0.0154	0.0518	0.0236	0.0224
	A3	−0.049	−0.02	0.099	0.73	0.133	−0.056	0.102	−0.007	−0.0260	−0.0110	0.0577	0.4325	0.0837	−0.0367	0.0689	−0.0049	0.0709	0.0323	0.0307
	A2	−0.018	−0.008	0.045	0.707	−0.002	−0.06	0.009	−0.024	−0.0095	−0.0044	0.0262	0.4189	−0.0013	−0.0393	0.0061	−0.0168	0.0509	0.0232	0.0221
	A5	−0.009	−0.002	−0.057	0.706	0.089	0.037	0.032	0.112	−0.0048	−0.0011	−0.0332	0.4183	0.0560	0.0242	0.0216	0.0782	0.0681	0.0310	0.0295
	A4	0.023	−0.08	0.206	0.668	0.018	0.014	−0.069	−0.002	0.0122	−0.0441	0.1201	0.3958	0.0113	0.0092	−0.0466	−0.0014	0.0609	0.0278	0.0264

续表

公共因子（一级指标）	旋转后的成分矩阵 a 成分（因子载荷系数）									系数 1	系数 2	系数 3	系数 4	系数 5	系数 6	系数 7	系数 8	综合得分系数	各指标综合得分系数归一化	评价表中百分比
	序号	1	2	3	4	5	6	7	8											
5. 教师能力水平	E3	0.035	-0.027	-0.036	0.143	0.771	0.001	0.054	0.008	0.0186	-0.0149	-0.0210	0.0847	0.4850	0.0007	0.0365	0.0056	0.0697	0.0318	0.0286
	E5	0.011	0.001	-0.014	-0.011	0.744	0.052	-0.074	-0.016	0.0058	0.0006	-0.0082	-0.0065	0.4680	0.0341	-0.0500	-0.0112	0.0511	0.0233	0.0209
	E2	-0.028	0.011	-0.03	-0.041	0.728	0	-0.032	-0.08	-0.0149	0.0061	-0.0175	-0.0243	0.4580	0.0000	-0.0216	-0.0559	0.0387	0.0177	0.0159
	E4	0.087	-0.039	0.013	-0.045	0.702	-0.03	0.054	0.129	0.0461	-0.0215	0.0076	-0.0267	0.4416	-0.0197	0.0365	0.0901	0.0632	0.0288	0.0260
	E1	-0.044	0.009	0.042	0.177	0.637	-0.107	0.033	0.079	-0.0233	0.0050	0.0245	0.1049	0.4007	-0.0701	0.0223	0.0552	0.0605	0.0276	0.0220
6. 教学环境	H5	-0.009	-0.024	-0.034	0.119	-0.037	0.855	0.028	0.156	-0.0048	-0.0132	-0.0198	0.0705	-0.0233	0.5604	0.0189	0.1090	0.0733	0.0334	0.0343
	H4	-0.024	0	-0.053	-0.026	0.022	0.84	-0.072	0.116	-0.0127	0.0000	-0.0309	-0.0154	0.0138	0.5505	-0.0486	0.0810	0.0550	0.0251	0.0258
	H2	-0.017	0.091	0.085	-0.071	-0.023	0.724	0.038	-0.015	-0.0090	0.0502	0.0495	-0.0421	-0.0145	0.4745	0.0257	-0.0105	0.0581	0.0265	0.0272
	H1	-0.02	0.017	0.079	-0.028	-0.037	0.713	-0.045	-0.089	-0.0106	0.0094	0.0460	-0.0166	-0.0233	0.4673	-0.0304	-0.0622	0.0422	0.0192	0.0020
7. 教学内容	C6	-0.061	-0.035	0.016	0.086	-0.012	0.023	0.818	0.017	-0.0324	-0.0193	0.0093	0.0510	-0.0075	0.0151	0.5522	0.0119	0.0573	0.0261	0.0280
	C3	0.076	-0.07	0.03	0.03	0.099	-0.052	0.788	0.128	0.0403	-0.0386	0.0175	0.0178	0.0623	-0.0341	0.5320	0.0894	0.0712	0.0325	0.0347
	C4	-0.065	-0.034	0.082	0.028	-0.061	-0.031	0.734	-0.031	-0.0345	-0.0188	0.0478	0.0166	-0.0384	-0.0203	0.4955	-0.0217	0.0415	0.0189	0.0202
	C2	0.087	-0.082	-0.096	-0.022	0.012	0.007	0.711	-0.063	0.0461	-0.0452	-0.0560	-0.0130	0.0075	0.0046	0.4800	-0.0440	0.0371	0.0169	0.0184
8. 教学手段与方法	D4	-0.039	-0.022	0.072	-0.051	0.023	0.002	0.015	0.768	-0.0207	-0.0121	0.0420	-0.0302	0.0145	0.0013	0.0101	0.5364	0.0499	0.0228	0.0219
	D3	-0.045	0.026	-0.001	0.047	0.08	0.056	0.018	0.758	-0.0239	0.0143	-0.0006	0.0278	0.0503	0.0367	0.0122	0.5294	0.0628	0.0286	0.0275
	D1	-0.036	0.069	-0.035	-0.015	0.021	0.086	-0.026	0.749	-0.0191	0.0381	-0.0204	-0.0089	0.0132	0.0564	-0.0176	0.5231	0.0538	0.0245	0.0227
	D2	0.011	-0.016	-0.02	0.066	-0.018	-0.019	0.024	0.709	0.0058	-0.0088	-0.0117	0.0391	-0.0113	-0.0125	0.0162	0.4952	0.0489	0.0223	0.0214

五、新时代重庆市普通高校公共体育课堂教学质量评价指标的整合

深入观察表6－24和表6－45的数据可以发现，在探讨新时代重庆市普通高校公共体育课堂教学质量评价指标体系时，这些分因子之间存在显著的交集。具体来说，学生问卷与教师问卷中共有24个分因子完全一致，它们分别占据了各自问卷中总因子数量的77.41%和64.86%。这一发现进一步揭示了这些分因子在评估教学质量时的重要性及普遍适用性。

值得关注的是，在学生问卷中，仍有融入思政、示范讲解结合、举止得体、有效纠错、严守纪律、尊重学生等6个对应的因子不相重合；在教师问卷中，也有师生融洽、课程设计、适宜负荷等4个对应的因子不相重合。在现实生活中，对于师生相处的氛围、体育课程的设计、思想政治品德、技术动作的示范与讲解、课堂纪律管理的加强等，学生与教师秉持不同的想法，站在不同的角度去看待问题，能得出不一样的结论。

在进行主成分分析以提取并命名公因子时，存在少数因子在归类上表现出较低的一致性或重叠性的问题。有鉴于此，为了更清晰地揭示各因子间的内在联系，并紧密结合新时代重庆市普通高校公共体育课堂教学的实际情况，对学生问卷和教师问卷中已提取的因子进行了更为细致的调整（涵盖命名上的微调），以期构建出一个更为全面，贴合新时代重庆市普通高校公共体育课堂教学质量的评价指标体系（见表6－49）。

表6－49　评价体系各指标权重

序号	一级指标	二级指标	对应题号
1		师德高尚	Q1.6－1
2		关爱学生	Q1.6－2
3	师德师风	为人师表	Q1.6－3
4		尊重学生	Q1.6－4
5		立德树人	Q1.6－5

续表

序号	一级指标	二级指标	对应题号
6	学生学习行为	态度端正	Q1.1－1
7		服从管理	Q1.1－2
8		参与互动	Q1.1－3
9		运动兴趣	Q1.1－4
10		主动沟通	Q1.1－5
11	教师教学行为	示范讲解结合	Q1.2－1
12		举止得体	Q1.2－2
13		有效纠错	Q1.2－5
14		严守纪律	Q1.2－6
15		尊重学生	Q1.2－7
16	教学内容	运动指导	Q1.3－2
17		课程配置	Q1.3－3
18		教学目标	Q1.3－4
19	教学手段与方法	因材施教	Q1.4－1
20		方法多样性	Q1.4－2
21		方法先进性	Q1.4－3
22		手段合理性	Q1.4－4
23	教学环境	教学氛围	Q1.8－1
24		良好班风	Q1.8－2
25		器材完善	Q1.8－4
26		足够场地	Q1.8－5
27	教师能力水平	项目一致	Q1.5－1
28		参与科研	Q1.5－2
29		承担职务	Q1.5－3
30		资格证书	Q1.5－4
31		组织能力	Q1.5－5

六、小结

基于问卷调查法、因子分析法等研究方法，对重庆市 1023 份学生问卷进行因子分析，提炼出 6 个公共因子，包括师德师风、学生学习行为、教学内容、教学环境、教学手段与方法、学习体验感 6 个维度，31 个分因子。从维度来看，对 6 个维度分别进行分析，其中内部一致性系数最高的为师德师风维度，其中载荷较大，排在前三位的评价指标是为人师表、尊重学生、立德树人；从权重来看，一级指标中师德师风的权重最大（0.71），二级指标中为人师表（0.143）、尊重学生（0.142）的权重较大，说明学生认为教师的课堂教学行为对于学生的影响较大。

同样地，采用问卷调查法、因子分析法等研究方法，对重庆市 299 份教师问卷进行因子分析，一共提炼出 8 个公共因子，包括教师教学行为、学生学习行为、教师能力水平等 8 个维度，37 个分因子。从维度来看，对 8 个维度分别进行分析，其中内部一致性系数最高的为教师教学行为，其中载荷较大，排在前三位的评价指标是举止得体、有效纠错、严守纪律；从权重来看，一级指标中教师教学行为的权重最大（0.164），二级指标中举止得体（0.037）、有效纠错（0.034）的权重较大，说明教师比较看重自身在体育课堂中的教学行为。

最终，将学生与教师问卷的数据进行整合，构建出针对新时代重庆市普通高校公共体育课堂教学质量的综合评价体系。该体系涵盖了 6 个核心一级指标，分别是师德师风、学生学习行为、教师教学行为、教学手段与方法、教学环境、教师能力水平以及教学内容，下设共计 31 个二级指标。其中，师德师风、学生学习行为、教师教学行为以及教师能力水平 4 个一级指标下各设有 5 个二级指标；教学手段与方法、教学环境这两个一级指标下均设置了 4 个二级指标或观察点；至于教学内容这一一级指标，则包含了 3 个二级指标。

第七章　重庆市高校公共体育课程教学质量提升路径

公共体育课程作为高校教育的重要部分,旨在提升学生身心健康,塑造健康的生活习惯以及增强团队意识和竞技精神。重庆市作为西部地区的重要城市,高校公共体育课程教学质量提升的重要性不言而喻。本研究将从课程设置、课程目标定位、教学资源配置、师资队伍建设以及建立评价反馈机制等多个维度出发,探讨重庆市高校公共体育课程教学质量提升的路径,结合实际情况提出翔实且具有针对性的策略,以期为相关政策制定者和教育工作者提供有价值的参考和建议。

一、优化课程设置,丰富课程内容

提升公共体育课程教学质量的首要任务是优化课程设置,高校应根据学生的兴趣、实际需求以及社会发展的趋势,及时更新课程内容,增强课程的多样性与创新性。为了丰富和扩展普通高校体育课程的内容,我们可以采取以下措施。

(一)增加课程类型和项目内容

高校应注重课程内容的创新性和时代感,确立以学生为中心的教学理念,根据学生的需求和特点调整公共体育课程设置,优化教学资源配置,采取多种创新的教学策略。例如,可以增加一些学生感兴趣的体育课程,如瑜伽、定向运动、射箭等,以激发学生的学习热情和动力。加强体育教学设施的建设和更新,确保教学环境的良好。

将现代体育运动项目引入教学来提高教学效果,利用多媒体技术来增强学习体验。课程内容应兼顾基础技能和综合素质的培养,教学内容应紧跟时代发展步伐,注重学生兴趣与需求的多样性,以及身体素质、运动能力和心理素质的全面发展。此外,学校可以开设选修课程,允许学生根据兴趣选择不同的运动项目,从而提高他们的参与积极性和学习效果。

(二)创新教学方法与手段

教学方法的创新是提升公共体育课程质量的重要途径。高校应鼓励教师采用多样化的教学方法,如体育情景模拟、互动游戏、案例分析等,以增强课程的趣味性和参与感;引入融合传统与现代元素的练习方式和健身方法,创新教学方法,以增加课程的趣味性和实用性。同时,教师可以运用启发式、互动式甚至游戏化的教学方法,以此来激发学生的兴趣和参与热情。通过这些方法,不仅能够提高学生对体育课重要性的认识,还能培养他们终身锻炼的习惯,让他们在享受运动乐趣的同时能收获健康与活力。

教师应积极学习和掌握现代信息技术手段,创新教学手段,利用现代信息技术,如在线教学平台、虚拟现实技术等,丰富教学手段,提高教学效果。通过引入翻转课堂、混合式学习等新型教学模式,提高教学的互动性和创新性。同时,注重学生的个体差异和兴趣需求,采用个性化教学策略,提高教学效果和质量。在教学形式的创新上,重庆市高校同样下足了功夫。针对高校学生身体条件和思维特点的需要,体育教师采取了减少班级授课人数,精简教学内容及主辅教材制度等措施,使每一位学生都能得到更充分的教师指导和全面训练。据调查,通过这一改革,学生的体育成绩合格率提高了近15%，学生的体能和运动技能也得到了显著提升。此外，在教学过程中，体育教师还注重根据学生未来的岗位及职业要求分班教学，如对于建筑专业学生增加足球等体能要求强度高的项目，对于文秘及营销专业学生则着重培养精神气质，开展瑜伽及健美操课程项目。这种有的放矢的教学方式得到了学生和社会的广泛好评。

（三）课程内容与社会需求对接

公共体育课程的内容和形式应与社会需求相适应。高校可以通过与体育行业和社会组织的合作，了解最新的体育发展趋势和需求，及时调整课程内容和教学方法。例如，可以引入企业赞助、组织实习和社会实践活动，增强课程的实际应用性和职业导向性。此外，学校还应关注社会热点问题，如青少年肥胖、心理健康等，有针对性地设计相关的课程和活动，满足社会对体育教育的多样化需求。

二、明确课程目标定位，推动课程改革

高职院校应重新审视公共体育课程的目标定位，确保与学生的实际需求和社会发展相契合，因此，为了推动课程改革，可以采取以下几个措施。

（一）课程内容注重理论与实践结合

将课程内容的理论知识与实践操作相结合，增加实践性教学环节，让学生在亲身体验中掌握运动技能，提高体育素养。建立多元化的评价体系，将学生的体能测试、技能掌握、参与度等多方面因素纳入评价范围，以全面反映学生的体育学习成果。课程内容应注重多样性和实用性，同时加强理论与实践的结合，提高学生的综合体育素养。

应注重与时俱进，紧跟体育教育的发展趋势。可以将体育教学与健康教育相结合，通过体育课程培养学生的健康意识和习惯，加强与社区、

企业的合作，拓展体育教学的实践基地，为学生提供更多的实践机会。

（二）落实政策支持与保障

政府和教育部门的政策支持对提升高校公共体育课程的教学质量至关重要。应制定和完善相关的政策法规，为高校提供必要的资金和资源支持。同时，政府应加强对高校体育课程的监督和指导，确保各项政策的落实和执行。此外，可以通过设立专项基金，开展评比活动等方式，激励高校在公共体育课程建设中的积极性和创新性。

三、整合教学资源，加强教学管理

现代化的教学设施对提升公共体育课程的教学质量至关重要，为了整合教学资源，加强教学管理，可以采取以下几种措施。

（一）优化教学资源配置，改善体育设施

资金投入与设施完善是提升教学质量的重要保障，重庆市各高校应积极拓宽资金来源，加大对体育场馆和设施的投资力度；通过引入企业合作或社会资源，设立体育器材及设施专项经费，改善教学场地和设施条件；增加对体育设施的更新换代和增设新设施，满足不同运动项目的需求；增加体育设施的多样性和功能性，并合理规划安排场地开放时间及提高使用率，确保教学活动的顺利开展。

在体育运动、竞赛、器材等方面可通过引入赞助商的方式，增加各高校场地、器材的建设，以及增加各高校现有场地、器材的利用率，以减小经费不足及土地规划不足等带来的压力。例如，某高校在3年内投入了近300万元用于体育设施更新与维护，新增了篮球馆、羽毛球馆等多个运动场馆，使学生人均运动面积提高了30%。这一举措不仅丰富了体育教学内容，也显著提升了学生参与体育运动的积极性和教学质量。

此外，高校还应建立健全教学资源管理制度和机制，确保教学资源的

合理分配和有效利用,充分利用现代信息技术手段,如建立在线课程平台,开发体育教学 App 等,为学生提供更加便捷、个性化的学习体验。高校应投资建设和维护先进的体育设施,如运动场地、健身器材和多功能活动室,以满足不同课程的需求。

(二)建立健全教学资源管理体制,完善教学管理

为确保对策建议的有效实施,高校应建立完善的教学质量监控和评价体系,定期对公共体育课程进行教学质量评估,及时发现问题并进行改进,并鼓励学生参与教学评价过程,从学生的角度出发优化教学管理。同时,在安全管理方面,重庆市各高校也进一步完善体育课内外活动的安全条例及法规。通过建立学生课上意外伤害保险、外出比赛医疗保险制度以及定期检查维修体育器材等措施,确保教学训练的安全。这些措施不仅增强了学生的安全意识,也为教学质量的提升提供了坚实的保障。

四、加强师资队伍建设,提高教学水平

优质的师资队伍是提高公共体育课程教学质量的关键,高校应加大对体育教师的培训和继续教育力度,可以采取以下措施来提高他们的专业水平和教学能力。

(一)建立有效的教师评价机制与激励机制

可通过建立科学合理的教师评价机制和激励机制,定期对教师的教学效果进行评估,并根据评估结果进行相应的激励和调整。鼓励教师进行教学改革和科研活动,以提升教师在教学中的创新能力和实战经验。形成教学相长的良好氛围,并且对在教学工作中表现突出的教师给予表彰和奖励,以激发教师的教学热情和创新精神,提升整体教学水平。此外,高校还应鼓励教师进行科研和教学实践,教师应积极探索多样化的教学方法,如案例教学、情景模拟等,以提高课堂互动性和学生参与度。利

用现代信息技术手段，如多媒体教学、在线课程等，可以打破时空限制，为学生提供更加便捷的学习方式。

（二）加大教师培训力度，提升专业能力

高校应加大对公共体育课程教师的培训力度，通过组织定期的教研活动，邀请专家开展讲座，邀请教师积极参加学术交流活动，帮助教师更新教学理念，掌握先进的教学方法和手段，提高教师的教学水平和专业素养。同时，还可以出台合理的奖励政策，积极引进高学历教师，以起到引领作用。

（三）积极引进高水平高学历教师，形成优秀教师团队

师资力量的提升是教学质量改进的关键。重庆市各高校应积极引进其他普通高校及高职院校中体育学科的专业技术骨干人才，通过以点带面的方式，实现体育教师队伍的跨越式发展。据不完全统计，近年来已有超过 50 名具有丰富教学经验和卓越专业技能的体育教师被引进重庆各大高校，有效促进了体育教学与学科建设的快速发展。同时，通过授课讲座、校外参会培训等多元学习形式，持续改善师资队伍的知识能力结构，提高体育教师的专业业务能力与学术科研能力。数据显示，参与培训的教师中，超过 80% 的教师在教学能力上得到了显著提升，教学满意度评分平均提高了 10 个百分点。

为了有效解决当前高等教育中公共体育课程教师科研队伍所面临的专业知识不足的困境，我们必须在数量和质量两个维度上进行深层次的提升。一方面，需要增加科研人员的数量，以扩大研究团队的规模，从而增强整体的研究能力；另一方面，还需要提升科研队伍的专业水平，通过持续的教育培训，引进更多高水平的专家学者以及采用更加科学的管理和评价机制来确保研究工作的科学性和合理性。只有这样，才能从根本上提升大学公共体育科研的整体实力和学术影响力，使之真正成为推动

体育学科发展的重要力量。

五、强化学生参与,提升学生满意度

(一)校园体育文化氛围的营造与推广

加强校园体育活动开展和组织工作,培养学生兴趣爱好,丰富校园生活,增强学生的团队精神和合作意识;同时营造良好的体育文化氛围对提高教学质量也有着积极的促进作用。高校应通过多种途径和方式提升学生的参与度和满意度,开展丰富多彩的课外体育活动和竞赛活动,为学生提供展示自我和锻炼能力的平台。加强与学生的沟通和交流工作,及时了解学生的需求和反馈意见并作出相应调整和改进。

(二)融入课外活动与社会实践活动

高校应设计多样化的课外活动,如体育社团、校际比赛等,鼓励学生积极参与到体育活动中。同时,可以通过设立奖学金,表彰优秀运动员等方式激励学生的参与热情。此外,教师应关注学生的心理需求和兴趣变化,提供个性化的指导和支持,帮助他们设定和实现运动目标。

高校还应加强与社会的合作与交流,拓展公共体育课程的实践教学基地,通过与企业、社区等机构的合作,为学生提供更多参与社会实践的机会,培养学生社会责任感,进而提升学生学习兴趣与参与度。

六、建立合理评价体系与反馈机制

高校应制定合理的评价标准,对课程教学的各个方面进行全面评估,包括课程内容、教学方法、师资水平和学生反馈等。建立多元化的评价体系,注重过程性评价和结果性评价的结合,确保评价结果的公正性和客观性。同时,鼓励学生自评、互评和教师评价等,提高学生学习的主动性和积极性,全面反映学生的学习情况。高校还可以通过定期的教学反馈会议、学生座谈会等方式,及时获取教学反馈信息,及时了解学生的需求和期望。学校应根据评价结果,对课程进行必要的调整和改进,以确保教学质量的持续提升。

七、小结

重庆市高校公共体育课程的发展应朝着更加科学化、个性化和国际化的方向迈进。高校应不断探索和实践,借鉴国内外的先进经验和成功案例,推动公共体育课程的创新和改革。通过持续改进和优化,力求在培养学生综合素质和促进全民健身方面发挥更大的作用,为社会的发展和进步贡献力量。

提升重庆市高校公共体育课程的教学质量需要多方面的努力。通过优化课程设置,创新教学方法,加强教学管理,加强师资队伍建设以及建立评价体系等多方面措施的实施,有效推动重庆市高校公共体育课程教学质量的提高,为学生的全面发展提供有力保障,同时促进校园体育文化的发展与繁荣,为重庆市乃至全国高校体育教育事业的进步贡献力量。

第八章　重庆市普通高校公共体育课堂教学质量的提升路径

在现代高校教育中，公共体育课不仅是学生身心健康的重要保障，也关系到学生综合素质的全面提升。为了系统性地提升重庆市普通高校公共体育课堂的教学质量，为教育工作者和政策制定者提供系统性的解决方案，以确保体育教育的高效实施和持续改进，本研究提出以下提升路径。

一、从多元维度全面提升公共体育课堂教学质量

（一）教师教学层面

体育教师在专业发展中，应当积极关注并提升个人的科研能力和创新能力。这意味着重庆市普通高校公共体育教师需要不断更新和扩充自己的知识储备和运动技能，以确保教学内容的前沿性和实用性，从而确保教学计划的针对性和有效性。通过科研成果的转化，教师可以将最新的理论和方法应用到教学中，同时，教学实践中的问题和挑战也能为科研工作提供新的研究方向。教师应根据学校体育课程要求结合实际安排教学，考虑学生构成情况，关心学生并因材施教，采用多维度的课堂教学考核办法，

避免一味地量化考核标准,促进学生对公共体育学习获得感的提高,进而帮助学生增进对体育的认知,培养终身体育习惯,构建和谐课堂氛围。

(二)学生学习层面

学生要自觉融入课内教学过程,发挥自身主体优势。积极的学习态度可以促使学生更加主动地参与课堂活动,主动与任课老师进行沟通交流,提出个人对公共体育课的具体需求,并积极参与课堂教学互动。跳脱出传统化公共体育课程的认知局限,男性可以主动尝试协调节奏感项目,女性也要大胆尝试力量竞争型课程,增加课外锻炼时间,培养积极体育爱好,树立良好体育价值观念。

(三)教学管理层面

为提升学校体育教育效果,重庆市政府与学校需加强监管,确保对体育教育的重视。学校应增加体育教学经费,配备器材设施,满足学生体育锻炼需求。同时,优化课程评价体系,引入多元评估指标,全面反映学习成果和教学质量。课堂训练应灵活调整,适应学生体能和兴趣,营造愉悦锻炼氛围。构建科学、系统的体育锻炼网络体系,涵盖课堂、课外活动和赛事,培养学生锻炼习惯。有针对性的体育干预和引导有助于树立正确的体育观念。营造浓厚的体育文化氛围,举办体育赛事和活动,激发学生参与热情,培养学生团队合作精神和竞争意识,共同推动学校体育教育的全面发展。

(四)影响因素层面

对于重庆市普通高校公共体育课堂教学质量的影响因素诊断,在教学表达方面要加强教师培训,更新教学思维,确保教师技术动作讲解清晰,表达流畅,语言准确,并熟悉授课内容;在教学方法方面要鼓励教学方法创新,确保教学目的明确,并根据学生、专业、项目和教学环境等因素,有针对性地采用教学方法；在教学内容方面要强调教学内容的针对性和实用性，注重基础知识与技能的传授，避免照本宣科；在教学态度方面教师应充分备课，注重学生的反馈意见，确保备课内容与学生需求相匹配，预防课堂意外损伤；在教学组织方面要优化教学组织结构和课堂组织形式，加强师生互动和教学连贯性，以满足新时代大学生对公共体育课的多元化需求。

二、充分利用多样化手段加强公共体育课堂教学质量

（一）全覆盖强化公共体育课堂教学质量

重庆市普通高校应全面贯彻落实新时代学校体育政策，显著增强对普通高校体育发展的战略重视，将公共体育教学确立为学校整体教育框架中的关键环节。同时，加大投入，持续优化重庆市普通高校公共体育场地设施，确保体育教学活动能够在良好的硬件条件下进行。为达成此目标，重庆市政府需制定详尽的普通高校公共体育专项发展规划，为大学生体育活动提供具体、可操作的实施路径。其中，应特别关注并设计针对大学生体质健康问题的体育干预措施，以促进学生全面健康发展。此外，重庆市普通高校需对现有体育教学模式进行深度优化，确保学生每天至少进行一小时的体育活动，并鼓励学生在大学期间掌握两项以上的运动技能。为了丰富体育教学的内容与形式，重庆市普通高校建议定期举办春季、秋季运动会以及体育社团竞赛等活动，以多样化的组织形式激发学生的体育兴趣。同时，应建立高效的比赛组织机制，确保比赛报名、开展等各个环节的顺畅进行。在此基础上，重庆市普通高校还需加大赛事宣传力度，通过多元化的宣传手段提高赛事的知名度和影响力，从而营造浓厚的校园体育文化氛围。

重庆市政府和学校要全覆盖监控普通高校公共体育部门的体育教师对公共体育教学目标的完成效果，强化重庆市普通高校公共体育课堂教学质量评价的组织规范，定期开展公共体育课程体系设置、教学质量评价

和课程目标达成情况分析；教学过程中教学质量标准执行和学生学习效果监控全覆盖，课程质量评价效果聚焦学生学习效果，引导教学工作持续改进，促进重庆市普通高校公共体育课堂教学质量的提高。

（二）全过程控制公共体育课堂教学质量

重庆市普通高校应强化公共体育监督体系，以《普通高等学校体育场馆设施、器材配备目录》为标准进行定期审核。达标者给予奖励，未达标者需改进并持续监督。同时，应提升公共体育经费支持，确保体育经费与教育经费同步增长。此外，鼓励高校充分利用公共资源，积极寻求企业、团体和个人的支持，以强化公共体育课堂教学质量的物质保障。从经济源头加强监督管理和保障，旨在推动重庆市普通高校公共体育课堂教学质量的提升，为学生创造更好的体育学习环境。同时，应根据公共体育课程多元性，设置相应的教学成果评判标准。体育教师在公共体育课堂教学中扮演着至关重要的角色，需对整个教学过程承担主要责任。为确保学生能在课堂中高质量地获取有效知识与技能，重庆市普通高校体育教师应精心准备课前内容，全身心投入课中教学，并有效总结课后反馈。对于在教学领域取得卓越成果的教师，应当给予充分的表彰和奖励，以此来激励他们持续保持教学热情，并激励更多教师追求卓越，共同推动教育事业的发展。对于教学成效未达到预期的教师，则应提供相应的指导与帮助，以促进其教学能力的提升。

重庆市普通高校公共体育教师在对学生进行综合成绩评定时，应摒弃单一的评价体系，采用多维度的评价标准。这包括评估学生的积极性、课堂参与度、身体素质、技能进步幅度以及技能运用能力。同时，公共体育课堂教学评价过程应体现多元化，结合学生自评、学生互评以及师生互评的方式，以确保评价的公正性与准确性。此外，重庆市普通高校公共体育课堂教学要将学生对教师的评价及时反馈给教师所在学院，这不仅能够全程监控体育教学质量，还能够激励教师不断反思教学实践，进一步完善和提升教学能力。这种双向反馈机制有助于推动重庆市普通高校公共体育课堂教学质量的持续提升。同时,采用全过程控制公共体育教学质量的方式,也是对重庆市普通高校公共体育学生提出更高要求,培养学生养成长期的良好学习作风。

(三)全方位优化公共体育课堂教学质量

高校公共体育课主要参与对象包括体育教师和学生,因此全方位优化公共体育课堂教学质量必然涉及双方。重庆市普通高校公共体育教师应营造良好的课堂氛围,合理规划综合课和单一课的比例,科学合理地安排教学内容,可以采用课前小游戏的方式激发学生整堂课的主动性。在公共体育课程的规划上,应合理预设运动强度,并致力于增加学生实际参与运动的时间。在重庆市普通高校公共体育课堂教学中,教师需密切关注学生的状态,根据实时反馈灵活调整教学,保证学生在安全适度的环境下得到有效锻炼。调查发现,重庆市体育教师的科研能力水平还有待提高,因此重庆市体育教师应积极参与课题研究,大量阅读学科期刊文献并发表相应学术论文,提升个人学历和职称,强化理论基础,以促科研水平提升,促教学质量提高。

优化重庆市普通高校公共体育课堂教学环境,不局限于传统的师生关系,应基于不同教学实际,构建多样化的师生互动模式与氛围,如幽默风趣、积极活跃或温馨和谐的交流环境。为实现这一目标,重庆市普通高校公共体育教师需着重提高个人的语言表达能力,确保能够准确、清晰地传达技术动作的要领与难点,以激发学生体育学习的热情与积极性。重庆市普通高校公共体育学生应主动培养体育锻炼意识,树立健康、积极的体育价值观。这不仅有助于提升身体素质,还能促进心理健康和社会适应能力,同时积极参与体育活动,享受运动乐趣,为全面发展奠定坚实基础。重庆市普通高校公共体育学生要主动发挥在公共体育课堂教学过程中的主体作用,积极配合教师完成公共体育课堂教学任务,时刻关注校内外各项体育赛事,积极参与各类公共体育活动,在体育活动中养成团结协作、坚忍不拔的意志品质。重庆市普通高校公共体育学生更要培养广泛的体育兴趣爱好,掌握多项运动技能,女生不局限于运动量小、动作优美的体育课程,男生不局限于球类运动课程。通过此种方式,不仅能有效实现体育教学的核心目标,还能培养学生对体育的深刻认识和重视,从而全面提升重庆市普通高校公共体育课堂的教学质量。

(四)全链条调整公共体育课堂教学质量

“全链条”是指所有与教育教学相关的活动融为一体,汇聚团建、党建的平台力量,融汇学校教育、社会教育,深化“第一课堂”与“第二课堂”的有效衔接,协同创新发展,全方位开展实践模式综合改革,使其相互贯穿,融汇交流。[1] 重庆市各高校应当树立体育教学资源共享的意识,以共赢思维为引领,全面统筹高校各领域资源,协同教育教学各环节,并整合人才培养各方面的力量,以实现全链条的优化与发展。运用大数据技术将数据贯穿育人全链条、各环节,站在重庆市普通高校公共教育数字化转型的全局高度,统筹规划,合力构建公共体育课堂教学、课外体育锻炼、校园体育文化、校园体育赛事展演“四位一体”的全链条育人机制;从管理、教学、学习、考核与评价四个方面科学化、系统化搭建重庆普通高校公共体育共同体大格局,着力提升符合市场需求的人才培养质量,紧扣时代经济发展和大学生职业规划发展需求,构建重庆市普通高校公共体育多维度、全链条的发展体系;核心在于优化“强身”育人的人才培养类型和结构,确保重庆市普通高校公共体育教学过程既系统又高效,加强重庆市普通高校公共体育基础学科知识、关键技术动作和新兴交叉领域结合的创新人才培养机制。

---

〔1〕 参见王思琪、钟仁云、陈昆涛:《医学影像学专业大学生的实践与创新能力培养》,载《基础医育》2024 年第 3 期。

三、从多角度出发综合提升公共体育课堂教学质量

(一)师资队伍专业化建设

为了提高体育教师的专业水平,必须注重师资队伍的专业化建设。首先,高校应当制定科学合理的招聘标准,优先考虑那些具有国家或国际比赛经验的退役运动员,以及拥有高学历背景的体育专业人士。其次,建立一套完善的在职教师培训和发展机制,包括定期邀请国内外知名体育教育专家来校进行专题讲座、研讨会,以及支持教师参与国内外学术交流活动,提升他们的专业知识和技能。最后,还应该设立激励机制,如"优秀体育教师奖",对表现突出的教师给予物质上和精神上的奖励,并将教学质量纳入教师职称评定和晋升的标准,以此激励教师不断提高自己的教学能力和研究水平。

(二)改善硬件设施与软件环境

改善体育教学的硬件设施与软件环境是提升教学质量的重要保障。一方面,需要政府和学校共同出资,建设和维护现代化的体育场馆,购置先进的体育器材,为学生提供安全、舒适的运动环境。另一方面,应充分利用现代信息技术,开发体育课程管理系统,实现教学资源的数字化管理,并利用虚拟现实(VR)、增强现实(AR)等技术模拟真实的运动场景,提高训练效果。同时,还可以通过校企合作的方式,与体育用品制造商、健身俱乐部等企业共建实习实训基地,共享资源,为学生提供更多实践的机会。

(三)创新教学模式与方法

创新教学模式与方法有助于激发学生的学习兴趣,提高教学质量。具体来说,可以实行分层分类教学,根据不同学生的体能水平和兴趣爱好制订个性化的训练计划。同时,开设多样化的选修课程,如瑜伽、街舞等

非传统项目,满足学生的多样化需求。此外,还应增强实践体验,定期举办校内运动会和其他各类体育赛事,组织学生参与社区服务活动,如义务教授儿童体育课程等,通过实践来增强学生的参与感和社会责任感。最后,推进智慧课堂建设,利用智能穿戴设备监测学生运动状态,并开发移动应用程序辅助学生日常锻炼,形成良好的运动习惯。

(四)完善课程体系建设

优化课程体系是提升教学质量的重要环节。课程体系的设计应当多元化,不仅要结合地方特色开设具有地域特点的体育项目,如山地自行车、龙舟赛等,还应引入国际流行的新兴运动项目,如极限飞盘、滑板等。同时,要强化体育理论教育,将体育史、运动生理学等相关知识融入课程,并邀请体育界名人进校举办讲座,分享个人经历。另外,倡导终身体育的观念,通过开展"我与体育"的征文活动,组织毕业生回校分享运动心得等方式,引导学生树立正确的体育观,养成良好的生活习惯。

(五)学生评价与反馈机制

建立健全的学生评价与反馈机制也是提升教学质量的关键因素之一。可以采用多种评价方式,如过程性评价、同伴互评、自我评估等,全面客观地反映学生的学习成果。此外,可以定期收集学生对课程的意见和建议,及时调整教学内容和方法,使之更加贴近学生的需求。通过建立一个开放的沟通渠道,鼓励学生参与到课程改进的过程中,这样不仅可以提高学生对体育课程的兴趣,还能促进教学质量的持续改进。

四、小结

提高重庆市普通高校公共体育课堂教学质量是一项系统工程,同时受多要素共同影响,需要从师资建设、资源配置、教学模式和课程体系等多个方面综合施策。为实现公共体育课堂教学质量的实质性提升,必须要从不同维度全方位优化,增强课堂教学表达效果,探索多样化教学方法,明确公共体育教学内容,提高教学内容适用性,端正师生教学态度,以教学组织为基石。要转变传统以教师为中心的教学模式,转向更尊重学生主体地位的教学方式,通过增强学生在课堂上的主体作用,让他们成为课堂的主角,更主动地学习和互动。在这个过程中,身体活动应被置于核心地位,通过持续强化学生的体能素质,不仅要提高学生的运动能力,而且要注重学生意志品质的锻造。努力培养大学生的体育品质与意识,进而全面提高身体素质和公共体育课堂的教学质量。终极目标为培养出全面发展的高素质人才,以满足社会多元化的人才需求。高校公共体育课不仅承担着传授体育技能的任务,更是促进学生全面成长,提升整体人才质量的重要平台。通过持续的努力,可以有效促进学生身心健康的发展,进而为社会输送更多具备良好体魄和全面素质的人才。

参考文献

[1]《深化新时代教育评价改革总体方案》,载中国政府网,https://www.gov.cn/zhengce/2020－10/13/content_5551032.htm。

[2]《教育部关于印发〈普通高等学校本科教育教学审核评估实施方案(2021—2025年)〉的通知》,载中华人民共和国教育部网2021年2月3日,http://www.moe.gov.cn/srcsite/A11/s7057/202102/t20210205_512709.html。

[3]《重庆市人民政府办公厅关于印发重庆市体育发展"十四五"规划(2021—2025年)的通知》(渝府办发〔2022〕89号)。

[4]杜兴宝、王腾腾:《智慧体育在高校公共体育教学中的应用》,载《文体用品与科技》2024年第7期。

[5]于亚军:《江苏省苏南普通高校公共体育课程现状调查与分析》,苏州大学2008年硕士学位论文。

[6]闫震普:《高等学校课堂教学质量评价研究综述》,载《太原大学教育学院学报》2012年第2期。

[7]刘云旭:《简论体育教学方法的概念、分类及应用》,载《运动》2013年第18期。

[8]胡平波、甘国华:《高校教学质量评价指标体系的建设》,载《教育学术月刊》2009年第12期。

[9]蒋士会、郑会敏:《教学质量之概念辨析》,载《中小学教师培训》2017年第7期。

[10]许祥云:《高校内部本科教学质量标准:概念界定与体系构建》,载《清华大学教育研究》2018年第3期。

[11]教育学名词审定委员会编:《教育学名词》,高等教育出版社2013年版。
[12]李广利、温情、魏萍等:《地方应用型高校课堂教学质量评估体系构建》,载《中国教育技术装备》2024年第1期。
[13]徐保:《以学生为中心的本科课堂教学质量评价指标体系构建研究》,东北石油大学2023年硕士学位论文。
[14]孙元勋、沈有建、赵京波:《数学课堂教学质量评价指标体系(EIMT)的构建与实施》,载《数学通报》2021年第6期。
[15]胡新煜、侯锦丽、李红艳:《基于OBE理念的高校课堂教学质量影响因素及解决措施》,载《陕西教育(高教)》2021年第7期。
[16]李炬:《当前我国高校公共体育课效果现状及提升措施——以安徽工程大学为例》,安徽工程大学2022年硕士学位论文。
[17]赵作斌、黄红霞:《高校课堂教学质量及评价标准新论》,载《中国高等教育》2019年第8期。
[18]崔智涵:《高校教学质量评价系统研究与设计》,长春工业大学2021年硕士学位论文。
[19]卢靖雯:《洛阳市农村小学体育课堂教学质量评价体系构建研究》,河南大学2022年硕士学位论文。
[20]胡燕、何健:《开放教育翻转课堂教学质量评价指标体系构建》,载《湖北开放职业学院学报》2024年第4期。
[21]方强:《高等学校体育教学质量评价体系的层次分析研究》,载《广州体育学院学报》2010年第3期。
[22]丁勇:《高校公共体育课堂教学质量评价体系构建——以遵义师范学院为例》,载《产业与科技论坛》2016年第2期。
[23]蔡克金:《我国体育教师研究的知识图谱分析》,成都体育学院2019年硕士学位论文。
[24]邹宾、陈培友:《基于知识图谱的体质健康研究可视化分析》,载《南京体育学院学报(自然科学版)》2016年第5期。
[25]郭大渝:《我国篮球科研现状基于知识图谱的可视化分析研究》,西安体育学院2023年硕士学位论文。

[26]何秋鸿:《基于知识图谱的我国体育教学模式研究动态与演进分析》,载《湖北体育科技》2017年第7期。
[27]李点、文庭孝、许林勇:《全文本引文分析研究综述》,载《农业图书情报学报》2023年第9期。
[28]中国科学技术信息研究所:《2000年度中国科技论文统计与分析:年度研究报告》,科学技术文献出版社2001年版。
[29]郭萌、吴文、李敬文等:《基于文献计量学的"结核"主题高被引文献特征分析》,载《中国防痨杂志》2024年第5期。
[30]林福长编著:《基础科学学》,机械工业出版社1986年版。
[31]高清奇:《国家科学技术学术著作出版基金作者年龄统计与分析》,载《科技与出版》2012年第9期。
[32]江国平:《〈体育科学研究〉2015—2020年载文及作者情况分析》,载《体育科学研究》2021年第5期。
[33]张晓敏、程务本:《〈中国临床药学杂志〉刊载量、作者及文献源分析》,载《中国临床药学杂志》2002年第4期。
[34]邱均平编著:《文献计量学》,科学技术文献出版社1988年版。
[35]张晓、金书辉、王晨辉:《基于词频分析和可视化共词网络的国内创客教育研究热点及趋势分析》,载《中小学电教》2017年第5期。
[36]谭力文、丁靖坤:《21世纪以来战略管理理论的前沿与演进——基于SMJ(2001—2012)文献的科学计量分析》,载《南开管理评论》2014年第2期。
[37]曹利双、陶玉流:《体育教师专业发展的热点及趋势研究——基于CiteSpace的知识图谱分析》,载《武术研究》2021年第9期。
[38]晏骏:《近20年我国体育教师培养研究领域的现状探析——基于知识图谱的可视化分析》,载《湖北体育科技》2021年第11期。
[39]陈悦、陈超美、刘则渊等:《CiteSpace知识图谱的方法论功能》,载《科学学研究》2015年第2期。
[40]高明、段卉、韩尚洁:《基于CiteSpaceⅢ的国外体育教育研究计量学分析》,载《体育科学》2015年第1期。
[41]刘昊:《科学知识图谱视域下我国高校排球研究现状的可视化分析》,牡丹江师范

学院 2023 年硕士学位论文。
[42]刘宇、魏瑞斌、方向明:《国内期刊评价知识图谱研究——基于 CSSCI(1998 ~ 2014 年)的计量分析》,载《图书与情报》2015 年第 5 期。
[43]郑忠梅:《高校网络德育研究的文献计量分析》,载《高等教育研究》2012 年第 8 期。
[44]张晶晶:《基于知识图谱的我国排球教学研究的可视化分析》,山东师范大学 2022 年硕士学位论文。
[45]朱莉:《人力资源开发领域国际研究热点透析——基于〈人力资源开发季刊〉的分析》,载《河北大学成人教育学院学报》2017 年第 3 期。
[46]董雪季、王晓慧:《国际科学计量学研究主题动态演化路径分析》,载《数字图书馆论坛》2018 年第 10 期。
[47]高建群、张荣安、陈吉平等:《期刊引文分析及其情报价值》,载《图书情报工作》2004 年第 1 期。
[48]张宜平:《六种社会科学期刊论文计量研究》,载《大学图书情报学刊》2006 年第 6 期。
[49]常悦:《基于知识图谱的我国体育教学评价研究的可视化分析》,河南大学 2022 年硕士学位论文。
[50]《教育部 国家体育总局关于实施〈国家学生体质健康标准〉的通知》,载国家体育总局网 2007 年 4 月 4 日,https://www.sport.gov.cn/gdnps/files/c25529731/25529763.pdf。
[51]《教育部关于印发〈高等学校体育工作基本标准〉的通知》,载教育部网,http://www.moe.gov.cn/srcsite/A17/moe_938/s3273/201406/t20140612_171180.html?ivk_sa=1024320u。
[52]《学校体育工作条例》,载国家体育总局网 2017 年 3 月 1 日,https://www.sport.org.cn/search/system/xzfg/2018/1107/403185.html。
[53]蒋蓉:《基于 CiteSpace 的对外汉语教学法研究 20 年文献计量分析》,南京师范大学 2021 年硕士学位论文。
[54]罗式胜主编:《文献计量学概论》,中山大学出版社 1994 年版。
[55]王宗德编著:《文献计量学教程》,南开大学出版社 1990 年版。

[56]陈旭远主编:《课程与教学论》,东北师范大学出版社 2002 年版。
[57]董翠香、胡晓波、茹秀英:《中国基础教育体育课程改革对体育教学改革的启示》,载《北京体育大学学报》2003 年第 3 期。
[58]韩英、曹子英:《高职体育对学生身心素质作用实效分析与对策研究——以西南地区高职学生调查分析为例》,载《牡丹江大学学报》2023 年第 8 期。
[59]何超、汤卫东:《高校体育教师学习共同体构建路径研究》,载《体育与科学》2024 年第 2 期。
[60]刘秀玲:《转型发展期地方本科院校应用型英语人才培养模式的思考》,载《经济研究导刊》2017 年第 21 期。
[61]高延军:《新时代高校体育教学方法的创新研究》,载《当代体育科技》2019 年第 20 期。
[62]沈辉、郭威、张欣:《"健康中国"背景下高校公共体育课程改革研究》,载《金陵科技学院学报(社会科学版)》2020 年第 3 期。
[63]张燕、宋迪涛、李林:《高校教师的"素质—技能—态度—行为"对大学体育的影响研究》,载《体育世界(学术版)》2019 年第 6 期。
[64]黄晓磊:《"健康中国"背景下北京市普通高校公共体育课教学研究——以首都师范大学为例》,首都体育学院 2022 年硕士学位论文。
[65]王兵:《中小学体育教学中师生互动的特征研究》,载《当代体育科技》2014 年第 24 期。
[66]左方圆:《高校专业课教师课程思政教学能力探究》,载《公关世界》2024 年第 8 期。
[67]任广桂:《核心素养视野下的高职院校体育教学改革研究》,载《黑龙江科学》2022 年第 3 期。
[68]赵欠杰、王丹、肖孟龙:《社会性别视域下广东省高校大学生体育生活方式特征的性别角色差异化分析》,载《文体用品与科技》2021 年第 16 期。
[69]王阳:《"激励与发展"为导向的体育课成绩标准化评价方法改革研究与实践》,载《中国标准化》2024 年第 4 期。
[70]张强、王欣艳、李正燕等:《审核评估视角下地方高校体育专业教学质量保障体系构建与应用》,载《沧州师范学院学报》2024 年第 1 期。

[71]王慧:《福柯话语理论视域下的性别话语转向》,载《文艺评论》2015 年第 3 期。
[72]郁俊、周君来:《课内外一体化体育俱乐部新教学模式的可行性研究——以浙江工业大学为例》,载《吉林体育学院学报》2010 年第 6 期。
[73]卓霖:《大健康背景下精准运动促进大学生身心健康发展策略》,载《文体用品与科技》2022 年第 9 期。
[74]孙淑军、许晓辉:《高等教育结构与经济发展的耦合机理及协调性研究》,载《辽宁师范大学学报(社会科学版)》2024 年第 2 期。
[75]董之宇、马凯、李亚伦:《普通高校公选篮球课程教学评价改革研究》,载《当代体育科技》2022 年第 31 期。
[76]朱承元、张澈、管建华:《基于改进支持向量机的空域交通态势识别方法》,载《交通信息与安全》2023 年第 2 期。
[77]丁平:《体教融合背景下轮滑冰球运动引入高校公共体育课教学开展方式与途径探析》,载《冰雪体育创新研究》2023 年第 22 期。
[78]王春枝、斯琴:《德尔菲法中的数据统计处理方法及其应用研究》,载《内蒙古财经学院学报(综合版)》2011 年第 4 期。
[79]邹德新、朱传耿、姜翀等:《体育强国背景下体育强省评价指标体系构建与实证研究》,载《体育学研究》2019 年第 5 期。
[80]宋辰斐、薛征、吴淑艳:《〈药物香佩疗法预防小儿反复呼吸道感染治未病实践指南〉香佩药物的德尔菲法结果分析》,载《中华中医药杂志》2017 年第 1 期。
[81]郭昱:《权重确定方法综述》,载《农村经济与科技》2018 年第 8 期。
[82]张福元、陈庆华:《基于主、客观赋权的综合集成方法及其应用》,载《装备指挥技术学院学报》2003 年第 6 期。
[83]潘迪、杜立婷:《高校课程教学质量评价指标体系的构建及数据分析——以房地产开发项目管理课程为例》,载《黑龙江科学》2023 年第 21 期。
[84]杨丽、徐绪堪、于成成:《基于结构方程视角的大学生英语学习现状及影响因素研究》,载《邵阳学院学报(社会科学版)》2023 年第 3 期。
[85]华艺枫、侯学良、单腾飞:《基于 SPSS 因子分析的华北地区物流发展平衡性研究》,载《中国商论》2023 年第 24 期。
[86]孙炜烨:《高校师德师风治理体系构建研究——基于政策文本分析视角》,华北理

工大学 2023 年硕士学位论文。

[87]忻随韵、鲍巨彬:《教育信息化背景下高校体育课程教学数字化理论与实践路径》,2023 年第八届中国体能训练科学大会论文集。

[88]田慧生:《教学环境论》,江西教育出版社 1996 年版。

[89]周雁:《学科核心素养视角下普通高校乒乓球选修课教学环境优化研究》,武汉体育学院 2023 年硕士学位论文。

[90]张俊英、王涵涵、郑富强:《基于能力培养的高校体育课堂教学手段与方法改革研究》,载《体育科技》2023 年第 1 期。

[91]王思琪、钟仁云、陈昆涛:《医学影像学专业大学生的实践与创新能力培养》,载《基础医育》2024 年第 3 期。